KB203914

곽선희 목사 설교집

59

신앙적 경건 수업

곽선희 지음

계몽문화사

머리말

'복음은 들음에서'—이는 진리이며 우리의 경험입니다. 하나님께서 우리에게 주신 복 가운데 가장 큰 복은 말씀을 주신 것입니다. '말씀이 육신을 입어서 오신 것'입니다. 말씀을 주셨고 들을 수 있게 하셨고 마음문을 열고 받아 믿게 하신 것, 참 놀라운 은혜입니다.

말씀은 단순한 지식이 아닙니다. 추상적인 이론이 아닙니다. 말씀은 선포되는 하나님의 계시적 능력인 것입니다. 말씀의 권능, 그 능력을 알고 체험하면서 비로소 '말씀 안에서 태어나는 생명적 기적'이 나타나게 됩니다. 오늘도 그 말씀이 증거되고 새롭게 선포되고 있습니다. 설교가 곧 말씀입니다. 성령의 역사와 함께 끊임없이 이루어지는 생명의 역사입니다. 이 선포되는 말씀, 증거되는 진리를 통하여 구원의 능력은 항상 새로워집니다. 말씀 안에서 새 생명이 탄생하고 말씀 안에서 영혼이 소생하며, 그 큰 능력 안에서 우리는 강건해집니다. 우상을 이기는 능력의 사람으로 성장해가는 신비롭고 놀라운 사건을 강단에서 늘 경험하고 있습니다.

여기에 또다시 설교말씀을 모아 책자로 내어놓습니다. 예수소망교회 강단을 통하여 하나님께서 우리에게 주신 말씀입니다. 이제 그 말씀을 책자로 엮어 내어놓음으로써 우리가 시간과 공간을 초월하여 개별적으로 하나님을 만나게 되는 '말씀의 역사'에 귀중한 방편이 되고자 합니다. 책자라는 그릇에 담긴 이 말씀들은 읽는 자의 마음 안에서 또다른 '말씀의 신비한 기적'을 낳게 되리라 확신합니다.

한 시간 한 시간의 설교를 위하여 간절히 기도해주신 모든 성도들과 이 책자를 출간하기까지 수고해주신 여러분께 진심으로 감사를 드립니다. 그리고 또다시 영광을 오직 하나님께 돌리면서……

곽 선희

곽선희 목사
장로회 신학대학 졸업
프린스턴 신학석사
풀러신학 선교신학박사
인천제일교회 목사
장로회 신학대학 교수 역임
숭의여자전문대학 학장 역임
서울장로회신학교 교장 역임
소망교회 원로목사
예수소망교회 동사목사

곽선희 목사 설교집 제59권

신앙적 경건 수업

인쇄 · 2018년 5월 5일
발행 · 2018년 5월 10일
지은이 · 곽선희
펴낸이 · 김정수
펴낸곳 · 계몽문화사
등록일 · 1993년 10월 11일
등록번호 · 제2016-2호
전화 · (02)995-8261
정가 · 22,000원
총판 · 비전북 / (031)907-3927

ISBN 978-89-89628-42-2   03230

신앙적 경건 수업

긍휼을 배우라

예수께서 그 곳을 떠나 지나가시다가 마태라 하는 사람이 세관에 앉아 있는 것을 보시고 이르시되 나를 따르라 하시니 일어나 따르니라 예수께서 마태의 집에서 앉아 음식을 잡수실 때에 많은 세리와 죄인들이 와서 예수와 그의 제자들과 함께 앉았더니 바리새인들이 보고 그의 제자들에게 이르되 어찌하여 너희 선생은 세리와 죄인들과 함께 잡수시느냐 예수께서 들으시고 이르시되 건강한 자에게는 의사가 쓸 데 없고 병든 자에게라야 쓸 데 있느니라 너희는 가서 내가 긍휼을 원하고 제사를 원하지 아니하노라 하신 뜻이 무엇인지 배우라 나는 의인을 부르러 온 것이 아니요 죄인을 부르러 왔노라 하시니라

(마태복음 9 : 9 - 13)

긍휼을 배우라

　제가 근자에 읽은 글들 가운데 하루에도 몇 번씩 되새기고 다시 떠올리며 깊은 감동을 받고, 또 많은 깨달음을 얻는 것이 있습니다. 겉보기에는 평범한 이야기입니다마는, 실은 매우 심각합니다. 요즘 사회적으로 크게 문제가 되고 있는 것 가운데 치매가 있지 않습니까. 오래 살거나, 부자로 사는 것보다도 그저 치매가 없이 살다가 가야겠다는 것이 제일 큰 소망이 되고 있습니다. 이 치매에 대해서 누가 재미있는 글을 썼습니다. 치매의 가장 큰 특징은 겉모습이 멀쩡하다는 것을 포함하여 별달리 아픈 데가 없다는 점입니다. 다만 정신이 들락날락할 뿐입니다. 깜박깜박 기억력이 없어지고, 덩달아 이상한 행동을 하게 됩니다. 그리고 치매에 대해서 잘 모르는 사람들은 이 현상을 잘 이해하지 못합니다. 덕분에 불필요한 오해가 생기고 충돌이 일어납니다. 가장 흔히 볼 수 있는 증세가 방금 밥을 먹어놓고도 그 사실을 잊어버리는 것입니다. 그래서 밥을 또 달라고 하고, 밥을 또 먹으려 든다는 것입니다. 세상에 이처럼 답답한 일이 어디에 또 있겠습니까. 겉으로는 멀쩡해 보이는 사람이 방금 밥을 먹어놓고는 안 먹었다고 고집을 부리는 것입니다. 이미 먹은 밥을 안 먹었다고 고집을 부리니, 이걸 어찌 알아듣게 설명하겠습니까. 이런 일들이 많습니다. 천편일률적입니다.

　치매에 걸린 시어머니와 며느리와 아이들이 다 함께 식사를 합니다. 그리고 상을 치웁니다. 잠시 뒤 아들이 귀가합니다. 그러면 며느리가 남편 밥상을 또 차립니다. 그때 시어머니가 그걸 보고 뭐라고 하겠습니까? "나는 밥 안 주냐?" 방금 먹었는데 그 사실은 까맣게 잊어버리고 밥을 또 먹겠다는 것입니다. 그저 또 먹겠다는 것만이라면 문제가 없겠는데, 그게 아닙니다. 이 치매 시어머니, 꼭 아들 앞에서 며느리를 나무랍니다. 이것이 문제입니다. "네 마누라가 하루 종일 나한테 밥 한 끼도 안 줘서 내가 이때까지 꼬박 굶었다." 이렇게 나오는 것입니다. 그냥 밥을 또 먹고 싶구나 하면 될 것을 꼭 밥을 일부러 안 준다는 식으로 고약하게 말을 하는 것입니다. 이거 어째야 되겠습니까? "어머니, 방금 잡수셨잖아요!" 이래봤자 소용 없습니다. 어머니는 아무 기억도 없거든요. 다짜고짜 "하루 종일 굶었다!"고 일러바치듯이 말합니다. 이런 답답한 일이 어디 있습니까. 이때 변론을 벌이면 안 됩니다. 저쪽에는 숫제 기억이 없잖아요? 기억이 없는 사람한테다 대고 아무리 기다 아니다, 먹었다 안 먹었다 해봐야 소용이 없는 것입니다. 그럼 어떻게 해결해야 되겠습니까? 제가 읽은 글에서는 이렇게 해결하라고 말합니다. "어머니, 잘 알았습니다. 여기 앉으세요. 밥을 드릴게요." 그러면서 다시 밥상을 차리라는 것입니다. 그렇게 군말없이 다시 상을 봐놓으면 그 시어머니, 밥상 앞에 떡 앉았다가 "먹었다!" 하고는 돌아선다는 것입니다. 이것이 해결책입니다. 먹었느냐 안 먹었느냐 하고 아무리 시비를 벌여봐야 헛수고라는 것입니다. 밥상을 다시 마주하면 그제야 기억이 돌아오는 것을 어쩝니까.

또 내외간에 장사를 하는 사람들의 경우는 이렇습니다. 하루 종일 번 돈을 집에 가져와서 펼쳐놓고 헤아리지 않습니까. 그걸 보고 치매에 걸린 어머니가 이럽니다. "애, 난 돈 안 주냐?" 이럴 때 뭐라고 해야겠습니까? "어머니가 무슨 돈이 필요하세요?" 이렇게 따지는 것은 논리입니다. 어머니는 그저 자식 내외가 돈을 만지니까 "나도 돈!" 하는 것일 뿐입니다. 이때 며느리가 군말없이 "예, 어머니!" 하고 3천원을 드리면 그 3천원을 딱 손에 들고 만지면서 어머니는 좋아하는 것입니다. 그러다 또 말합니다. "왜 너희들은 많이 가지고 나는 조금만 주냐?" 이때도 짜증을 내면서 "어머니, 무슨 돈이 그렇게 많이 필요하세요?" 하고 따질 것이 아닙니다. 이때 아들이 백만원쯤 되는 돈 한 뭉치를 어머니 품에 턱 안겨드리는 것입니다. 그럼 어머니는 그걸 한 번 손에 덥석 쥐어보고는 "에이, 필요 없다!" 하고 내려놓는다는 것입니다.

여러분, 깊이 생각해야 합니다. 정신이 온전하지 않은 사람하고 싸워서야 되겠습니까. 기억이 아예 없는 사람한테 굳이 뭘 따져야겠습니까. 이 얼마나 중요한 문제입니까. 진짜 긍휼이라는 것이 무엇입니까? 어머니는 기억력이 없습니다. 없다면 없는 그대로 대해드려야 합니다. 왜 이 생각을 못 합니까. 옳으냐 그르냐 하는 변론은 필요없습니다. 그것은 사랑이 아닙니다. 문제는 긍휼입니다. 있는 그대로 이해하고, 사실 그대로 수용해야 합니다. 독일의 심리학자인 배르벨 바르데츠키(Barbel Wardetzki)의 저서에 「너는 나에게 상처를 줄 수 없다」라는 책이 있습니다. 제목이 특별하지요? 아마존에서 오랫동안 베스트셀러로 있는 유명한 책입니다. 그는 이 책에서 말합니다. '세상을 긍정하고 타인을 사랑하기 위해서는, 긍휼을 베풀기 위해서는 자기 자신을 먼저 받아들이는 일이 선행되어야 한다.' 내가 넉넉해야 됩니다. 내 마음이 넉넉하고야 남을 긍휼히 여길 수 있습니다. 내가 나를 사랑하지 않고는 남을 사랑할 수 없습니다. '나 자신이 먼저 넉넉한 마음일 때에만 비로소 남의 모든 허물을 덮고 이

해하고 받아들일 수 있다.'

오늘 본문에서 예수님께서는 긍휼을 배우라고 말씀하십니다. "긍휼을 배우라!" 여기서 '긍휼'은 헬라어로 '엘레이스'입니다. 가톨릭의 기도문에 보면 '엘레이메, 엘레이메, 엘레이메'라는 말이 많이 나옵니다. '엘레이메'는 '나를 긍휼히 여기소서'라는 뜻입니다. 호세아 6장 6절은 말씀합니다. "나는 인애를 원하고 제사를 원하지 아니하며 번제보다 하나님을 아는 것을 원하노라." 하나님의 긍휼 속에 내가 있음을 말씀하는 것입니다. 긍휼을 원하신다, 이것입니다. 히브리어로는 '케세드'입니다. 뜻이 참 귀합니다. 같은 사랑입니다. 긍휼입니다. 높은 사랑이고, 넓은 사랑입니다. 이것이 긍휼입니다. 그 어원을 살펴보면 더욱 신비롭습니다. '라함'인데, 이것은 '라하임'이는 말에서 나왔고, 그 어원은 '레켐'입니다. 이 말도 중요한데, '여인의 자궁'을 뜻합니다. 그 속에서 보호받고, 그 속에서 새로운 생명이 자라납니다. 사랑이란 바로 그 어머니의 자궁과 같은 것이라는 뜻입니다. 창조적인 의미입니다. 이 사랑 속에서 새로운 생명이 태어나는 것이니까요. 상대방이 어떻게 하느냐는 묻지 않습니다. 주도적입니다. 그런가하면 지극히 교육적이기도 합니다. 그리고 오랫동안의 인내가 필요합니다. 긴 인내력, 그 속에서 새로운 생명을 산출하는 것입니다. 예수님 말씀하십니다. "긍휼을 배우라!"

또, 오늘 본문은 조금 다른 시각으로 읽을 필요가 있습니다. 예수님께서 가버나움을 지나가시다가 세관에 앉아 있는 마태라는 사람을 만나십니다. 그는 지금 사람들한테서 세금을 받고 있습니다. 그가 예수님과 눈이 딱 마주칠 때 예수님께서는 마태의 속마음을 읽으셨던 것 같습니다. 비록 지금은 이 몹쓸 자리에 앉아 갖은 비난을 받으면서 세관 노릇을 하고 있지만, 그 마음속에는 메시아를 기다리는 간절한 마음이 있다는 것을, 마태가 그런 충실한 심령의 사람임을 예수님께서는 알아보신 것입니다. 그래 마태와 눈이 마주치시는 순간 대뜸 "나를 따르라!" 하고 이르신 것입니다. 그리고 놀랍게도 마태는 즉석에서 그 말씀을 따랐습니다. 그냥 따르기만 하지는 않았습니다. 바로 그날 자기 집에서 점심을 대접하는 파티를 엽니다. 예수님만 모셔다가 대접해드린 것이 아닙니다. 열두 제자들과 자기처럼 세리인 다른 많은 친구들도 함께 초청했습니다. 그러니 그걸 보고 사람들 사이에서 오죽이나 말이 많았겠습니까. 당시 유대사회에서 세리를 얼마나 밉게 보았는지 아십니까? 세리라는 말과 죄인이라는 말을 동의어로 썼습니다. 세리는 아주 공개된 죄인이었습니다. 그래서 다들 "예수님께서 어찌 그런 세리들, 죄인들과 함께 음식을 잡수시느냐?" 하고 비난을 했습니다. 오늘본문에는 예수님께서 그 비난들을 들으시고 거기에 답하신 말씀이 있습니다. "건강한 자에게는 의사가 쓸 데 없고 병든 자에게라야 쓸 데 있느니라." 건강한 사람에게는 의사가 필요 없습니다. 병들었기 때문에 의사가 필요한 것입니다. 이어 말씀하십니다. "나는 의인을 부르러 온 것이 아니요 죄인을 부르러 왔노라." 그리고 구약성경의 말씀을 인용하십니다. '나는 긍휼을 원하고 제사를 원치 아니하노라.' 이 말씀의 뜻이 무엇인지 배우라, 긍휼을 배우라, 이것입니다. 이 얼마나 중요한 말씀입니까.

여기서 한 번 더 짚고 넘어가야 될 것이 있습니다. 우리는 '긍휼'이라고 하면 주로 구제의 대상인 불쌍한 사람들을 생각합니다. 배고픈 사람, 헐벗은 사람, 병든 사람, 소외당한 사람, 낮은 사람, 억압

당하는 사람…… 그러나 오늘본문에서 예수님께서는 세리인 마태를 긍휼히 여기셨습니다. 당시에 세리는 많은 사람들에게 비난을 받는 사람이었는데, 부자에 지성인입니다. 사람들한테 눈총을 받으니 오히려 저희들끼리 똘똘 뭉쳐서 교제도 하고 통혼도 하면서 살았습니다. 아무튼 세리들은 부자입니다. 당시에는 로마의 세력을 등에 업은 권력자이기도 합니다. 예수님께서는 바로 그런 세리를 가리키십니다. "긍휼을 배우라. 마태를 불쌍히 여기라." 굉장한 말씀 아닙니까. 고관도 되고, 세력가도 되고, 부자가 될 수도 있습니다. 그러나 "그를 불쌍히 여기라!" 하십니다. 우리는 물질적으로 가난한 사람, 병든 사람에 대해서만 언제나 긍휼, 긍휼 하면서 불쌍히 여기고, 선행을 한다고 하지마는, 선행은 거기에만 있는 것이 아닙니다. 부자로 사는 데에 고민이 있습니다. 겉으로 보기에 잘 사는 것 같기는 한데, 실은 가장 불쌍한 사람들입니다. 예수님께서는 지금 이 시간 당대의 부자이면서 권력자이기도 한 마태를 가리켜서 말씀하십니다. "저를 긍휼히 여길지니라!"

　　요새 우리나라의 국회의원들이 별로 칭찬을 못 받습니다. 여러분은 그들을 불쌍히 여길 마음이 있습니까? 비난을 하기 전에 한번 생각해보십시오. 불쌍한 사람들입니다. 아주 안 됐습니다. 아주 불쌍한 사람들입니다. 겉으로 보기에는 성공한 사람이기도 하고, 뭐라도 되는 것처럼 보이지만, 그 속 내용을 보면 죽지 못해 사는 사람들입니다. 흔히 우리는 물질적으로, 사회적으로, 경제적으로 낮은 곳에 처한 사람들을 생각하지만, 예수님께서는 오늘본문에서 말씀하십니다. "저 세리 마태를 불쌍히 여기라!" 긍휼을 말씀하십니다. 특별한 말씀입니다. "배우라!" 왜요? 잘 나가는 것 같으나, 모르기 때문입니다. 성공한 것 같으나, 실패한 사람들입니다. 불쌍한 사람들입니다. 그 심령을 보시고 불쌍히 여기라고 말씀하십니다.

　　예수님께서 십자가에서 돌아가십니다. 그 십자가에서 맨 처음으로 하신 말씀이 무엇입니까? "하나님이여, 저들의 죄를 사하소서. 모르기 때문입니다." 그 악한 무리들의 손으로 십자가에 돌아가시면서도 자신을 죽이는 자들을 불쌍히 여기셨습니다. 누가 큽니까? 누가 위에 있습니까? 여러분, 우리는 분명히 알아야 합니다. 모르기 때문입니다. 아는 자로서 모르는 자를 넓게, 높게 용서하고 사랑하는 것이 바로 긍휼입니다. 또한 주도적인 사랑입니다. 그러면 저를 긍휼히 여기심으로 오는 비난이 있습니다. 오늘본문에서 예수님께서는 당장 마태를 불쌍히 여기셔서 부르시고, 그 마태가 초청하는 오찬에 참석하셨습니다. 그래 작은 잔치를 하고 있는데, 바리새인들이 비난합니다. "메시아로 오셨다고 하는 분이 어째서 죄인인 세리들과 함께 먹느냐? 저건 안 된다." 그러나 예수님께서는 아니십니다. 오히려 그 속에서 평안을 느끼셨습니다. "나는 죄인을 부르러 왔노라!" 가난한 자가 아닙니다. 죄인입니다. 물질적으로 있고 없고는 중요하지 않습니다. 사회적인 지위가 높다 낮다는 중요하지 않습니다. 영적으로 불쌍한 사람들, 그 죄인들을 부르러 오신 것입니다. 다시 말하면, 죄인을 사랑하려면 많은 비난을 받아야 합니다. 당연히 그러해야 합니다. 여러분, 비난 받지 않고 좋은 말 들어가면서 선행을 할 수 있으리라고 생각하지 마십시오. 선한 일을 할 때에는 꼭 이런저런 비난을 하는 사람이 있게 마련입니다. 그 비난하는 사람들을 불쌍히 여길 줄 알아야 합니다. 그리고야 선행을 관철할 수 있습니다. 잊지 말아야 합니다.

제가 북한선교를 위해서 여러 가지로 노력하고 있다는 걸 여러 분도 잘 아실 것입니다. 언젠가 한번은 북한선교에 대해서 강연을 해달라는 요청을 받고 제가 어떤 모임에 간 적이 있습니다. 강연을 마치고 나올 때 어떤 장로님이 제 앞을 떡 가로막아서면서 이렇게 한바탕 나무라는 소리를 했습니다. "곽 목사님, 곽 목사님은 공산당 이 뭔지를 모르셔서 그러십니다. 그놈들은 도와주시면 안 됩니다!" 그래서 제가 이랬습니다. "그래요? 제가 공산주의를 모를 것 같습니 까? 장로님은 얼마나 공산당에게 손해를 보셨는지 모르겠습니다마 는, 저는요, 우리 아버지가 제 목전에서 총살당하시는 모습을 봤습 니다. 저 또한 광산에 끌려가서 8개월 동안 죽을 고생을 했습니다." 그랬더니 이분이 그만 딱 서 가지고 눈물을 흘리면서 말을 잇지 못 합니다. 그러면서 "그래도 사랑하십니까?" 하기에 "물론이지요!" 했 습니다. 이것이 사랑입니다. 이것이 긍휼입니다. 공산당원이 우리 아버지를 죽였다고 내가 공산당을 미워하면 어떻게 되겠습니까? 그 건 아니올시다. 예수님께서는 십자가에 돌아가시면서도 자신을 십 자가에 못 박는 자들을 긍휼히 여기셨습니다. 오늘 여기서도 세리 를 사랑하시고 보니까 비난을 받으시게 됩니다. 이 비난을 감수해야 됩니다. 오해도 받고, 욕도 먹고, 핍박도 당합니다. 그렇습니다. 죄 인을 사랑하면 나도 죄인이 되니까요. 같은 죄인의 대접을 받게 되 니까요. 모든 비난을 다 감수하면서 예수님 말씀하십니다. "나는 죄 인을 부르러 왔노라. 긍휼을 배우라." 여러분, 이걸 잊지 말아야 합 니다.

긍휼은 미래지향적입니다. 심령적이고 영적일 뿐만 아니라, 먼 미래를 바라봅니다. 요한복음 13장을 보면 예수님께서 제자들의 발을 씻기십니다. 그 어리석은 제자들의 발을 손수 씻기시면서 하시는 말씀이 참 귀합니다. "지금은 모르지만 이후에는 알리라. 지금은 내가 왜 이렇게 발을 씻어주어야 하는지 모르겠지만, 먼 훗날에는 알게 될 것이다." 사실입니다. 그 제자들이 다 중생하고, 회개하고 돌아와서 예수 그리스도를 위하여 순교합니다. 여러분, 이걸 잊지 말아야 합니다. 현재를 생각하면 안 됩니다. 먼 미래를 바라보아야 합니다. "지금은 모르지만 이후에는 알리라!" 그런고로 어리석은 제자들을 사랑하셨고, 그 제자들의 발을 씻기신 것입니다. 아주 미래지향적입니다. 이 사랑은 말없는 행동입니다. 설명이 없습니다. 설교가 없습니다. 오직 행동이 있을 뿐입니다. 말없이 묵묵하게! 이것이 긍휼입니다. 내가 비난을 받으면서 끝까지 사랑하는 것입니다. 아주 신비로운 말씀입니다. 긍휼을 배운다는 것은 내가 긍휼을 베푼다는 말이 아니고, 긍휼을 이해한다는 말도 아닙니다. 내가 벌써 긍휼을 입고 있다는 것입니다. 그걸 배운다는 것입니다. 내가 오늘 입는 것이 하나님의 긍휼 속에 있습니다. 하나님께서 불쌍히 여기셨기에 오늘 내가 여기에 있습니다.

누가 목사님 앞에 이런 원망의 말을 늘어놓습니다. "하나님께서 내 기도를 왜 안 들어주실까? 오늘 기도하면 내일 들어주시고, 또 이 시간 기도하면 다음 시간에 들어주시면 좋겠는데, 왜 내가 이렇게 선한 일을 하고 애쓰는데도 하나님께서는 내 기도를 안 들어주실까?" 목사님이 듣다 못해서 한마디했답니다. "선한 일 할 때 당장 복 주시기를 바라는 마음은 좋은데, 반대로 당신이 실수해서 죄를 지을 때 당장 벌을 내리시면 어떻겠소?" 그러자 그 사람 "아, 그건 안 되지요!" 하더랍니다. 여러분, 이걸 알아야 됩니다. 내가 그 많은 실수들을 해도 하나님께서는 다 너그럽게 봐주셨습니다. 사랑해주셨습니다. 용서해주셨습니다. 기다려주셨습니다. 그래서 오늘 내가 있는 것 아닙니까. "긍휼을 배우라, 하나님의 긍휼을." 내가 지금 느끼고, 체험하고, 배워야 됩니다. 그래서 긍휼로 충만할 때 나도 모르게 다른 사람에게 긍휼을 베풀 수 있는 것입니다. 이걸 잊지 말아야 합니다.

제가 잘 아는 목사님이 있습니다. 자녀들에게 참 잘합니다. 성장기에 자녀들이 말썽이 많았습니다. 집을 나가기도 했고, 여러 가지로 속을 썩였는데, 이 목사님은 그 자녀들에게 참 좋은 아버지입니다. 나중에 그 자녀들이 다 잘 됐습니다. 제가 그게 하도 기특해서 물어봤습니다. "어찌 그렇게 참고 견딜 수 있었나요?" 그랬더니 그 목사님, 이렇게 답합니다. "아이고, 별것 없습니다. 제가 옛날에 얼마나 못됐었는지 모릅니다. 남의 집 소를 때려 죽이기까지 했거든요." 하루는 들에 나갔는데 지나가던 소가 자기를 들이받으려고 하기에 "이런 나쁜 놈!" 하면서 그 소를 때려죽였다는 것입니다. 한데 그 실수를 아버지가 다 덮어주셨다는 것입니다. 소 주인이 와서 물어내라고 난동을 피우자 "걱정하지 마세요. 제가 더 좋은 소를 사드리겠습니다!" 하고 넉넉히 돈을 주어 그 사람을 돌려보내고, 자기 아들에게는 딱 한마디를 하더랍니다. "네가 죽인 것 사실이냐?" "예." "알았다." 그때 그분이 그 아버지의 넓은 사랑에 완전히 정복되었다는 것입니다. "긍휼을 배우라!" 모든 것이 이 긍휼 속에 있습니다. 오늘 내 생명이 연장되는 것도 하나님의 긍휼 속에 있는 것입니다. 이것이 바로 중생입니다. 그리고 이제 그 사랑에 응답해야 합니다.

성경에 유명한 탕자의 비유가 나오지요? 아무리 봐도 탕자의 아버지, 참 좋은 아버지입니다. 그 못된 놈을 집을 나가게 하고, 또 그 나간 아들을 기다려주고, 돌아올 때는 전혀 과거를 묻지 않고 기뻐합니다. 이것이 아버지의 긍휼입니다. 이것이 아버지의 마음입니다. 아버지의 사랑입니다. 긍휼에 대한 응답은 긍휼입니다. 긍휼을 배워야 합니다. 여러분의 긍휼은 지금 어디까지 와 있습니까? 더 높은 긍휼이 충만할 때 우리는 온 세상을 새로운 눈으로 바라볼 수 있게 될 것입니다. △

너를 자유케 하리라

그러므로 예수께서 자기를 믿은 유대인들에게 이르시되 너희가 내 말에 거하면 참으로 내 제자가 되고 진리를 알지니 진리가 너희를 자유롭게 하리라 그들이 대답하되 우리가 아브라함의 자손이라 남의 종이 된 적이 없거늘 어찌하여 우리가 자유롭게 되리라 하느냐 예수께서 대답하시되 진실로 진실로 너희에게 이르노니 죄를 범하는 자마다 죄의 종이라 종은 영원히 집에 거하지 못하되 아들은 영원히 거하나니 그러므로 아들이 너희를 자유롭게 하면 너희가 참으로 자유로우리라

(요한복음 8 : 31 - 36)

너를 자유케 하리라

한 10년 쯤 전에 일본 동경에서 선교대회가 열린 적이 있습니다. 저와 같이 강사로 그 대회에 참여했던 정태기 목사님이 눈물을 흘리면서 1시간 동안 간증설교를 하셨습니다. 이런 내용입니다. 목사님이 모 대학의 교목으로 20년을 계셨는데, 채플시간마다 한 번도 빠지지 않고 나와 예배를 드리는 신실한 교수가 있었답니다. 실제로 대학의 채플시간에 교수님들은 대개 잘 참석을 안 하거든요. 한데 이분은 한 번도 빠지지 않고 예배시간마다 참석을 했던 것입니다. 한데 이 교수님이 예배를 마치고 나갈 때 목사님께 인사를 하면서 꼭 한마디를 하는 것입니다. "목사님, 저 술 좀 끊을 수 있도록 위해서 기도해주세요. 꼭 끊을 겁니다." "그러세요. 기도할게요." 한데 그 교수가 무려 18년 동안을 똑같이 그러더랍니다. "술 좀 끊게 기도해주세요. 꼭 끊을 겁니다." 그래 목사님이 속으로 '참 독특하고 이상한 사람이네……' 했답니다. 그러면서도 목사님은 그 교수가 술 끊게 해달라고 계속 기도했답니다. 그런데 어느 날부터 그 교수가 채플시간에 나타나지 않더랍니다. 그래 하루는 알 만한 사람한테 그 교수한테 무슨 일 생겼느냐고 물어봤더니, 알코올 중독이었는데, 얼마 전에 그만 위암으로 죽었다는 것입니다. 그 소식을 듣고 그렇게 마음이 괴롭더랍니다. '아, 내가 좀 더 적극적으로 어떤 방법을 좀 취했으면 좋았을 걸……' 그냥 채플 끝난 뒤에 인사로만 "술 끊도록 기도해주세요!", "그럽시다!" 하면서 18년을 지냈는데, 그분이 덜컥 세상을 떠난 것입니다. 이런 내용의 설교를 하면서 목사님이 우셨습니다. 18년 동안 그러다가 어떻게 이런 모습으로 끝을 맺느냐, 이것입니다. 지식 따위 있어봤자 아무 소용도 없습니다. 의지라는 것도 초라하기 짝이 없는 것입니다. 이것이 인간입니다.

제가 최근에 읽은 책 가운데 제목이 아주 근사한 게 있습니다. 「어리석은 사람은 결심만 한다」입니다. 사람은 날마다 결심합니다. 해마다 결심합니다. 한데, 결심만 합니다. 실천이 없습니다. 바로 이것이 인간의 나약성이라고 이 책은 지적합니다. 인간의 삶에는 질이 있고 양이 있지 않습니까. 삶의 질은 그가 누리는 자유에 있습니다. 당신이 얼마나 자유한가, 하는 것입니다. 먼저는 경제적인 자유입니다. 역시 경제는 중요합니다. 돈은 중요합니다. 아브라함 링컨이 이런 말을 했습니다. '가난한 자는 자유인이 아니다.' 너무 가난하고 어려우면 사람은 비굴해질 수밖에 없습니다. 한 끼의 식사를 위해서 양심을 팔아버릴 수도 있습니다. 그런고로 가난한 자는 자유인이 아니다, 이것입니다. 또, 무식한 사람도 자유인이 아닙니다. 알고 있으면 좋을 것들을 모르는 것입니다. 한마디로 '무식'이라는 감옥 속에 갇혀 있는 셈입니다. 정치적으로 자유인이 아닌 경우도 많습니다.

우리도 36년 동안 일본사람들의 손에 붙잡혀 정치적 억압을 당했습니다. 저는 14살 때 해방을 맞았습니다. 그래서 저는 8·15만 되면 생각나는 것이 있습니다. 주일에 교회로 가면 일본사람들이 예배당 앞을 지키고 서 있습니다. 그리고 우리를 한 사람 한 사람 멈춰 세우고는 들고 있는 찬송가를 펴라고 시킵니다. 그래서 '만왕의 왕 예수께서 만주의 주, 만왕의 왕 예수'라는 가사의 찬송이 나오는 대목을 펴게 하고는 그 해당 페이지를 확 찢어버립니다. "왕은 천왕만 왕인데, 어찌 너희들은 하나님을 왕이라고 부르느냐?" 그렇게 하

고야 우리는 예배당에 들어갈 수 있었습니다. 그런 굴욕을 당하다가
마침내 해방이 되지 않았겠습니까. 그 다음부터는 하루 종일 계속
그 찬송만 불렀습니다. 너무너무 감격스러워서 '만왕의 왕 주 예수'
찬송을 부른 것입니다. 정치적인 억압, 참 무서운 것입니다. 어느 사
이에 그만 붙들려서 다 노예가 되고 맙니다. 특별히 우리가 북한의
사례를 통해서도 보지 않습니까. 모든 사람의 마음이 다 같은 마음
입니다마는, 그 몇몇의 정치권력자한테 붙들려가지고 북한 전체가
노예생활을 하고 있지 않습니까. 얼마나 무섭습니까. 깊이 생각해야
합니다.

그런가하면 또 하나, 도덕적인 자유가 있습니다. 양심의 자유입
니다. 정치적인 자유도 있습니다. 경제적인 자유도 있습니다. 지식
의 자유도 어느 정도 있습니다. 그런데 양심의 자유가 없습니다. 양
심을 팔아버려서 항상 어둠의 그늘에서 헤어나지를 못합니다. 우리
가 찬송을 부르지 않습니까. 감옥에 있는 사람도 '성도는 자유를 얻
었네' 하고 찬송을 부릅니다. 양심의 자유가 가장 큰 자유라고 생각
됩니다. 한마디로 영적인 자유입니다. 사도 바울은 감옥에 있으나
자유로웠습니다. 우리 믿음의 조상들은 많은 고생을 했지마는, 그
양심의 자유, 도덕적인 자유, 신앙의 자유는 누구도 빼앗을 수 없었
습니다. 종교개혁자 마르틴 루터는 말합니다. '그리스도인은 자유인
이다. 죄와 사망과 사탄과 율법과 진노, 이 다섯 가지로부터 자유할
때 그리스도인의 또 다른 이름은 자유인이다.' 그렇습니다. 온전한
자유, 이것이 바로 우리 그리스도인의 신분이요, 그리스도인의 속성
입니다. 여러분, 스스로 물어봅시다. '나는 얼마나 자유한가?'

심리학자 에리히 프롬의 「자유로부터의 도피」라는 유명한 책이

있습니다. 저는 오래 전에 이 책을 읽고 크게 감동 받은 적이 있습니다. 요지는 간단합니다. "자유에는 두 가지가 있다. 하나는 '무엇으로부터의 자유'다. 욕망으로부터의 자유, 물질로부터의 자유, 건강으로부터의 자유, 정치적 억압으로부터의 자유, 무엇으로부터의 자유…… 무엇에 매이지 않는 것이 자유다, 이것입니다. 또 하나는 '적극적 자유'다. 그것은 '무엇으로의 자유'다." 이것은 '매이는 자유'입니다. 사랑의 노예가 되는 것, 이것은 자유입니다. 의를 위해서 생명을 바치는 것, 이것도 자유입니다. '무엇으로의 자유가 없이는 무엇으로부터의 자유가 있을 수 없다.' 중요한 철학적 이론입니다.

여러분, 자유는 스스로 얻어지는 것이 아니라는 것을 인정하십시다. 나 스스로 자유가 된다고 생각하지 마십시오. 돈 있다고 자유인이 아니고, 공부했다고 자유인도 아니고, 내가 선하게 살았다고 자유인인 것도 아닙니다. 자유는 하나님께서 주시는 은총입니다. 이걸 인정해야 됩니다. 저는 미국 워싱턴 D.C.에 갈 때마다 꼭 한 번씩 일부러 방문하는 곳이 있습니다. 6·25전쟁 기념관입니다. 제가 거기서 보고자 하는 것은 딱 하나입니다. 큰 글자로 그곳 벽에 씌어 있는 글입니다. 'Freedom is not free.' 참 좋은 말 아닙니까. 저는 그 글귀를 처음 보았을 때 크게 놀랐습니다. 너무나 충격이 커서 한동안 그 자리를 떠날 수가 없었습니다. 'Freedom is not free.' 이거 하나만 깨달으면 사람이 됩니다. 이거 하나만 깨달으면 나라가 삽니다. 정치가 살고, 경제가 삽니다. '자유는 공짜가 아니다.' 공짜로 얻은 자유는 빼앗기기 쉽습니다. 귀한 줄 모릅니다. 돈도 마찬가지 아닙니까. 내가 땀 흘려 일해서 돈을 벌어야지요. 그래야 돈 귀한 줄 알지 않습니까. 돈이 거저 주어지면 사람 못쓰게 됩니다. 다들 뼈저리게 느끼고 있지 않습니까. 자유는 공짜가 아닙니다. 이거 하나를 우리는 꼭 깨달아야 됩니다.

　오늘본문은 말씀합니다. "진리가 너희를 자유롭게 하리라(32절)." 내 노력, 전쟁, 혁명이 아니고, 오직 진리가 너희를 자유케 한다, 이것입니다. 쟁취해서 얻은 자유는 자유가 아닙니다. 이것이 얼마나 신비로운지를 우리는 깨달아야 합니다. 억지로 빼앗아서 자유로 위장한 것이 어떻게 자유일 수 있습니까. 돈을 벌어서, 공부해서, 노력해서…… 다 좋습니다. 어떤 사람은 참 피눈물나는 노력을 해가지고 돈을 법니다. 좋습니다. 하지만 그 사람, 돈의 노예가 되어버렸습니다. 인간이 망가지는 것입니다. 불쌍합니다. 그렇게 애써서 얻은 자유를 하찮은 몇 푼의 돈에 빼앗기고 마는 걸 보면 마음이 아픕니다. 자유는 그렇게 얻어지는 것이 아닙니다. 쟁취하는 것이 아닙니다. 은총으로 주어지는 것입니다. 그리고 더 중요한 것은 은총으로 얻어졌다는 것을 깨달아야 한다, 이것입니다. 그래서 늘 감격해야 합니다. 보십시오. '내가 애써서 출세했다.' 교만해졌지요? '내가 열심히 일해서 돈 벌었다.' 돈의 노예가 됐지요? '이렇게 해서 출세했다.' 그런데 명예와 권세의 노예가 되어서 곤두박질합니다. 이런 모습을 우리가 늘 봅니다. 자유는 은총으로 주어진다는 것을 알아야 됩니다. 그 어느 때라도 하나님의 축복으로, 하나님의 은혜로 내게 주어진 것임을 알고, 그에 대하여 응답하는 감격이 꼭 있어야 합니다. "진리를 알지니……(32절)" 그렇습니다. 진리란 엄연합니다. 진리를 알아야 합니다. 그래야 비로소 자유인이 됩니다. 알고, 깨닫고, 감격하고, 응답할 때 비로소 자유인입니다. 간단히 말하면, 모든 일에서 자기 부족과 허물을 느끼면서 '분에 넘치는 축복입니다. 감사합니다!' 할 때 자유인입니다. 감사하는 순간, 그때 내 영혼이 자유합니다. 이걸 잊지 말아야 합니다.

　사람들은 죄를 지을 때 그걸 자유라고 착각합니다. 자기 하고 싶은 대로 하니까요. 때리고 싶은 사람 때리고, 가고 싶은 대로 가고, 먹고 싶은 대로 먹고…… 그러면서 자유라고 합니다. 정말 자유입니까? 그 순간 무서운 함정에 빠져드는 것입니다. 여러분, 혹시라도 차를 몰고 가다가 신호를 한 번 위반하는 경우를 생각해보십시오. 보면 신호위반 하는 사람들 얼마나 많습니까. 그런 차들이 쌩 하고 옆을 지나갈 때 보면 본인은 아주 신바람 나서 갑니다. 그러나 위법입니다. 그러다 큰 사고를 내게 됩니다. 이걸 알아야 합니다. '그런고로 진리만이 자유케 하리라. 진리를 따라야만 자유하리라. 진리 안에서 자유는 은총으로 주어지는 것이다.' 그리고 오늘 다시 설명을 붙였습니다. '죄를 짓는 자마다 죄의 종이다.' 얼마나 간단한 말씀입니까. 죄를 지을 때에는 그것이 자유라고 생각합니다. 자기가 하고 싶은 대로 했으니까요. 천만에요. 그 다음에 그는 죄의 노예가 됩니다. 「죄와 벌」이라는 소설이 이걸 말해주고 있지 않습니까. 수많은 문학가들이 이걸 말해주고 있습니다. 죄를 우습게 보고 죄를 저지르면 그 다음에는 그 죄에 대한 가책 때문에 일생의 운명이 망가진다는 걸 웅변적으로 말해주고 있지 않습니까. "죄를 범하는 자마다 죄의 종이라(34절)." 무슨 말씀입니까? 죄를 지으면 또 죄를 지을 수밖에 없다, 이것입니다. 죄에 대한 가책, 그 죄의식에 매일 수밖에 없습니다. 죄의 형벌의식에 매일 수밖에 없는 것입니다. 거짓말을 한번 해보실까요? 거짓말을 하자마자 '아, 이거 미안합니다. 제가 실수했습니다!' 하면 되겠는데, 회개하지 않으면 어떻게 됩니까?

거짓말 한 것을 숨기려고 또 거짓말을 합니다. 거짓말에 거짓말이
이어집니다. 한참 나가다보면 어디까지가 진실인지, 어디까지가 거
짓인지 나도 모르는 지경에 이릅니다. 멍청해지는 것입니다. 인격이
망가지는 것입니다. 그런고로 죄를 지을 때 우리는 죄의 노예가 됩
니다. 내 감정도, 내 양심도, 내 인격도 다 망가집니다. 이걸 우리가
알아야 됩니다. "그러므로 아들이 너희를 자유롭게 하면 너희가 참
으로 자유로우리라(36절)." 하나님의 아들 예수 그리스도께서 너의
죄를 십자가의 보혈로 용서하실 때 너는 온전히 자유하리라, 이것입
니다. 여기서 참 믿음을 가지게 되고, 하나님의 아들로 다시 태어나
게 되는 것입니다.

　우리가 오늘 8·15 기념예배를 드리면서 한번 생각할 것이 있습
니다. 안중근 의사의 어머니인 조 마리아 여사는 어머니로서만이 아
니라 한국독립운동사에서도 중요한 인물입니다. 31살에 안중근 선
생이 큰 거사를 이룬 다음 루쉰 감옥에서 사형선고를 받고 사형집
행을 기다리고 있을 때 그 사랑하는 어머니가 아들 안중근 선생에게
편지를 했습니다. 이런 내용입니다. '네가 만일 늙은 어머니보다 먼
저 죽는 것을 불효라고 생각한다면 이 어미는 웃음거리가 될 것이
다. 너의 죽음은 너 한 사람만의 것이 아니다. 너는 조선인 전체의
공분을 짊어지고 있는 것이다. 네가 항소한다면 그것은 일제에 목숨
을 구걸하는 일이 될 것이다. 네가 나라를 위해 이에 이르렀으니, 다
른 마음 먹지 말고 죽어라. 옳은 일을 하고 받는 형이니, 비겁하게
삶을 구걸하지 말고, 대의에 죽는 것이 어미에 대한 효도라는 것을
생각하라. 어미는 현세에서 너를 다시 만나리라고 기대하지 않는다.
다음 세상에서 반드시 선량한 천부의 아들이 되어 이 세상에 나오너

라.' 안중근 열사의 어머니가 그 아들에게 보낸 편지입니다. 이것이 자유인입니다. 이것이 신앙인입니다.

　자유는 오직 은혜로 주어지는 것입니다. 다시 한 번 그날을 생각해보십시다. 우리가 사실은 독립을 위한 많은 노력을 하긴 했습니다마는, 그것은 미미한 것이었고, 8·15해방은 공짜로 얻은 것입니다. 일본사람이 미국사람하고 싸우다가 자기들이 패전함으로써 우리가 독립이 되었습니다. 해방을 얻었습니다. 그러나 공짜로 얻은 것이기 때문에 그 소중함을 제대로 몰랐습니다. 그리고 방종하고 방탕했습니다. 저는 지금도 잊지를 않습니다. 8·15해방이 된 다음에 제가 다니던 학교에 가봤거든요? 그 실험실에 예쁘고 좋은 실험기구들이 많았습니다. 참 가지고 싶고, 보고 싶고, 만지고 싶은 좋은 것들이 다 진열되어 있었는데, 누가 와서 그걸 다 때려부쉈더라고요. 이것이 해방입니까? 이것이 자유입니까? 어린 나로서도 마음이 아팠습니다. 그리고 그저 먹고, 마시고, 놀고, 춤추고…… 이건 아니지 않습니까. 그렇게 정신없이 돌아가다가 6·25를 만난 것입니다. 이걸 알아야 됩니다. 거저 얻은 자유는 더 큰 화를 불러일으킵니다. 자유의 소중함을 우리가 알고, 깨닫고, 그 자유의 소중함을 지켜야지, 그러지 못하면 거저 얻은 자유는 더 큰 화를 불러 일으킨다는 말입니다. 우리가 너무나 뼈아프게 경험한 민족사적 사건입니다. 개인으로나 민족으로나 자유는 오직 은혜로 주어지는 것입니다. 이걸 잊지 말아야 합니다. 그렇기 때문에 더욱 소중합니다. 이 자유에 응답해야 합니다. 그래서 사도 바울은 말합니다. '내 자신을 쳐서 복종케 한다. 내 몸을 쳐서 복종케 한다.' 헬라어로는 '눌라고고'라는 말입니다. 이런 뜻입니다. '노예가 된다.' 여러분, 참 자유를 위해서는 노예가 되어야 됩니다. 나 스스로를 쳐서 복종케 해야 됩니다. 내 방종한 마음대로, 방종한 행동대로 살아서는 안 됩니다.

사도 바울은 말합니다. '내가 그리스도와 함께 십자가에 못박혔다(I am crucified with christ). 나는 자유인이 아니다. 십자가에 죽었다. 벌써 죽었다.' 여기서부터 출발하는 것입니다. 그가 자유인입니다. 고린도전서 2장 2절은 말씀합니다. "예수 그리스도와 그가 십자가에 못 박히신 것 외에는 아무 것도 알지 아니하기로 작정하였음이라(2절)." 육체적이고 경제적인 것만이 아니라, 지식의 세계까지도 십자가만 알리기로, 십자가 외에는 생각하지 않기로 하였다, 이것입니다. 이것이 자유인의 모습입니다. 이것이 자유할 수 있는 길입니다. 참 자유는 사랑의 종입니다. 의의 종, 진리의 종, 자유의 종, 사랑의 종…… 이것이 진정한 자유입니다. 자유가 주는 무한한 능력, 은총의 세계가 여기에 있습니다.

우리는 오늘 자유의 소중함을 생각할 뿐만 아니라, 은혜로 주어진 자유를 잘 알고, 깨닫고, 소중히 여겨서 하나님께서 주신 은총, 그 귀한 자유가 온전한 결실을 맺도록, 또한 우리가 자유할 뿐만 아니라, 다른 사람을 자유케 하는, 다른 사람을 죄와 사망에서 자유케 하는, 그런 자유의 종으로서 귀한 사명을 확인하는 오늘이 되어야 할 것입니다.　△

한 신앙인이 부른 찬송

하루는 욥의 자녀들이 그 맏아들의 집에서 음식을
먹으며 포도주를 마실 때에 사환이 욥에게 와서 아뢰
되 소는 밭을 갈고 나귀는 그 곁에서 풀을 먹는데 스
바 사람이 갑자기 이르러 그것들을 빼앗고 칼로 종들
을 죽였나이다 나만 홀로 피하였으므로 주께 아뢰
러 왔나이다 그가 아직 말하는 동안에 또 한 사람이
와서 아뢰되 하나님의 불이 하늘에서 떨어져서 양과
종들을 살라 버렸나이다 나만 홀로 피하였으므로 주
인께 아뢰러 왔나이다 그가 아직 말하는 동안에 또
한 사람이 와서 아뢰되 갈대아 사람이 세 무리를 지
어 갑자기 낙타에게 달려들어 그것을 빼앗으며 칼로
종들을 죽였나이다 나만 홀로 피하였으므로 주인께
아뢰러 왔나이다 그가 아직 말하는 동안에 또 한 사
람이 와서 아뢰되 주인의 자녀들이 그들의 맏아들의
집에서 음식을 먹으며 포도주를 마시는데 거친 들에
서 큰 바람이 와서 집 네 모퉁이를 치매 그 청년들 위
에 무너지므로 그들이 죽었나이다 나만 홀로 피하였
으므로 주인께 아뢰러 왔나이다 한지라 욥이 일어나
겉옷을 찢고 머리털을 밀고 땅에 엎드려 예배하며 이
르되 내가 모태에서 알몸으로 나왔사온즉 또한 알몸
이 그리로 돌아가올지라 주신 이도 여호와시요 거두
신 이도 여호와시오니 여호와의 이름이 찬송을 받으
실지니이다 하고 이 모든 일에 욥이 범죄하지 아니하
고 하나님을 향하여 원망하지 아니하니라

(욥기 1 : 13 - 22)

한 신앙인이 부른 찬송

벌써 꽤 오래 전 이야기입니다. 1963년 11월에 제가 미국으로 처음 유학을 가면서 영어가 좀 부족하다는 생각에 영어공부를 좀 더 해가지고 가려고 앤 아버 미시간 대학(University of Michigan, Ann Arbor)에 잠깐 머물러서 공부한 적이 있습니다. 미국에서 굉장히 크고 유명한 대학입니다. 그 당시에는 우리 한국 학생이 한 다섯 명밖에 없었습니다. 그런데 그 학생들이 목사가 공부하러 왔다는 소식을 듣고 저를 찾아와 이럽니다. "우리가 주일에는 미국 교회에 가서 예배를 보겠지만, 토요일 저녁에는 목사님을 모시고 기도도 하고, 성경공부도 하고 싶습니다." 마다할 이유가 없지요. "아, 그럽시다." 그래서 어느 가정에 모였습니다. 그 대학 다니는 한국 학생이 전부 다 모였습니다. 한데 그분들 가운데 한 사람이 저를 만나자마자 제 손을 꽉 붙잡더니 하염없이 목놓아 울기 시작합니다. 누가 보든지 말든지 부끄러운 줄도 모르고 그냥 한참을 울었습니다. 그래 제가 같이 앉아서 기도를 했습니다. 그러고 나서 그가 하는 간증을 다함께 들었습니다. 감동적인 간증이었습니다. 그는 정치가요 장군입니다. 벌써 나이가 지긋한 분입니다. 그런데 정치적인 이유로 한국을 떠나 유배를 온 것처럼 미국에서 혼자 가족도 없이 그 대학 기숙사에서 지내며 공부를 하고 있었습니다. 나이가 문제가 아닙니다. 저를 만나더니 그냥 철없는 어린아이처럼 엉엉 우는 거였습니다. 이역만리 타국에서 그렇게 아주 깊은 고뇌로 신음하고 있었습니다. 그분 이야기의 내용은 이렇습니다. "제가 감옥에 들어가서 억울하게 6개월 동안 고생을 했습니다. 제가 도대체 뭘 잘못했는지, 제가 왜 감옥에 들어가야 했는지, 그 이유를 지금도 알 수가 없습니다. 그런데 어쨌든 저는 감옥에 들어갔습니다. 후회스러운 것도 많고, 한도 많고, 억울하기도 하고, 분하기도 하고…… 복장이 터질 만큼 심한 고통이 있었습니다마는, 그래도 저는 그 감옥의 비좁은 방에서 '내가 할 일이 뭔가?' 생각했습니다." 그래서 성경을 읽기 시작했답니다. 그리고 가만히 생각해보니 자기가 명색이 영락교회의 집사인데 그때까지 성경 한 번 제대로 읽은 적이 없더랍니다. 집에서 조용히 앉아 성경을 펴놓고 읽은 역사가 없더랍니다. 그저 허깨비처럼 교회만 들락날락했을 뿐이었답니다. 그리고 남들이 "집사님! 집사님!" 하니까 자기가 집사인 줄 알고 살다가 어느 날 갑자기 감옥에 들어갔고, 거기에서 비로소 성경을 읽기 시작했다, 이것입니다. 그렇게 한 열 번을 통독하고 나니까 마침내 정신이 좀 들더랍니다. 그리고 자기가 왜 감옥에 들어오게 되었는지를 그제야 알 것 같더랍니다. 성경을 계속 읽으면서 하나님의 음성을 듣게 되니까 그제야 비로소 자기가 왜 이 고생을 해야 하는지를 알기 시작했다, 이것입니다.

그리고 그는 창세기에서 요셉의 기사를 읽기 시작했습니다. 요셉이 억울하게 형제들의 손으로 애굽에 팔려가서 13년 동안 노예생활을 하지 않습니까. 감옥생활이 아니라, 노예생활입니다. 얼마나 억울한 고생입니까. 그러나 하나님의 은혜로 그가 애굽의 총리대신이 된 다음 형님들을 만납니다. 그때 형님들은 동생이 자기들을 죽일까봐, 자기들한테 복수를 할까봐 벌벌 떨었습니다. 거기서 요셉이 천사 같은 이야기를 합니다. "형님들, 나를 노예로 팔아먹었다고 근심하지 마세요. 당신들이 나를 팔아먹어서 팔려온 것이 아니고, 하나님께서 나를 이리로 보내신 것입니다. 내가 형님들의 자녀들을 기르리이다." 기가 막힌 말입니다. 바로 이 장면, 이 대목을 그가 읽고, 읽고, 또 읽으면서 얼굴이 밝아지고, 심령이 깨끗해지고, 하나님께 영광을 돌리는 심령으로 바뀌더라는 것입니다. 그래서 제가 그랬습니다. "저도 지금 그 말을 하려고 그랬습니다." 그리고 손을 잡고 같이 울었습니다. 정말 크게 은혜로운 시간이었습니다.

유명한 엠 스캇 펙(M. Scott Peck)박사의 「아직도 가야 할 길」이라는 중요한 책이 있습니다. 이 책에서 그는 이렇게 말합니다. '인생은 선택의 연속이다. 감사도 원망도 선택이다.' 한데, 여기에 문제가 있습니다. 선택의 여지가 없다고 생각하는 순간 그 인간이 망가집니다. 인간됨을 포기하는 순간입니다. 영혼이 깨져나가는 순간입니다. 가끔 우리는 이런 이야기를 듣습니다. 선택의 여지가 없었습니다, 술 마실 수밖에 없었습니다, 화를 낼 수밖에 없었습니다, 복수할 수밖에 없었습니다, 절망할 수밖에 없었습니다…… 선택의 여지가 없었다, 불가피했다고 하는 순간이 바로 하나님의 형상, 거룩한 인간의 존엄성을 포기하는 순간입니다. 어떤 경우에도 선택의 여지는 있습니다. 우리가 부르는 찬송가 가운데 '성도의 고난'이라고 있습니다. '옥중에 있는 성도가 양심의 자유 얻었네……' 그렇지 않습니까. 옥중에 있습니다. 며칠 뒤에 죽습니다. 그래도 그에게는 양심의 자유가 있습니다. 선택의 여지가 있고, 선택의 여유도 있습니다. 이걸 잊지 말아야 합니다. 이건 이럴 수밖에 없다, 선택의 여지가 없다, 불가피한 것이다…… 아닙니다. 다시 한 번 생각해보십시오. 불가피한 일이 어디에 있습니까. 화를 낼 수밖에 없었다, 망가질 수밖에 없었다, 절망할 수밖에 없었다…… 다시 한 번 생각해보십시오.

정말 그렇습니까? 얼마든지 양심의 자유도 있었고, 선택할 수 있는 여유도 있었습니다. 그래서 놓치고 있으라는 것은 그야말로 절망의 구호입니다. '선택이 없다.' 아니올시다. '선택은 있다.' 바로 여기서부터 인간이라고 스캇 펙 박사는 말합니다. 불행을 또 다른 축복으로 생각할 수 있는 자유가 그 선택에 있습니다. 불행을 축복의 계기로 생각하고, 특별히 행운을 절대로 우연이라고 생각하지 않습니다. 그 속에 하나님의 뜻이 있다고 생각합니다. 역경을 또 다른 기회라고 생각하는 선택입니다. 역경이 있으므로 방향을 바꿀 수 있습니다. 또 다른 새롭고 신선한 선택을 할 수 있는 계기가 됩니다. 역경은 결코 절망이 아닙니다. 이것이 새로운 선택으로 가는 길입니다.

욥기는 한 수난자의 찬송시라고들 말합니다. 욥기 1장 1절에 기가 막힌 말씀이 있습니다. "그 사람은 온전하고 정직하여 하나님을 경외하며 악에서 떠난 자더라." 이것이 주제입니다. 욥이 어떤 사람인지를 전제로 하고 시작하는 것입니다. 그런데 왜 이런 욥에게 고생이 있습니까? 왜 욥이 혼란을 당해야 합니까? 왜 그런 기가 막힌 고난을 당해야 합니까? 욥은 의미입니다. 이것이 욥기의 주제입니다. 여러분, 욥과 같은 순수한 사람은 복만 받아야 하지 않습니까. 형통하기만 해야 하지 않습니까. 영광을 누려야 되지 않습니까. 이것이 상식입니다마는, 욥기는 그렇게 말씀하지 않습니다. 욥은 '순수하고, 정직하고, 악에서 떠난 자'입니다. 한데도 그런 그가 엄청난 고난을 당합니다. 이것의 욥기의 주제입니다.

욥의 고난은 아주 상식적으로 이루어집니다. 네 단계입니다. 첫째, 재산을 잃어버립니다. 아무리 뭐니 뭐니 해도 이 재산은 우리가 가진 모든 것 가운데 가장 적은 것입니다. 가장 가치가 낮은 것입니다. 왜요? 여러분, 건강하고 돈하고 비교하겠습니까? 건강이 먼저지요. 명예가 먼저지요. 이걸 생각할 때 모든 우리가 당하는 고난 가운데 돈에 대한 고난이 제일 밑바닥에 있는 것입니다. 제일 시시한 것입니다. 이걸 알아야 합니다. 어쨌든 제1단계로 그는 자기가 가지고 있던 재산을 하루아침에 다 잃어버립니다.

둘째, 가정이 풍비박산납니다. 집이 무너져서 자녀들 열 남매가 하루아침에 다 죽습니다. 세상에 기가 막힌 일 아닙니까. 그런가하면 하나 밖에 없는 마누라가 남편인 욥을 이해하지 못합니다. 하나님을 욕하더니 남편더러 "죽어라!" 하고는 집을 나가버립니다. 욥은 어차피 장가 잘못 간 것입니다. 세상에 이런 마누라가 어디 있습니까. 어려울 때 같이 해야지요. 그런데 하나님과 남편을 싸잡아 저주하고 집을 나가버리니 이게 도대체 무슨 일입니까. 아이고, 기가 막힌 고난입니다. 욥은 이런 식으로 가정과 친구를 다 잃어버립니다.

셋째, 건강을 잃어버립니다. 여러분, 뭐니 뭐니 해도 이 건강이 가장 기본적인 것입니다. 돈이 문제입니까? 명예가 문제입니까? 아닙니다. 건강이 제일입니다. 그런데 욥은 그 건강마저 잃어버립니다. 온 몸에 상처가 나고 종기가 생겨서 기왓장으로 몸을 긁고 잿더미에 뒹굽니다. 세상에 이런 기가 막힌 고생이 어디 있습니까.

넷째, 욥은 자신이 왜 고난을 당하는지 모릅니다. 이것이 가장 중요한 문제입니다. 그래서 욥은 고통에 차서 몸부림을 칩니다. "하나님, 왜 이런 일이 있어야 합니까? 어째서 저만 죄인입니까? 이 세상에 죄인이 얼마나 많은데, 하나님께서는 왜 하필 저한테 이러십니까? 하나님께서 죄를 살피시면 그 누가 하나님 앞에 설 수 있겠습니까. 제가 왜 이런 고난을 당해야 합니까? 이런 고난을 당해야할 만큼 제가 죄인입니까?" 고난 속에서 욥은 하나님께 울부짖습니다. 다시 말하면 이것은 영혼의 고난입니다. 자신이 왜 이 고난을 당해야 하는지, 그는 하나님 앞에서 도대체 알 수가 없었습니다. 그래서 몸부림을 치는 것입니다. 아주 어려운 실존적인 고난입니다.

이 고난을 당하기 전까지 욥은 동방의 제일가는 부자였습니다. 하지만 이제는 거지가 되었습니다. 자녀 열 남매가 있었으나, 이제는 아무도 없습니다. 이제 욥에게 가장 중요한 문제가 남았습니다. 고난의 순간에도 욥은 계속 하나님을 생각합니다. 그 누구도, 그 무엇도 생각하지 않습니다. 잃어버린 재산도 생각하지 않고, 그의 재산을 빼앗아간 그 누구도 생각하지 않습니다. 자기를 원망하는 그 누구도 생각하지 않습니다. 그는 오직 하나님만을 생각합니다. 이것이 중요합니다. 고난을 당할수록, 어려움을 겪을수록, 절박한 시련에 맞닥뜨릴수록 더더욱 하나님과 만나야 합니다. 하나님하고만 만나야 됩니다. 이 장면이 너무나 아름다워서 제가 꼭 이 말씀을 드리고 싶습니다. "주신 자도 하나님이시요, 거두신 자도 하나님이시라!" 여러분, 이렇게 시적으로만 생각하지 말고, 구체적으로 생각해 봅시다. '주셨다. 하나님께서 주셨다.' 어떻게 된 것입니까? 하늘에서 아주 돈 보따리를 내려주신 것입니까? 금덩어리를 내려주신 것입니까? '하나님께서 주셨다!' 이것이 무엇입니까? 내가 하는 모든 일에 하나님의 축복이 함께한 것입니다. 농사를 지으면 풍년이 들고, 목축을 하면 양들이 새끼를 많이 낳아서 번성하는 것입니다. '이걸 하나님께서 주셨다.' 내가 땀을 흘렸습니다. 내가 수고 많이 했습니다. 그 수고의 결과가 좋아서 내가 부자가 되었습니다. 그래서 생각합니다. '이걸 통틀어 하나님께서 주셨다.' 여러분, 우리 수고가 많지마는, 다 하나님께서 주신 것입니다. 어떻게요? 내 수고를 헛되지 않게 하셔서요. 내 작은 수고를 통하여 큰 역사를 이루게 하신 것입니다.

저는 종종 이런 생각을 많이 해봤습니다. 학생들이 공부를 하면 시험을 보지 않습니까. 시험, 절박한 문제지요? 어찌되었든 시험은 잘 봐야 하지 않습니까. 한데 시험과 관련하여 우리는 곧잘 어리석은 기도를 합니다. 공부는 여기까지 했습니다. 시험장에서 생각이 나고 안 나고는 하나님의 뜻입니다. 안 그렇습니까. 밤새우면 뭘 합니까. 그 시간에 생각이 안 나는데요? 그렇지 않습니까. 공부는 시원치 않게 했다가도 그 시험장에 딱 들어가면 환하게 생각이 나면 그거 축복 아니겠습니까. 저는 옛날에 신학대학 다닐 때 아주 시험을 잘 봤습니다. 좌우간 3년 동안 제 성적의 평균이 95.8점이었습니다. 그 시절에 저는 하여튼 시험만 봤다 하면 성적이 절반 이상 100점이었습니다. 하지만 실은 공부를 그렇게 열심히 하지는 않았습니다. 제가 그래서 나한테는 시험에 은사가 있다고 생각했습니다. 공부를 대충 했는데도 시험장에만 딱 가면 생각이 잘 나는데 어쩝니까. 그래서 저는 생각합니다. '공부는 내가 하지만 성적은 하나님께서 주시는 거다.' 이걸 잊지 말아야 됩니다. '하나님께서 주셨다.' 무슨 말씀입니까? 내가 그럼 가만히 있었다는 이야기입니까? 아닙니다. 내 수고가 헛되지 않게, 농사를 하면 농사가 되고, 공부를 하면 성적이 잘 나오고, 운동을 하면 건강해지고…… 이걸 다 통틀어서 하나님께서 주셨다고 욥은 이해하고 있었습니다.

그런가하면 욥은 이렇게도 이해합니다. '거두시는 분도 하나님이시다.' 기가 막힌 말씀 아닙니까. 누가 거두었습니까? 하나님께서 전부 가지고 올라가셨습니까? 하나님께서 빼앗아가셨습니까? 아닙니다. 스바 사람들이 와서 다 약탈해갔습니다. 또 자연재해가 생겼습니다. 토네이도가 불어서 그만 농사지은 것들이 다 망가지고 말았습니다. 그거 태풍 한 번 불면 끝나는 것 아닙니까. 태풍으로 망했습니다. 그 갈대아 사람들이 떼 지어 몰려와서는 모든 것을 강도질해간 것입니다. 이것이 지금 욥이 처한 현실입니다. 스바 사람들한테서 강도질을 당하고, 갈대아 사람들에게서 강도질을 당합니다. 이것은 마치 태풍이 불어와 다 망가지고 홍수가 나고, 지진이 나는 것과 유사한 일입니다. 이 모든 것을 딱 정리해서 한마디로 합니다. 거두시는 자도 하나님이시라고요. 이렇게 신앙적으로 이해했습니다. 여러분, 깊이 생각하십시오. 아무도 원망하지 마십시오. 그 뒤에 하나님께서 계십니다. 욥은 생각했습니다. '갈대아 사람들이 와서 강도질을 해가도 그 뒤에는 하나님께서 계시다. 태풍이 몰려와도 그 뒤에는 하나님의 손길이 있다.' 이렇게 믿는 사람이 욥입니다. 그런 신앙입니다. 여러분, 아무도 원망하지 마십시오. 시어머니 원망하고, 며느리 원망하고, 자식들 원망하고, 세상이 어떻고…… 그거 신앙 아닙니다. 하나님 앞에 정직해야 합니다. 신앙이란 마르틴 루터식으로 표현하면 Honesty to God, 하나님 앞에 정직한 것입니다. 모든 문제를 하나님 앞에 갖다놓고, 하나님 앞에서 묻는 것입니다. 하나님께서 주시고, 하나님께서 거두시고…… 그런고로 하나님을 찬양할 것입니다.

욥의 위대한 찬양이 여기 또 있습니다. 그는 고난 가운데서도 은혜를 잃지 않았습니다. 그동안 받은 은혜가 있잖아요? 그동안 누리게 해주셨잖아요? 그래서 부자도 됐고, 가장도 됐고, 축복도 누렸고…… 여러분, 이걸 꼭 생각해야 됩니다. 불행할 때 행복했던 일을 생각해야 됩니다. 제가 옛날에 심방을 많이 할 때 집집마다 가 보면 그 집 방 안 벽에 사진들이 걸려 있습니다. 그 가운데 제일 많은 것이 뭔지 아십니까? 결혼사진입니다. 세월이 지나 누렇게 절어 빠진 것, 보기도 싫은 것, 그 누렇게 바랜 것을 떡 갖다가 붙여놓았습니다. 아마 모르긴 몰라도 이제는 그거 쳐다보지도 않을 것입니다. 그런 결혼사진이 벽에 걸려 있습니다. 아니면 아이들의 백일사진이 걸려 있습니다. 왜 그렇습니까? 이따금 쳐다보라는 것입니다. 그래서 이렇게 생각하라는 것입니다. '우리에게 저런 때도 있었다. 우리가 지금은 이렇게 불행하지마는, 저렇게 행복한 때도 있었다.' 이걸 잊어서는 안 됩니다. 결혼사진 자주 쳐다보십시오. 그래서 원점으로 돌아가야지요. 은혜를 잊어버리면 안 되지요. 아무리 불행해도 행복을 생각하고, 아무리 어려운 역경에서도 좋았던 일을 생각하십시오. 하나님의 그 큰 은혜가 있었습니다. 그 은혜 안에 내가 있었습니다. 주신 축복이 너무나 컸습니다. 이거 생각해야 됩니다. 여러분, 병이 들었다면 건강하던 때를 생각하십시오. 오늘 어떤 고난을 당해도 고마웠던 분들을 생각하십시오. 받은 은혜를 생각하십시오. 욥은 이 엄청난 고난을 당하면서도 그동안 하나님께서 베풀어주셨던 많은 은혜를 생각하며 하나님을 찬양하고 있는 것입니다.

인간은 고난 중에는 행복했던 지난 날을 싹 다 잊어버립니다. 그래서 욥기 2장 10절에 보면 재미있는 말씀이 있습니다. 욥이 그 아내에게 하는 말입니다. "우리가 하나님께 복을 받았은즉 화도 받지 아니하겠느냐……" 그렇습니다. 욥은 하나님을 원망하지 않았습니다. 오히려 하나님을 찬송했습니다. 그리고 이 찬송으로 원망을 이겼습니다. 감사로 근심을 이겼습니다. 극복했습니다. 이것이 욥의 엄청난 신앙입니다. 그리고 이 고난은 내게 주시는 또 다른 축복일 것이라고, 또 다른 은혜의 길일 것이라고 받아들입니다. 욥기 23장 10절은 말씀합니다. "그가 나를 단련하신 후에는 내가 순금 같이 되어 나오리라." 시련 뒤에 온전한 인격, 온전한 믿음의 사람이 되어 나타나게 되리라, 이것입니다. 확실했습니다. 그렇다면 오늘 내가 당하는 시련은 하나의 과정일 뿐입니다. 축복으로 가는 과정입니다. 이 많은 고난을 통해서 큰 영광의 날을 주실 것이라고 욥은 믿었습니다. 그리하여 욥기 42장 5절에서 그는 이렇게 고백합니다. "내가 주께 대하여 귀로 듣기만 하였사오나 이제는 눈으로 주를 뵈옵나이다." 고난을 통해서 주를 봅니다. 멀리 있던 주님을 가까이에서 만나게 됩니다. 모르던 하나님을 이제는 알게 됩니다. 이렇게 할 때 하나님께서는 전에 욥에게 주셨던 것보다 갑절의 은혜를 주셨다고 성경은 결론을 내립니다.

여러분, 오늘도 우리는 이유를 알 수 없는 고난을 당할 수 있습니다. 왜 이래야 하는지 알 수가 없습니다. 그러나 꼭 잊지 마십시오. 아무도 원망하지 마십시오. 무릎을 꿇고 하나님 앞에서, 하나님과 나 사이에서 고백하십시오. "주시는 분도 하나님이시요, 거두시는 분도 하나님이십니다." 하나님께서는 이 과정을 통하여 더 많은 것을 준비해놓고 기다리십니다. 그날을 바라보며 찬송을 불러야 합니다. △

심지가 견고한 사람

그 날에 유다 땅에서 이 노래를 부르리라 우리에게 견고한 성읍이 있음이여 여호와께서 구원을 성벽과 외벽으로 삼으시리로다 너희는 문들을 열고 신의를 지키는 의로운 나라가 들어오게 할지어다 주께서 심지가 견고한 자를 평강하고 평강하도록 지키시리니 이는 그가 주를 신뢰함이니이다 너희는 여호와를 영원히 신뢰하라 주 여호와는 영원한 반석이심이로다 높은 데에 거주하는 자를 낮추시며 솟은 성을 헐어 땅에 엎으시되 진토에 미치게 하셨도다 발이 그것을 밟으리니 곧 빈궁한 자의 발과 곤핍한 자의 걸음이리로다 의인의 길은 정직함이여 정직하신 주께서 의인의 첩경을 평탄하게 하시도다

(이사야 26 : 1 - 7)

심지가 견고한 사람

우리의 전통적인 인사말 가운데 이런 것이 있습니다. "밤새 안녕하십니까?" 우리가 하도 난리를 많이 겪어서 이런 인사도 있나봅니다. 여러분, 오늘은 우리가 조금 특별한 인사를 옆에 있는 분들하고 같이 하십시다. "밤새 평안하게 하신 하나님을 찬양합니다.""밤새 평안하게 지켜주셔서 감사합니다." 그렇지 않습니까. 우리가 어쩌면 오늘 주일예배를 못 드릴 수도 있는 일입니다. 하지만 오늘 이렇게 평안하게 와서 예배를 드립니다. 게다가 다른 날보다 좀더 많이 모이신 것 같습니다. 오늘 이렇게 다시 여러분의 얼굴을 뵙게 된 것, 또 조용하게 예배드릴 수 있게 된 것, 진심으로 감사합니다.

여러분 어렸을 때 초등학교 1학년 교과서에 나오던 재미있는 이야기가 한 가지 있습니다. 별것 아닌 것 같지마는, 실은 그 속에 많은 진리가 담겨 있는 이야기입니다. 한 아버지가 장을 보러 가는데, 당나귀를 타고 갔습니다. 유치원생 정도 나이의 어린 아들은 그 고삐를 잡고요. 그랬더니 동네사람들이 그 모습을 보고 전부 비웃습니다. "세상에 저런 몹쓸 아버지가 어디 있나? 어른인 자기는 당나귀를 타고, 저 어린 것은 고삐를 잡고 가게 하다니? 아동학대 아닌가!" 그 소리를 듣고 이 아버지가 아, 이거 안 되겠다 싶었는지 얼른 당나귀에서 내렸습니다. 그리고 이번에는 아이를 당나귀에 앉히고 자기는 고삐를 끌고 가기 시작했습니다. 얼마를 갔더니 또 사람들이 그 모습을 보고 이런 소리를 합니다. "아니, 세상에 저런 불효자가 어디 있나? 아버지는 고삐를 잡고 가는데 아들이 떡하니 당나귀를 타고 가다니?" 이렇듯 쏟아지는 비난에 아버지는 이럴 수도 없고, 저 럴 수도 없었습니다. 결국 두 사람이 모두 걸어가기로 했습니다. 그 러자 사람들이 그 광경을 보고 또 떠들어댑니다. "아니, 저런 바보 같은 사람들이 있나? 멀쩡한 당나귀를 왜 그냥 끌고 가나?" 하는 수 없이 두 사람은 당나귀를 막대기에다 비끌어 매어서 어깨에 매고 갔 습니다. 무슨 우화 같은 이 이야기는 교과서에도 나옵니다. 그 의미 가 아주 의미심장합니다. 소신 없이 사는 사람, 남들이 하는 말에 휘 둘리는 사람은 이렇게 어리석어질 수밖에 없습니다. 심지가 확실하 지 못하기 때문입니다.

페터 제발트가 쓴 「사랑하라 하고 싶은 일을 하라」라는 제목의 책이 있습니다. 참 마음에 드는 교양서적입니다. 주제는 '정주'입니 다. 이 딱 한 단어를 중심으로 하여 쓴 책입니다. 현대인에게 꼭 필 요한 것이 정주다, 이것입니다. 그는 말합니다. '정주가 무엇이냐? 감속이다. 서두르지 마라. 우리는 너무 서두른다. 속도에 사로잡히 다보니 고속도로가 생기고, 비행기가 생기고, 컴퓨터가 생겼다. 리 모트 컨트롤이 생겼다. 모든 것이 팍팍 변한다. 모든 것이 너무 빠르 다.' 심지어 생각도 지나치게 빠릅니다. 가끔 사람들하고 대화를 하 다보면 문득 이런 생각이 들곤 합니다. '아, 조금만 더 참았다가 말 해도 될 텐데, 뭐가 급하다고 이렇게 서둘러서 말을 하다가 실수를 하나?' 서둘러서 말할 것도 아니요, 서둘러서 생각할 것도 아닙니 다. 감속이 중요합니다. 현대인에게 절대 필요한 것은 감속, 곧 정 주입니다. 페터 제발트의 충고입니다. 이 정주의 두 번째 원리는 방 향을 분명히 하는 것입니다. 어디로 가는지도 모르고 내닫는 것, 잘 못입니다. 전후좌우 볼 것 없이 그냥 서두르기만 합니다. '이 얼마나 어리석은 일이냐? 그런고로 '무엇'이냐고 묻기 전에 '왜?'라고 물어라. 내가 왜 이 일을 해야 하느냐고 물으면서 정주의 원리를 살아가야 한다.' 세 번째는 정주에 매여서 자유를 찾으라는 것입니다. '방종이 자유가 아니다. 매임, 하나에 집착하고, 중요한 일에 몰두하고 몰입하며 그 속에서 자유를 찾는 지혜가 있어야 한다.' 현대인은 분명히 많은 것을 가졌습니다. 많은 것을 누립니다. 그러나 분명한 것은 행복은 없다는 사실입니다. 옛날만큼 행복하지 않습니다. 행복지수가 떨어집니다. 우리는 지금 잘 산다고 하지만, 행복지수는 제로입니다. 사람들 마음속에 행복이 없습니다. 성공과 행복지수는 다릅니다. 이것을 우리는 잊지 말아야 합니다.

　오늘본문에 귀한 말씀이 있습니다. "평강하고 평강하도록 지키시리니……(3절)" 샬롬, 샬롬, 샬롬! 평강, 그 길이 어디에 있습니까? 어떻게 하면 진정한 평강을 누릴 수 있겠습니까? 그 첫째가 '마음을 열어라'입니다. 오늘본문은 말씀합니다. "너희는 문들을 열고……(2절)" 이 문을 연다는 말은 폐쇄적인 사고에서 벗어난다는 뜻입니다. 소유욕이나, 자기 우월감이나, 자기 경험에 집착하지 말라는 것입니다. 자기가 아는 것이 전부인 줄 알지 말라는 것입니다. 또 그런가하면 제일 무서운 것이 경험입니다. 경험이란 사람에게 많은 지식을 주기도 합니다마는, 사람을 고집스럽게 만들기도 합니다. 우리 어른들이 실수하기 쉬운 것이 있습니다. "내가 다 해봤다. 그래서 잘 안다." 알긴 뭘 압니까? 그 시대와 이 시대가 같습니까? 그러니까 우리 안다고 하는 생각, 더구나 자기가 경험했다고 하는 것, 소중하기는 합니다마는, 거기에 집착하는 순간 멍청한 사람이 되고 만다, 이것입니다. 그러니까 마음을 열라는 것입니다.

요즘 '요섹남'이라는 유행어가 있습니다. 요리하는 남자라는 뜻입니다. 요새는 부엌에서 요리를 할 줄 알아야 쓸 만한 남자다, 이것입니다. 아직도 나는 부엌에 안 들어가 봤다, 하면 그는 멍청한 남자입니다. 인생 잘못 사는 것입니다. 그러다가는 쫓겨납니다. 요새는 제대로 된 남자란 팔 걷어붙이고 부엌에서 일할 줄도 알고, 설거지도 할 줄 알아야 된답니다. 그가 요섹남입니다. 무엇입니까? 수십년 동안 고집스럽게 살아왔는데, 이제는 다 버려야 한다, 이것입니다. 버리고 사는 것이 중요합니다. 그리고 요리책을 사다 읽으십시오. 이거 아주 중요합니다. 제가 아는 집사님 한 분은 요리를 잘하는 것까지는 좋은데, 어떤 때는 요리를 해가지고 우리 집까지 가지고 옵니다. 목사님 드시라고 하면서요. 그게 육개장입니다. 좌우간 뭘 하나 만들어보고는 좋다고 가져오는 것입니다. 제가 가만히 그 얼굴을 보면서 생각합니다. '이 집사님, 참 지혜롭게 사는 사람이다. 행복한 사람이다.' 당당합니다. 사장님입니다. 그런 일 할 사람이 아니지요. 그러나 그 분, 요리하는 걸 아주 즐깁니다. 요리책을 읽고 연구해가면서 합니다. 부인은 옆에서 보고 웃고 있습니다. 이것이 바로 마음 문을 연 것입니다. 낡은 문화에서 벗어나야 합니다. 그런 고정 관념에서 벗어나야 평안이 있습니다. 고집부리면 고집부린 만큼 미안해지고 오래 못 삽니다. 복장이 터질 것입니다, 아마. 말도 안 되는 일들이 너무 많잖아요? 그래가지고야 어디 살겠습니까. 그러나 복장 터질 일이 아닙니다. 내 마음을 열어서 내 생각을 바꾸면 되는 것입니다. 그럼 아무 문제가 없습니다.

'마음을 열어라!' 이것을 심리학 용어로 말하면 '수용성(Receptivity)'이라고 합니다. 사람은 수용성이 좋아야 됩니다. 새로운 변화를 받아들이는 것입니다. 오랫동안 집착해왔던 것을 다 버리는 것입니다. 예수님께서는 말씀하십니다. "자기를 부인하고, 자기 십자가를 지고 나를 좇으라." 이 자기를 부인한다는 말씀에는 여러 가지 신비로운 의미가 많습니다. 내가 해왔던 것, 내가 알고 있던 것, 내가 고집해온 것, 내가 집착했던 것들을 다 버리고, 십자가에 못박아버리고, 그리고 새출발해야 된다, 이것입니다. 이걸 잊지 말아야 합니다. 이 새로운 세대를 맞으면서 이 끝을 버리고 새로운 세대를 향하면 날마다 새롭습니다. 아름다운 세상입니다. 과거에 매이면 '도저히 못 살 세상이야! 망할 놈의 세상이야!' 하게 됩니다. 그러니까 제 명에 못 살잖아요? 마음을 열어야 합니다. 활짝 열어젖히는 것이 중요합니다.

또 오늘본문은 말씀합니다. "신의를 지키는 의로운 나라가 들어오게 할지어다(2절)." 자기 과시나, 자기 소유욕이나, 자기를 보호하는 보호욕이나, 자기 철학에서 벗어나 의로운 나라, 하나님의 나라를 영접하라, 그 나라와 그 의를 영접하라, 내 의를 버리고 하나님의 의, 내 생각을 버리고 하나님의 뜻을 영접하라, 이것입니다. 그러면 영접하는 자, 곧 그 이름을 믿는 자에게 하나님의 자녀의 권세를 주시겠다, 이것입니다. 주님을 영접해야 됩니다. 나를 버리고, 주님을 영접하고…… 이걸 심리학 용어로 Total Acceptance, 전적으로 받아들이는 것이라고 말합니다.

제네랄 일렉트로닉의 유명한 경영자인 웰치 회장이 이런 재미있는 말을 남겼습니다. '고급 아이디어를 많이 듣는 자가 성공한다.' 새로운 말, 귀담아 들어야 됩니다. 지나가는 말 한마디도 잘 들으면 그것이 곧 복음 아니겠습니까. 그것이 나를 살리는 길이다, 이것입니다. 다소 우습지만, 심각한 이야기가 있습니다. 한 10년쯤 전의 일입니다. 언젠가 TV를 보고 있는데, 무좀약 광고가 나옵니다. 그 약을 한 번 써보고 낫지 않으면 무좀이 아니라는 것입니다. 그래서 제가 당장 사서 발랐지요. 제가 무좀 때문에 30년 동안 얼마나 고생했는지 모릅니다. 좌우간 심한 무좀으로 발이 퉁퉁 부어서 신발도 제대로 신지 못하고 올라가서 설교한 때가 있었습니다. 굉장했습니다. 약이란 약, 병원이란 병원 다 다녀봤는데, 안 낫더라고요. 한데 이약을 딱 한 번 발랐더니 무좀이 싹없어졌습니다. 그리고 지금까지 10년 동안 괜찮습니다. 참 신기했습니다. 복음이었습니다, 복음. 무좀으로 고생하는 분들은 다 압니다. 이게 얼마나 힘든데요? 그 힘든 게 딱 한 번으로 끝난 것입니다. 지금도 광고가 나오더라고요. 사람들은 '에이 그럴 리가 있나?' 하고 안 믿습니다. 한데 정말입니다. 있습니다. 그러니까 여러분, 좋은 아이디어를 받아들여야 합니다. 이걸 거부하면 안 됩니다. 좋은 생각, 그것이 복음 아니겠습니까. 복된 소리를 영접해야지요.

기독교인이란 무엇이냐는 물음에 전도학의 개념으로 답을 하면 '예수 그리스도를 주로 고백한 자'입니다. '예수 그리스도가 나의 주인이십니다.' 이렇게 고백하고 사는 사람을 기독교인이라고 하는 것입니다. '어떤 일이 있든지 예수님께서는 내 주인이십니다. 예수 그리스도께서는 나의 주가 되십니다.' 이렇게 고백하고 사는 것입니다. 결혼이란 무엇입니까? 연애니 사랑이니, 어쩌고저쩌고 하지만, 다 쓸데없는 소리입니다. 사회학의 개념으로는 딱 한마디, '같이 살기로 약속한 사람'입니다. 그것이 결혼입니다. 사랑하고 안하고가 무슨 상관이 있습니까. 같이 살면 그게 부부지요. 약속한 것입니다.

그 약속을 지키는 것입니다. 늘 예쁜 것만 아니잖아요? 제가 어제도 결혼주례를 하면서 신랑한테 물었습니다. "지금 신부 예쁘지?" 그랬더니 "예뻐요!" 합니다. 그래서 제가 이랬습니다. "잘 생각해라. 내일 아침에는 이 얼굴이 아니다!" 화장발입니다. 같이 산다고 해서 항상 예쁜 건 아닙니다. 항상 미쳐가지고 사는 것도 아닙니다. 사노라면 보기 싫을 때도 있고, 시원치 않을 때도 있습니다. 그러나 함께 살기로 했잖아요? 그러니까 사는 것입니다. 사랑하기로 했잖아요? 그럼 사랑하는 것입니다. 그게 결혼입니다. 예쁘면 사랑하고, 싫으면 말고…… 이게 무슨 소리입니까? 이게 바로 문제입니다.

오늘본문은 말씀합니다. "의로운 나라가 들어오게 할지어다(2절)." 또 말씀합니다. "주께서 심지가 견고한 자를 평강하고 평강하도록 지키시리니……(3절)" 사랑하기로 했으면 사랑해버려야지요. 뭘 중간에 흔들려가지고 가문 망신을 시키는 것입니까. 도대체 이게 안 되는 것입니다. 요새 보니까 굉장히 훌륭한 사람들 다 변변치 않은 일을 가지고 망가지더라고요. 왜요? 심지가 견고하지 못해서 그렇습니다. 이 여자 사랑하기로 했으면 사랑하면 되잖아요? 도대체 왜 여기저기 한눈팔다가 망신을 당하는 것입니까? 이게 뭐냐 하면 심지가 견고치 않은 것입니다. 신앙적으로 봐도 그렇습니다. 내가 예수님을 주님으로 섬기기로 결심했습니다. 그러면 심지가 견고해야 합니다. 흔들리지 않아야 합니다. 그 사람이 평안한 것입니다. 이걸 알아야 됩니다. '주님을 의지합니다. 주님을 사랑합니다. 주님만 사랑합니다. 주님께 모든 것을 맡깁니다. 내 복음적 가치관은 견고하고 흔들리지 않습니다.' 이 사람이 복된 사람입니다.

우리 목사님들 가운데서도 가끔 그런 일이 있습니다. 목사가 하는 일이 무엇입니까? 저는 언젠가 한경직 목사님을 방문했다가 그 분으로부터, 간단하게 지나가는 말이지마는, 제 일생을 좌우하는 참 중요한 교훈을 얻었습니다. 아마도 그때 목사님 연세가 90이 넘었을 때입니다. "곽 목사." "예." "잘 들어두라우." "예, 뭔데요?" "목사는 애당초 설교하기 위해 태어났어. 목사가 설교를 못하면 살아도 죽은 거야. 내가 설교 못한 지 10년인데, 이건 사는 게 아니야." 그리고 우셨습니다. 목사는 설교하기 위해 태어났다…… 그래서 제가 교회에서 은퇴하여 무엇이든 할 수 있는 자유의 몸이 되었을 때 다섯 군데 대학에서 총장으로 오라는데도 가지 않았습니다. 그리고 이 교회를 세웠습니다. 왜요? 설교하기 위해서입니다. 1부 예배에 설교하기 위해서 이 교회를 세운 것입니다. "나는 설교다!" 했습니다. 그래 제가 지금 은퇴하고 13년 됐지만, 하루도 설교 안 한 날이 없습니다. '설교하기 위해 존재한다.' 저는 확고하게 생각합니다. 누가 뭐라고 해도 저는 흔들리지 않습니다. 여러분, 잘 아시는 대로 제가 총회장도 안 했잖아요? 그런 것은 저와 상관이 없습니다. 저는 오로지 설교뿐입니다.

심지가 견고한 사람이 되어야 합니다. 흔들리지 말아야 합니다. '내가 세상에 태어난 목적은 여기에 있다!' 이것만 하는 것입니다. 잘 살든 못 살든, 남들이 뭐라고 하든, 그런 게 뭐 그리 중요합니까. 성공했든 실패했든, 나와 무슨 상관입니까. 심지가 견고한 사람이 되어야 합니다. 이스라엘 사람들을 보십시오. 애굽에서 나올 때 얼마나 큰 감격이 있었습니까. 홍해를 육지같이 건널 때 얼마나 감격했습니까. 그러나 조금 어려운 일을 당하고 시험을 당하니까 하나님을 원망합니다. 모세를 죽이겠다고까지 합니다. "왜 우리를 여기로 인도했느냐?" 하면서 거기로 인도하신 하나님까지 원망합니다. 흔들리는 것입니다. 마지막에 성경을 자세히 읽어나가다 보면 하나님께서도 아주 지치셨습니다. "목이 곧은 백성이로다!" 하나님께서 이렇게 말씀하시는 것을 봅니다. 여러분, 제발 흔들리지 마십시오. 지성적으로 만족하고, 감성적으로 만족하고, 기분이 만족하고…… 그런 일 없습니다. 하나님 앞에 약속을 했습니다, 하나님만 섬기기로요. 내 일생을 바쳤습니다. 그럼 바치면 될 것 아닙니까. 어차피 죽을 텐데, 뭘 그렇게 대단한 거라고요? 어차피 끝날 세상입니다.

심지가 견고한 사람은 하나님의 능력, 하나님의 지혜, 하나님의 사랑을 꽉 붙들고 조금도 흔들리지 않습니다. 야고보서 1장 7절, 8절에 귀한 말씀이 있습니다. "이런 사람은 무엇이든지 주께 얻기를 생각하지 말라 두 마음을 품어 모든 일에 정함이 없는 자로다." 한 마음, 심지가 견고한 사람을 하나님께서는 평강에 평강으로 지켜주신다, 이것입니다. 심리학적으로도 그렇습니다. '이럴까, 저럴까?' 할 때 고민이 많습니다. 결정하고 나면 고민이 없습니다. 그렇지 않습니까. 일본사람에게 옛날부터 내려오는 중요한 격언이 있습니다. '만날까 말까 하는 사람 만나지 마라. 할까 말까 하는 일은 하지 마라. 그리고 갈까 말까 할 때는 가지 마라. 죽을까 말까 할 때는 죽어라.'

여러분, 결심을 하고 심지가 흔들리지 않아야 합니다. 꽉 붙들고 그대로 가는 것입니다, 주님 앞에까지요. 그 사람이 평안합니다. 평강에 평강으로 하나님께서 채워주십니다. 샬롬! 중요한 말 아닙니까. 샬롬! 하나님을 의지하고, 하나님만 사랑하고, 하나님만 기뻐하고, 주님께로부터는 위로만 받고…… 요한계시록에 있는 말씀대로 죽도록 충성하면 생명의 면류관을 받을 것입니다.   △

잠잠하라 고요하라

그 날 저물 때에 제자들에게 이르시되 우리가 저편으로 건너가자 하시니 그들이 무리를 떠나 예수를 배에 계신 그대로 모시고 가매 다른 배들도 함께 하더니 큰 광풍이 일어나며 물결이 배에 부딪쳐 들어와 배에 가득하게 되었더라 예수께서는 고물에서 베개를 베고 주무시더니 제자들이 깨우며 이르되 선생님이여 우리가 죽게 된 것을 돌보지 아니하시나이까 하니 예수께서 깨어 바람을 꾸짖으시며 바다더러 이르시되 잠잠하라 고요하라 하시니 바람이 그치고 아주잔잔하여지더라 이에 제자들에게 이르시되 어찌하여 이렇게 무서워하느냐 너희가 어찌 믿음이 없느냐 하시니 그들이 심히 두려워하여 서로 말하되 그가 누구이기에 바람과 바다도 순종하는가 하였더라

(마가복음 4 : 35 - 41)

잠잠하라 고요하라

실례를 무릅쓰고 제가 어렸을 때 겪은 개인적인 이야기를 좀 해드리려고 합니다. 이제는 나이가 드니까 그런지 옛날 생각이 자꾸 새록새록 나곤 합니다. 제 할아버지가 초대 선교사들을 만나서 예수를 믿으시고, 우리 동리에 교회를 세우셨습니다. 그래서 선교사님들이 저희 집에 자주 지프차를 몰고 와서 주무시고 가시는 모습을 제가 어렸을 때 많이 보았습니다. 그래 제가 그분들의 사랑을 많이 받았습니다. 그때 제가 자는 방이 하나 있었는데, 그 방 맞은편 벽에 커다란 그림이 하나 걸려 있었습니다. 지금은 흔한 그림이지마는, 옛날에는 그런 그림이 꽤 귀한 것이었습니다. 어느 선교사가 하루 묵을 때 기념으로 주고 간 것이라고 합니다. 그걸 사진틀에 넣어서 벽에 보기좋게 걸어놨는데, 아주 큰 그림이었습니다. 그래 저는 잘 때도 그 그림을 보면서 자고, 아침에 깰 때도 그 그림을 보면서 눈을 떴습니다. 그러니까 제 마음속에는 어렸을 때부터 그 그림이 가득 차 있었던 셈입니다. 어느 목자가 새끼 양을 품에 안고 시냇물을 건너가는 모습을 그린 그림이었습니다. 그것은 그 뒤로 제 마음의 그림, 제 마음 깊이 박혀 있는 그림, 제 영혼 속에 새겨져 있는 그림이 되었습니다. 저는 그 그림을 참 좋아합니다. 볼 때마다 마음이 평안합니다. 새끼 양이 목자의 품에 안겨서 그 시냇물을 건너가는데, 자세히 보면 그 새끼 양이 목자를 쳐다보고 있습니다. 아주 부드러운 눈으로 올려다보면서 행복해하는 모습입니다. 그게 참 아름답고, 귀하고, 평화롭습니다. 평화의 상징입니다. 그래서 제가 소망교회를 세울 때 들어가는 입구의 벽에다가 돈을 많이 들여서 목자 상을 크게 조각해놓았습니다. 그것은 바로 제 마음입니다. 제 신앙고백이기도 합니다. 정말 귀하고 아름다운 평화의 상징이라고 생각합니다.

다윗 왕은 시편 23편에서 말합니다. "여호와는 나의 목자시니 내게 부족함이 없으리로다(1절)." 영어로 읽으면 더 재미있습니다. I want nothing. 여호와께서 내 목자시니 나는 소원이 없습니다. 더 바랄 것이 없습니다. 목자 한 분으로 충분합니다. 더 바랄 게 뭐 있습니까. 목자와 함께하면 되고, 목자가 여기 계시면 되고, 목자의 길을 따라가면 됩니다. 아무 근심도 걱정도 할 필요가 없습니다. 이것이 다윗의 신앙고백입니다. 특별히 시편 23편 4절에는 더 절절한 말씀이 있습니다. "내가 사망의 음침한 골짜기로 다닐지라도 해를 두려워하지 않을 것은 주께서 나와 함께하심이라⋯⋯" 그렇습니다. 나는 혼자가 아닙니다. 모두가 다 나를 버렸어도 나는 혼자가 아닙니다. 절대로 혼자가 아닙니다. 주께서 나와 함께 계십니다. 주께서 나와 함께 계시면 내가 어디에 있든 거기가 바로 낙원입니다. 주께서 나와 함께 계시면 거기가 천국입니다. 거기가 안식입니다. '주께서 나와 함께 계시다. 나는 혼자가 아니다.' 이 얼마나 중요한 말씀입니까.

여기에 뒤 따르는 아주 재미있는 유명한 전설이 있음을 여러분이 아십니다. 어느 수도사가 한 평생 수도생활을 하다가 마지막에 세상을 떠납니다. 그래서 요단강을 건너가는데, 거기서 주님을 만나게 됩니다. 얼마나 반갑습니까. 주께서 "네 일생을 한 번 돌아보라!" 하시어 고개를 돌려서 돌아봤더니 일생 살아온 길이 보입니다. 아주 그저 한 편의 영화를 보는 것처럼 일생이 다 보이는데, 언제나 발자국이 둘입니다. '나는 혼자 살아왔는데, 가족도 없이 살아왔는데, 어째서 발자국이 둘일까?' 그래 여쭈었더니 주께서 말씀하십니다. "내가 너와 항상 함께했느니라." "아이고, 주님 감사합니다." 그리고 자세히 보았더니 어떤 때는 발자국이 하나밖에 없습니다. 그래서 다시 여쭈었습니다. "한데, 저기에는 왜 한 사람 발자국 밖에 없습니까? 주께서 저를 떠나신 것입니까?" 그러자 주께서 답하십니다. "아니다. 네가 하도 힘들어서 내가 너를 업고 갔느니라." 수도사는 자기 혼자 살아온 줄 알았습니다. 외롭게, 고독하게, 힘들게 일평생을 살았다고 생각했는데, 아니었던 것입니다. 항상 주께서 함께해주셨던 것입니다. 선교사는 그 사실을 이제야 깨닫고 감사했습니다. 문제의 초점은 이 귀한 사실을 알고 있느냐는 것입니다. I am not alone. 나는 혼자가 아닙니다. 이걸 잊지 말아야 합니다. 잠시도 잊지 말아야 합니다. 나는 절대로 혼자가 아닙니다. 주께서 나와 함께 계십니다. 아니, 나를 위해서 기도하는 자가 있습니다. 나를 사랑하는 자가 있습니다. 나는 절대 혼자가 아닙니다. 이 사실을 알고 있어야 되고, 또 이 사실에 대한 확실한 믿음이 있어야 됩니다. '언제나 주께서 나와 함께 계시고, 나와 동행하고 계시다. 또 내가 물에 빠지면 나를 건져주신다. 내가 넘어지면 나를 일으켜주신다. 내가 힘들어 할 때는 나를 업고 가신다.' 믿음이 있어야 되고, 또 이것을 수시로, 순간순간 느껴야 합니다. 그 평안함, 그 포근함, 그 인자하심, 그 영원한 인자하심을 항상 느끼고 사는 것, 그것이 믿음이요, 참된 신앙생활이라고 생각합니다.

오늘본문에는 참 평안함이 있습니다. 저는 이 평안이 신앙적 평안의 극치라고 생각합니다. 오늘본문은 말씀합니다. "고물에서 베개를 베고 주무시더니……(38절)" 이 장면이 저는 너무너무 마음에 듭니다. 조그마한 배를 타고 갈릴리 바다를 건너가는 중입니다. 갈릴리 바다에서는 풍랑이 곧잘 일어납니다. 그래서 오늘본문은 이렇게 말씀합니다. "큰 광풍이 일어나며 물결이 배에 부딪쳐 들어와 배에 가득하게 되었더라(37절)." 지금 풍랑으로 물이 들이쳐서 배가 점점 바다 속으로 빠져들어가고 있는 상황입니다. 한데도 예수님께서는 고물에서 평안하게 주무십니다. 저는 여기서 생각합니다. 잘 연결이 되지 않는 말씀입니다마는, 시편에 보면 이런 말씀이 있습니다. "사랑하는 자에게 잠을 주시는 도다." 잠자는 것, 큰 복이지요. 젊은이들은 잘 모르겠지만, 연세가 칠십 넘은 분들은 다 알아들으실 것입니다. 졸리기는 하는데 잠은 안 오는 상태 말입니다. 의자에 앉아서는 졸다가 막상 누우면 잠이 안 오는 현상 말입니다. 이제는 철이 들어서 깨닫습니다. "사랑하는 자에게 잠을 주시는 도다." 잠자는 것, 복입니다. 건강해야 잡니다. 평안해야 잡니다. 마음에 죄책이 없어야 잘 수 있습니다. 하나님의 사랑을 느껴야 잘 수 있는 것입니다. 평안하게 자는 잠, 그런 잠을 지금 예수님께서 이 사나운 풍랑 속에서 주무시고 계시는 것입니다. 참 기가 막힌 이야기 아닙니까. 잠을 주시는 도다! 이 얼마나 굉장한 말씀입니까.

제가 실제로 이런 경험을 한 적이 있습니다. 6·25전쟁 때입니다. 이 섬에서 저 섬으로 급하게 옮겨가야 될 일이 생겨서 배를 타고 가다가 거센 풍랑을 만났습니다. 오늘본문에서 배에 물이 들어왔다고 그랬지요? 아닙니다. 배가 숫제 물속으로 들어가는 것입니다. 그 큰 물 속에, 그 풍랑 속에 배가 쑥 들어갔다가 다음 순간 공중으로 훅 치솟아 올라갔다가 다시 확 떨어지는데, 그때 배가 부서지기라도

56

하면 그것으로 다 끝나는 것입니다. 풍랑, 무서운 것입니다. 오늘본
문은 분명히 말씀합니다. '배가 흔들리고, 물결이 배에 부딪히고, 배
에 물이 들어와 가득하게 되었더라.' 하지만 이런 상황인데도 예수
님께서는 평안히 주무셨습니다. 한데 오늘본문에는 우리가 잘 쓰지
않는 말이 나옵니다. 38절에 "예수께서는 고물에서 베개를 베고 주
무시더니……"라고 했는데, 여기서 '고물'은 배의 뒤쪽을 가리키는
말입니다. '이물'은 뱃머리를 뜻하는 말이고요. 배 뒤쪽에 좀 편편한
데가 있잖아요? 거기가 고물입니다. 그 고물에서 예수님은 평안하
게 주무셨습니다. 풍랑이야 일든 말든, 물결이 흉흉하든 말든 예수
님께서는 평안하게 주무셨다, 이것입니다. 그 평안함, 그 고요함, 그
것은 절대적인 안정입니다. 이걸 깊이 생각해야 합니다. '사랑하는
자에게 잠을 주시는 도다.' 제가 풍랑을 겪을 때 그야말로 배가 공중
으로 올라갔다가 떨어졌다가 요동을 치는데, 아이고, 나중에는 멀미
가 생기더라고요. 얼마나 심한지 견딜 수가 없었습니다. 하는 수 없
이 배 안에 들어가서 일부러 잠을 청했습니다. 그래 조금 있다가 눈
을 뜨고 보니까 배가 목적지까지 왔더라고요. 정말 아무것도 모르고
그 풍랑을 겪고 나서 가만히 생각해보았습니다. 신비로운 평안 아닙
니까. 신비로운 고요함 아닙니까.

「채근담」에 이런 말이 있습니다. '고요한 가운데 고요한 것은 고
요함이 아니다. 소란한 가운데 고요한 것이 참으로 고요함이다.' 여
러분, 평안할 때 평안한 것, 별것 아닙니다. 불안할 때 평안하고, 전
쟁 속에서 평안하고, 폭풍 속에서 평안한 것, 그 고요함이 참된 고요
함입니다. 예수님께서는 지금 사나운 풍랑 속에 고물에서 평안히 주
무십니다. 오늘본문에 난센스가 있습니다. 제자들이 정신나간 소리

를 합니다. 보십시오. 자기들은 깨어 있고, 예수님께서는 잠들어 계시지 않습니까. 그 풍랑 속에서 만약에 배가 뒤집히면 누가 죽을 것 같습니까? 제자들이 뭐라고 하는가 하면 "예수님, 저희들이 죽게 된 것을 안 돌아보십니까?" 합니다. 자는 사람 깨우면서 이 무슨 소리입니까? 자기들만 생각한 것입니다. '예수님께서 주무시다가 물에 빠지시면 어떻게 하나?' 이런 생각, 전혀 안 한 것입니다. 얼마나 이기적입니까. 정말 자기중심적입니다. 그러나 예수님께서는 그런 제자들을 책망하지 아니하시고 일어나시어 바다를 꾸짖으십니다. "조용하라! 잠잠하라!" 이것은 예수님의 하나님 되심, 하나님의 아들 되심, 역사의 주권자 되심을 계시해주는 중요한 장면입니다. 마침내 바다가 고요해졌습니다.

오늘본문 마지막에서 사람들이 말합니다. "그가 누구이기에 바람과 바다도 순종하는가……" 그렇습니다. 바람과 바다도 예수님께 순종하였습니다. 예수님께서 그 바다와 바람을 향하여 명령하셨습니다. 마치 귀신을 보시고 "귀신아, 나가라!" 하시는 것처럼, 혹은 "문둥병아, 나가라!" 하시는 것처럼 말입니다. 명령입니다. 그래서 바다가 조용해졌습니다. 그런데 예수님께서 이렇게 바다를 꾸짖으셔서 조용하게 된 다음 제자들에게 무슨 말씀을 하십니까? "어찌하여 이렇게 무서워하느냐 너희가 어찌 믿음이 없느냐……(40절)" 여러분, 세상이 잘못된 것입니까? 세상풍파가 너무 심합니까? 원래 다 그랬던 것입니다. 언제는 안 그랬습니까. 그런데 문제는 믿음이 없는 것입니다. 문제는 상황이 아닙니다. 믿음이 문제입니다. 세상 문제가 아닙니다. 믿음의 문제입니다. 이 세상이 원래 그런 것입니다. 그런데 믿음이 없기 때문에 이렇게 호들갑을 떤 것입니다. 자연도 하나님의 손 안에 있습니다. 역사는 하나님의 손 안에 있습니다. 역사의 주인이 되시는 하나님께서 이 역사를 주관하고 계시는 것입니다. 아무것도 두려워할 것 없습니다. 한데도 사람들은 다 죽는 것처럼 너무 호들갑을 떱니다. 죽고 살고가 중요한 게 아니잖아요? 여기에 예수님께서 하지 않으신 말씀이 있습니다. "어찌 믿음이 없느냐?" 하시고 나서 딱 한마디만 더 하셨으면 좋겠다 싶은 말씀이 있습니다. 바로 이 말씀입니다. "내가 이대로 죽을 줄 아느냐?" 그러니까 이런 말씀입니다. "내가 복음을 전하고 만백성을 구하러 왔는데, 이까짓 풍랑에 내가 죽을 것 같으냐?" 풍랑이 일어납니다. 물결이 거셉니다. 배가 파손될 지경입니다. "내가 해야 될 사명이 있다. 내게 맡겨진 엄청난 사명이 있다. 만백성을 구원해야 될 크고 무겁고 놀라운 사명이 있다. 한데 이까짓 사건으로 내가 죽을 것 같으냐? 왜 호들갑들을 떠느냐? 하나님의 뜻은 반드시 이루어진다." 그래서 주님은 말씀하십니다. "그의 나라와 그 의를 구하라!" 그의 나라와 그 의가 반드시 이루어질 것입니다. 그런고로 이까짓 풍랑, 예수님의 마음속에서는 별 문제가 안 된다는 것입니다. 이걸 꼭 알아야 됩니다.

목적에는 임시의 목적이 있고, 궁극의 목적이 있습니다. 이걸 잊지 말아야 합니다. 두 가지입니다. 내가 돈을 법니다. 돈 벌기 위해서 애를 씁니다. 그거 목적입니다. 그러나 마지막에 어떻게 됩니까? 이건 얘기가 다르잖아요? 돈 버는 목적과 부자가 된다고 하는 목적과 성공한다는 목적과 그 다음에 최종목적, 이건 다르지 않습니까? 우리가 잘 보잖아요? 돈도 벌었습니다. 출세도 했습니다. 권세도 얻었습니다. 그런데 병들었습니다. 우리는 다 같은 길을 가야 합니다. 그렇다면 임시적이고 현실적 목적이 있는가 하면 궁극적 목적이 있는 것입니다. 저 앞에 있는 목적, 이걸 잊지 말아야 합니다. 예수님께서 요한복음 16장에서 말씀하십니다. 눈앞에 십자가가 있습니다. 며칠도 아니고 몇 시간 앞에 엄청난 십자가라고 하는 시련이 있습니다마는, 예수님께서는 제자들을 앞에 놓고 말씀하십니다. "내가 아버지께로 가노라." 겟세마네 동산, 빌라도 법정, 갈보리 언덕…… 이 많은 어려움과 시련이 눈앞에 있지마는, 이걸 다 넘어서서 저 앞을 바라보시면서 "나는 아버지께로 가노라!" 하십니다. 이걸 잊지 말아야 합니다.

그리고 예수님 말씀하십니다. "아버지께서 네게 주신 잔을 네가 마시지 않겠느냐? 그리고 이 십자가를 지노라." 요한 웨슬리의 유명한 풍자가 있습니다. '하나님께서 내게 맡겨주신 이 귀한 사명이 다하기까지 나는 절대로 죽지 않는다.' 이걸 잊지 말아야 합니다. 안 죽습니다. 죽었다면 할 일을 다 한 것입니다. 이걸 잊지 말아야 합니다. 내게 맡겨진 사명을 다하기까지 하나님께서는 반드시 당신의 뜻을 이루실 것입니다. 이 놀라운 진리 속에 확실한 믿음을 가져야 합니다. 그리고 예수님께서는 제자들을 부르셔서 실물교육을 하십니다. "세상은 이렇게 사는 것이다. 세상이란 원래 일엽편주와 같은 것이다. 풍랑 속에서도 고요하게, 평안하게 잠을 자야 되는 것이다." 현실적으로 가르쳐주십니다. 유명한 철학자의 말이 있습니다. '내일을 위해서 오늘을 희생하는 사람은 행복할 수도, 강할 수도 없다.' 영원만 생각하고, 미래만 생각하는 것이 아닙니다. 영원을 바라보며 현재를 생각하는 것입니다. 오늘, 이 현재 되고 있는 일, 큰 일과 조그마한 일 하나하나 속에 다 하나님의 말씀이 들어 있습니다. 하나님의 사랑이 계시되어 있습니다. 하나님의 지혜가 있습니다. 나를 향한 하나님의 축복이 거기에 확증되어 있습니다. 이걸 잊지 말아야 합니다. 풍랑 속의 고요함, 중요합니다.

요한 웨슬리가 언젠가 미국에 선교사로 갈 때 배를 타고 대서양을 건너가게 되었습니다. 도중에 풍랑이 일었습니다. 배가 금세라도 뒤집힐 것처럼 요동을 칩니다. 그러자 모든 사람들이 그저 기도하고, 회개하고, 서로 권면하고, 울고불고 난리가 났습니다. 그 와중에 요한 웨슬리는 평안하게 찬송을 불렀습니다. 그러니까 거기에 있었던 사람들이 요한 웨슬리를 꾸짖었습니다. "당신은 지금 이 판국에 기도는 안 하고 뭐하고 있는 거요? 당신, 하나님을 믿든지 안 믿든지, 좌우간 뭘 믿든지 기도하시오. 우리가 지금 기 죽게 된 거 안 보이시오?" 그러자 요한 웨슬리가 빙그레 웃으면서 이랬습니다. "이 배, 잘 갈 것입니다." "아니, 지금 배가 파손될 상황인데 잘 갈 거라니, 그게 도대체 무슨 얘기요?" 그때 요한 웨슬리가 한 유명한 말이 있습니다. "천당을 가든지, 미국을 가든지, 둘 중 한 곳에는 갈 것입니다." 그렇습니다. 천당을 가든지 미국을 가든지…… 중요한 것은 미국은 못 가도 천당은 간다는 사실입니다. 궁극적인 목적은 반드시 이루어집니다. 여러분, 아무리 많이 가져봐도 결국 끝납니다. 아무리 성공해봐도 별것 아닙니다. 이런들 어떻고 저런들 어떻습니까. 그러나 오늘 내가 겪는 풍랑 속에도 하나님의 말씀이 있습니다. 그리고 하나님께서는 나를 주의 품으로 인도하고 계십니다. 많은 것으로 나를 가르쳐주고 계십니다. 그런고로 풍랑 속에서 고요함을 느끼고, 주의 은혜를 찬양하게 되는 것입니다. 풍랑 속에 고요히 주무시는 예수님의 모습을 보십시오. 우리가 당하는 많은 시련도 있고, 고난도 있지마는, 그러나 주께서는 우리와 함께 계십니다. 주의 은혜는 오늘도 나타납니다. 엄청난 권능으로 나와 함께 계십니다.

여러분, 요 근자에도 우리는 많은 어려움을 겪지 않았습니까. 그러나 하나님의 은혜도 체험했습니다. 우리가 주의 능력 안에 있고, 주의 축복 안에 있음을 압니다. 앞으로 더 큰 풍랑이 있다고 하더라도 평안하게, 그 풍랑 속에서 주의 사랑을 느끼고, 주의 능력을 경험하고, 주의 지혜를 깨달아가는 그리스도인으로 살아가야 할 것입니다. △

겨자씨만한 믿음

사도들이 주께 여짜오되 우리에게 믿음을 더하소
서 하니 주께서 이르시되 너희에게 겨자씨 한 알만한
믿음이 있었더라면 이 뽕나무더러 뿌리가 뽑혀 바다
에 심기어라 하였을 것이요 그것이 너희에게 순종하
였으리라 너희 중 누구에게 밭을 갈거나 양을 치거나
하는 종이 있어 밭에서 돌아오면 그더러 곧 와 앉아
서 먹으라 말할 자가 있느냐 도리어 그더러 내 먹을
것을 준비하고 띠를 띠고 내가 먹고 마시는 동안에
수종들고 너는 그 후에 먹고 마시라 하지 않겠느냐
명한 대로 하였다고 종에게 감사하겠느냐 이와 같이
너희도 명령 받은 것을 다 행한 후에 이르기를 우리
는 무익한 종이라 우리가 하여야 할 일을 한 것뿐이
라 할지니라

(누가복음 17 : 5 - 10)

겨자씨만한 믿음

「논어」에 이런 이야기가 나옵니다. 어느 날 공자의 제자자공이 스승님께 여쭈었습니다. "나라가 튼튼하게 되려면 어떻게 해야 하겠습니까?" 이때 공자는 세 가지를 말했습니다. 유명한 공자의 정치학입니다. "첫째, 식량이 넉넉해야 한다. 경제문제다. 둘째, 군비가 충실해야 한다. 군사문제요, 국방문제다. 셋째, 백성들이 신의가 있어야 한다. 서로 서로 믿을 수 있어야 한다." 자공이 또 여쭈었습니다. "이 세 가지 가운데 만부득이 하나를 빼야 한다면 무엇을 뺄 수 있을까요?" "국방이다. 군비를 빼라." "그럼 남은 두 가지 가운데서 또 하나를 빼야 한다면 무엇을 뺄 수 있을까요?" "경제다. 식량을 빼라." 그러니까 국방이나 경제문제보다 더 중요한 것이 바로 신뢰의 문제다, 이것입니다. 서로 믿어야 한다는 것입니다. 믿음이 없이는 나라도 인격도 경제도 정치도 설 수 없습니다. 믿는다는 것이 이렇게나 중요합니다.

제가 목회하면서 가정의 문제로 고민하는 많은 분들을 모아놓고 가끔 얘기를 해봅니다. 경제문제, 가족문제, 자녀문제…… 이렇게 여러 가지로 상담을 하다가보면 마지막으로 남는 문제가 딱 하나 있습니다. 바로 믿음입니다. 도대체 믿을 수가 없다는 것입니다. 다 없어도 믿음 하나만 있다면 살겠는게, 도무지 믿을 수가 없다고 하소연합니다. 믿음이란 무엇입니까? 먼저 믿음은 들리지 않는 것입니다. 상대의 말이 내 귀에 들리지가 않습니다. 상대가 무슨 말을 해도 내 마음으로 받아들여지지가 않습니다. 세상에 그것처럼 괴로운 일이 없습니다. 들리지도 않고, 듣고 싶지도 않습니다. 이쯤 되면 벌써 믿음은 끝난 것입니다. 상대가 아무리 뭐라고 뭐라고 해도 "그거 진짜야? 사실이야? 그걸 내가 어떻게 믿어? 그걸 내가 믿을 줄 알아?" 하는 말이 오가면 인격적인 관계는 이미 끝난 것입니다. 믿어야 되는데 믿어지지 않는 고통, 믿어지지 않는 괴로움은 그 무엇과도 비교할 수 없습니다. 하늘이 무너지는 것처럼 믿을 수가 없는 것입니다. 믿음이 끝나면 모든 인격관계도 끝나는 것입니다. 그 다음에는 어떤 일을 하든, 어떤 만남이 있든 거기에는 감동이 없습니다. 들어가는지 나가는지, 이제는 관심도 없습니다. 전에는 집에 늦게 들어온다고 잔소리도 해봤지만, 지금은 안 들어와도 그만입니다. 들어오는지 나가는지, 숫제 관심이 없는 것입니다. 감동이 없습니다. 이렇게 되면 완전히 남남이 된 것입니다. 문제입니다.

믿는다는 것은 첫째로 상대의 진실을 믿는 것입니다. 둘째로 상대의 능력을 믿는 것입니다. 셋째로 상대의 사랑을 믿는 것입니다. 이 세 가지 차원에서 믿음은 성립되는 것입니다. 그러나 한 가지 알아야 할 것이 있습니다. 이러나저러나 간에 한때는 믿지 않았습니까. 믿어서 올인 한 것입니다. 모든 것을 운명에 맡기고 결혼까지 한 것 아닙니까. 그렇게 믿었던 시절이 있었습니다. 그렇다면 그때와 지금이 뭐가 다릅니까? 믿음의 동력, 그러니까 사랑이 없어졌다는 것입니다. 어느 사이에 그만 사랑이 싹 빠져나가고 나니 눈이 떠진 것입니다. 믿을 수가 없습니다. 사랑에 취했을 때는 다 믿어졌는데, 무슨 말을 하든 다 전적으로 믿을 수가 있었는데, 이제는 아닙니다. 눈이 밝아졌고 비판이 예리해졌습니다. 하나도 믿을 수가 없습니다. '왜 이래졌을까?' 상황이 달라진 게 아닙니다. 내 마음이 달라진 것입니다. 처음 사랑이 빠져나갔습니다. 여기에 문제가 있다는 것을 우리는 알아야 합니다.

「하프타임의 고수들」이라는 유명한 책이 있습니다. 밥 버포드 (Bob Buford)라는 분이 쓴 책입니다. 이 책에서 그는 중요한 말을 합니다. '성공에서 의미로 초점을 전환해야 된다.' 그러니까 '무엇을 얻었느냐? 얼마나 벌었느냐? 얼마나 출세했느냐?'가 아니고, 당신이 지금 '어떤 사람이 되어가느냐?' 하는 것입니다. 거기에다 기준을 두고 성공 여부를 평가해야 한다, 이것입니다. 다시 말하면 소유의 문제가 아니고, 성취의 문제가 아니고, 존재의 문제다, 이것입니다. 당신은 지금 얼마나 모든 사람을 믿을 수 있습니까? 아니, 모든 사람이 당신을 얼마나 믿고 있습니까? 거기에 기본을 두고 나의 성공 여부를 평가해야 된다, 이 말씀입니다.

예수님의 제자들이 예수님과 함께 다니면서 많이 듣고, 많이 깨닫고, 많이 보고 하면서 놀랐던 것이 있습니다. 바로 믿음입니다. 그들은 때마다 예수님의 믿음에 대해서 깜짝 깜짝 놀랍니다. 지난 주일에 말씀드린 것처럼 풍랑이 일어나고 배에 물이 들어와서 죽게 되는 지경에도 예수님께서는 평안하게 고물에서 주무셨습니다. 이것이 예수님의 믿음이었습니다. "너희는 어째서 이런 믿음이 없느냐? 어째서 두려워하느냐? 왜 믿음이 없느냐?" 이렇게 예수님께서 책망하시는데, 다 옳은 말씀입니다. 우리는 믿음이 없습니다. 그래서 예수님의 그 크고 위대한 믿음에 크게 감격합니다.

예수님께서는 많은 병을 고치셨습니다. 귀신도 내쫓으셨습니다. 풍랑을 잠잠하게 만들기도 하셨습니다. 5천명을 먹이기도 하셨고요. 그런 예수님의 믿음에 대해서 늘 생각해보면 클라이맥스가 이것이 아닌가 싶습니다. 나사로가 죽었을 때입니다. 그가 죽은 지 나흘이나 되었습니다. 시체가 썩어서 벌써 악취가 납니다. 한데도 예수님께서는 그 나사로의 무덤을 찾아가십니다. 그리고 그의 무덤 앞에 서시어 많은 사람들 앞에서 외치십니다. "나사로야! 나와라!" 능력도 능력이지만 그 순간 예수님의 믿음을 여러분 한번 상상해보십시오. 행여라도 나사로가 무덤 밖으로 나오지 않으면 어쩝니까? 저같으면 그렇게 못합니다. 하지만 예수님께서는 그 시체를 향해서 과감하게 외치십니다. "나사로야! 나와라!" 그 위대한 믿음, 그 엄청난 믿음, 바로 그것에 제자들이 깜짝 놀란 것입니다.

그래서 오늘본문에서 제자들은 겸손하게 예수님께 기도합니다. "우리에게 믿음을 더하소서……(5절)" 더 위대한 믿음을 가지게 해달라, 이것입니다. 왜요? 믿음이 선물이라는 것을 알았거든요. 믿음은 의지가 아니고, 지식도 아니고, 경험도 아닙니다. 믿음은 하나님께서 주시는 선물입니다. 믿는 자는 믿습니다. 안 믿는 자는 끝까지 안 믿습니다. 안 믿는 자를 믿게 할 도리는 없습니다. 믿음은 하나님께서 주시는 선물이기 때문입니다. 이 선물을 받은 사람은 다 믿게 됩니다. 넉넉하게 믿을 수 있습니다. 하지만 이 선물이 빠져나가면 예민해지고, 의심하게 되고, 신경질이 되고, 불안에 떨게 됩니다. 만사를 의심하게 됩니다.

예수님께서 비유로 간단하게 말씀하셨습니다. 겨자씨만한 믿음이 있으면― 참 귀한 말씀입니다. 겨자씨만한, 모든 종자들 가운데 제일 작은 것이 겨자씨입니다. '아주 먼지 같은, 작은 겨자씨만한 믿음이 있다면 이 산을 명해도 바다에 빠질 것이다.' 여기서 겨자씨만한 믿음이 뭘까요? 작다는 뜻입니다. 눈에 보이지 않을 만큼 아주 먼지처럼 작은 믿음입니다. 그러나 살아있는 믿음입니다. 이것이 땅에 떨어지면 싹이 나고, 꽃이 피고, 열매가 맺는 것입니다. 살아있는 믿음입니다. 작은 믿음이지만, 엄연한 생명체입니다. 점점 성장하는 믿음, 자라는 믿음, 점점 커지는 믿음…… 그 믿음, 그 살아있는 믿음이 있다면 너희는 만사형통할 것이라고 말씀하십니다. 이제 알아야 됩니다. 작은 씨앗의 믿음이 이제 말씀으로 함께, 우리의 소중한 신앙 경험과 함께, 또 우리의 경건한 순종과 함께 자라납니다. 깜짝 놀랄 만큼, 점점 더 크게, 크게 성장해나가는 걸 볼 수 있습니다.

저는 믿음의 성장에 대해서는 두 사람의 예를 들고 싶습니다. 한 사람은 여러분이 잘 아는 요셉입니다. 요셉이 17살 때 아무 죄도 없이, 이유도 모르는 채 형님들 손으로 애굽에 노예로 팔려갑니다. 노예라는 것은 일생 노예고, 죽을 때까지 노예입니다. 그래서 모진 고생을 하게 됩니다. 그때 요셉이 뭘 알았겠습니까. '왜 이런 일이 있는가? 왜 내가 이런 운명에 처해야 하나?' 고작 열일곱 살입니다. 그저 억울하다는 생각만 많았겠지요. 그러나 그는 조용하게 침묵하며 하나님께서 주신 현실에 순종합니다. 보디발의 집에 가서 노예생활을 할 때도 성실하게, 모범적으로, 진실하게 행했더니 보디발이 그를 높여서 청지기로 삼았습니다. "내 마누라만 빼놓고는 다 네 마음대로 해라!" 이렇게 요셉을 그 집의 총 지휘자, 관리인으로 삼았습니다. 그만하면 괜찮습니다. 노예생활이지만, 괜찮은 노예입니다. 그럭저럭 살아갈 만합니다. 하지만 여기서 또 시험이 닥칩니다.

이와 관련한 전설이 있습니다. 보디발의 아내가 요셉을 보니까 늠름한 젊은 남자거든요. 그래 불순한 생각을 품고 그를 자꾸 유혹합니다. 기회만 있으면 추파를 보냅니다. 당연히 요셉은 요리조리

피했습니다. 하지만 결국 딱 두 사람만 있게 된 방에서 보디발의 아내한테 붙들었습니다. 그때 보디발의 아내가 말합니다. "아무도 보지 않는데, 뭐 어때? 우리 둘이 좋은 시간을 갖자." 유혹입니다. 하지만 요셉은 이런 말로 거부의 의사를 표합니다. "아무도 보지 않는다니요? 하나님께서 보고 계시지 않습니까." 그 소리를 듣고 보디발의 아내는 입고 있던 스커트를 벗어서 그 방에 놓여 있던 우상의 얼굴을 덮었습니다. 그래놓고는 말합니다. "자, 봐라. 이제 이 우상의 얼굴을 가렸으니 아무도 우리를 못 본다." 그때 요셉이 유명한 말을 합니다. "당신들이 섬기는 저런 우상은 못 보지만, 제가 섬기는 하나님께서는 지금도 보고 계십니다. 그런고로 저는 이 일을 할 수가 없습니다." 그래서 이렇게 자기를 붙드는 그 여자의 손길을 뿌리치다가 요셉은 그만 혼자 누명을 덮어쓰고 감옥에 가게 된 것입니다. '나는 성실하게 살았다. 신앙인으로 부끄럽지 않게 살았다. 한데 이런 내가 왜 감옥에 가야 하는가?' 이렇게 원망할 수도 있었습니다. 그러나 아니었습니다. 요셉은 조용히 순종합니다. 조용히 신앙을 다시 확증합니다. 감옥에 가서도 죄수들 사이에서 모범수가 되었습니다. 죄수로서 성실하게 지내는 그 모습이 신뢰를 얻어서 간수가 그에게 모든 일을 다 맡겼습니다. 죄수들을 총지휘하고 관리하는 책임자가 된 것입니다.

여러분, 우리에게 고난이 닥쳐옵니다. 내가 왜 이런 고생을 해야 하는지 우리는 알 수 없습니다. 우리는 다만 성실하게 하나님께 뜻이 있으리라 믿고 하나님의 섭리와 지혜에 모든 것을 맡겨야 합니다. 그리고 내가 해야 하는 일을 성실하게 하면서 살아가는 것입니다. 요셉은 마침내 애굽의 총리대신이 됩니다. 천하를 호령하는 권력자가 된 것입니다. 그 다음에 비로소 그가 귀한 신앙간증을 합니다. 형님들이 찾아와서 벌벌 떨고 있을 때 이런 기가 막힌 소리를 합니다. "형님들, 두려워하지 마세요. 당신들이 나를 팔아먹어서 이리 온 것이 아닙니다. 하나님께서 오늘을 위해 나를 먼저 보내신 것입니다. 팔려온 것이 아니고 보내심을 받은 것입니다." 그리고 말합니다. "내가 당신들의 자녀들을 다 기르리이다." 이것이 요셉의 신앙고백입니다. 아주 높은 신앙입니다. 요셉은 그 모든 시련을 통해서 큰 믿음의 사람이 된 것입니다. 형님들이 옛날에 자기들이 저지른 죄를 생각하며 벌벌 떨고 있을 때에도 이렇게 위로의 말을 합니다. "염려하지 마세요. 내가 당신들의 자녀를 기르리이다." 용서할 뿐만 아니라, 후하게 사랑을 베풉니다. 무엇입니까? 이것이 그의 신앙의 판로입니다. 그의 일생을 통해 우리는 작은 믿음이 점점 자라고 자라서 우주적인 믿음으로 커가는 모습을 봅니다. 하나님께서 하신 일입니다. 놀랍지 않습니까. 그러고 나니까 넉넉하게 형님들을 용서하는 것을 볼 수 있습니다. 이것이 믿음의 성장이요, 믿음의 발전사입니다.

　또 한 사람 예로 들고 싶은 사람이 바로 사도 바울입니다. 그는 다메섹도상에서 예수를 만난 다음 복음 전하는 일에 일생을 바쳤습니다. 수많은 고생을 했습니다. 감옥에도 갇히고, 매도 맞았습니다. 그러면서도 그는 성실하게 복음을 전하는 일에 충성을 다했습니다. 그런데 어쩐 일입니까? 예루살렘에서 체포가 됩니다. 빠져나갈 길이 없습니다. 재판도 없이 2년 동안이나 감옥에 갇힙니다. 세상에 이런 억울한 일이 또 어디 있겠습니까. 그러나 그는 하나님의 뜻을 믿었습니다. 마침내 그는 상소해가지고 로마로 호송됩니다. 276

명이 탄 큰 배가 지중해를 건너 로마로 갑니다. 사도 바울이 탄 배입니다. 하나님의 사람이 탄 배입니다. 그럼 무사해야 되잖아요? 형통해야 되잖아요? 바람도 고요해야지요. 한데 웬일입니까? 풍랑이 일어납니다. 배가 파손될 지경에 이릅니다. 모두가 죽을 지경입니다. 열나흘 동안 굶었습니다. 모든 사람들이 이리저리 구르면서 이젠 다 죽었다고 할 때 마침내 하나님의 음성이 들려옵니다. 바울에게 말씀하십니다. "네가 가이사 앞에 서야 하겠다. 네가 로마황제 앞에 설 것이다. 네가 서기 위해서 이 사람들도 다 무사할 것이다." 그제야 비로소 하나님의 뜻을 깨닫습니다. 지금까지는 겨자씨만한 믿음을 가지고 살았습니다. 왜 자신이 이 고생을 하는지 몰랐습니다. 길이 막히면 불안했습니다. 그러나 그는 하나님을 믿었습니다. 그리고 많은 풍랑에 시달리는 사람들에게 아주 유명한 설교를 합니다. "어젯밤에 하나님께서 내게 말씀하셨습니다. 그런고로 여러분, 안심하세요. 나는 하나님을 믿습니다. 나는 하나님을 믿습니다. 그런고로 안심하십시오!" 이 얼마나 성숙한 믿음입니까. 하나님의 경륜이 있고, 하나님의 손길이 있고, 하나님의 능력이 있고, 하나님의 지혜가 있고, 하나님의 위대한 선교적 의미가 있어서 오늘 내가 여기에 있는 것을 비로소 깨닫습니다. 큰 믿음입니다. 겨자씨만한 믿음이라도 있으면 성실하게 그 바른 믿음을 가지고 딱 붙들고 계시면 됩니다.

오늘본문은 쉽게 이해되는 말씀이 아닙니다. "믿음을 더하소서!" 하고 예수님께 여쭈었더니 예수님께서는 비유로 말씀하십니다. 종에 대한 이야기입니다. "종이 일 많이 하고 집에 돌아와서 칭찬받기를 바라겠느냐, 대접받기를 바라겠느냐? 종은 그저 자기의 본분을 다할 뿐이다." 어디까지나 종은 종이요, 노예는 노예입니다. 노예의 본분을 다해야지요. 그리할 때 칭찬받고, 그리할 때 위대한 믿음에 도달하는 것이다. 여러분, 어떤 일을 해도 보상을 바라지 마십시오. 가장 행복한 사람은 하고 싶은 일을 하는 사람입니다. 그보다 더 좋은 사람은 지금 하고 있는 일을 하고 싶다고 생각하는 사람입니다. 그리고 열심히 일하고 아무 보상도 바라지 않는 사람입니다. 누가 알아주기도 바라지 않습니다. 이 사람이 제일 행복한 사람입니다. 제일 성공한 사람입니다. 오늘본문에서 제자들이 "믿음을 더하소서!" 하니 예수님께서는 "그래, 믿음이 어떻게 해야 자라는지 아느냐? 믿어라. 안 믿어지는 것도 믿어라. 묻지도 말고, 따지지도 마라. 왜 이런 일이 있어야 하느냐며 흔들리지 마라!" 하십니다. 그냥 조용하게 내가 해야 할 도리를 다 하는 것입니다. 오늘 내가 해야 될 도리를 겸손하게 다 할 뿐입니다. "아무 보상도 바라지 마라. 그리하면 믿음이 자랄 것이다. 위대한 믿음의 사람이 될 것이다. 마침내 '하나님은 사랑이시다!' 하는 지경에까지 도달할 것이다. 합동하여 선을 이루는 일이 무엇인지를 경험하게 될 것이다." 겨자씨만한 믿음, 작으나 살아있는 믿음, 하나님께서 키워주십니다. 묻지도 말고, 의심하지도 마십시오. 그리고 안심하십시오. 그리고 사랑을 느끼십시오. 용기를 내고, 온전하게 순종하십시오. 깨끗한 마음으로 순종하십시오. 그리할 때 나의 정체가 무엇인지 알게 되고, 하나님의 위대한 역사가 얼마나 큰지를 알고 강력하게 됩니다. 사도 바울도 말씀합니다. "합동하여 선을 이루느니라!"

　　예수님을 보십시오. 예수님의 위대한 믿음을 보십시오. 병을 고치시고, 많은 능력을 행하시지만, 그런 믿음은 작은 믿음입니다. 마침내 십자가가 딱 다가올 때 예수님께서 말씀하십니다. "아버지께

서 내게 주신 잔을 내가 마시지 않겠느냐?" 십자가를 아버지께서 주
시는 것, 십자가를 사랑하는 아버지께서 주시는 것으로 믿으십시오.
이것이 큰 믿음입니다. 이 믿음에 도달하게 될 때 모든 문제는 다 해
결되는 것입니다. 이걸 잊지 말아야 합니다.

여러분, 어디까지 믿으십니까? 어느 정도의 믿음을 가지고 계
십니까? 여러분의 믿음의 크기는 어느 정도입니까? 조금만 더 기다
리십시오. 물을 것도 많고, 의심도 많고, 생각도 많겠지만, 잠깐 멈
추십시오. 이성의 비판을 멈추십시오. 의심을 몰아내십시오. 그리고
조용히 순종하십시오. 그리고 감사하십시오. 머지 않아 이 놀라운
경륜을 따라서 엄청나게 키워주시는, 성장시켜주시는 그 믿음의 분
량을 경험하게 될 것입니다.   △

하나 되게 하신 것

그러므로 주 안에서 갇힌 내가 너희를 권하노니 너희가 부르심을 받은 일에 합당하게 행하여 모든 겸손과 온유로 하고 오래 참음으로 사랑 가운데서 서로 용납하고 평안의 매는 줄로 성령이 하나 되게 하신 것을 힘써 지키라 몸이 하나요 성령도 한 분이시니 이와 같이 너희가 부르심의 한 소망 안에서 부르심을 받았느니라 주도 한 분이시요 믿음도 하나요 세례도 하나요 하나님도 한 분이시니 곧 만유의 아버지시라 만유 위에 계시고 만유를 통일하시고 만유 가운데 계시도다

(에베소서 4 : 1 - 6)

하나 되게 하신 것

요즈음 우리가 가장 많이 듣는 화두는 통합과 통일입니다. 신문이나 TV를 비롯한 방송에서 그저 모두가 통합, 화합, 통일을 외치고 있습니다. 하지만 여러분 아시는 대로 흔히 가장 가까웠던 사람들이 배신을 하지 않습니까. 그리고 분열하지 않습니까. 아무리 통합을 외쳐도 통합이 이루어지지 않습니다. 통합을 외치는 사람의 마음속에 통합이 없기 때문입니다. 숫제 통합의 인자가 없습니다. 죄악 가운데 가장 큰 죄악이 뭐겠습니까? 바로 배신입니다. 은혜를 입지 못한 자가 배반할까요? 아닙니다. 오히려 은혜를 입은 자가 배반합니다. 그럴 때 가장 큰 죄가 됩니다. 그래서 가룟 유다의 죄가 큰 것입니다. 은혜를 배반하는 것, 큰 죄입니다. 한데도 우리는 툭하면 통합을 외치고 통일을 소원합니다. TV를 볼 때마다 아주 웃기는 일이 많습니다. 왜요? 통합을 말하는 사람이 정작 통합과는 관계가 없는 언행을 일삼고 있습니다. 말만 잔뜩 늘어놓았지, 실제로 통합의 길로 가지는 않는 것입니다. 통합의 가장 중요한 동력이 빠져 있습니다. 그러면서 자꾸 외치기만 합니다. 통합, 연합, 통일…… 연세가 많이 드신 분들은 아마 기억하실 텐데요, 6·25 전쟁 때 이승만 대통령이 한 말입니다. '뭉치면 살고, 흩어지면 망한다.' 정말입니다. 하지만 그렇게 통일을 원하고, 우리 모두가 하나 되기를 원하지만, 실제로 하나가 되는 일은 너무나 어렵습니다.

여러해 전의 일입니다. 제가 캐나다 벤쿠버의 어떤 교회에 부흥회를 인도하러 간 적이 있습니다. 때는 겨울이었습니다. 어느 날 오후 그 담임 목사님이 저를 차에 태우더니 "아무것도 묻지 말고 내가 가자는 데로 갑시다!" 합니다. 그때 좋은 구경을 하나 했습니다. 목적지는 캐나다와 미국 사이의 국경이었습니다. 거기에 커다란 아치가 있고, 많은 자동차들이 별다른 수속도 없이 간단한 절차만 밟고 캐나다와 미국을 마음대로 왔다 갔다 합니다. 그 광경을 보면서 제가 얼마나 부러웠는지 모릅니다. 왜요? 우리도 남북이 이렇게 왔다 갔다 하면 얼마나 좋을까, 싶어서였습니다. 안 그렇습니까. 거기에서 가장 중요한 것이 바로 그 커다란 아치입니다. 제가 일생 잊지 못하는 좋은 추억입니다. 거기에 이렇게 씌어 있었습니다. 'We have the same mother.' 얼마나 지혜로운 말입니까. 우리 조상은 하나다, 이것입니다. 캐나다 사람과 미국 사람은 조상이 하나다, 이것입니다. 그런고로 우리는 하나다, 이것입니다. 얼마나 멋있습니까. 우리 남과 북도 조상이 하나인데, 이 모양으로 갈라져 있습니다. 조상이 하나라는 사실을 잊어서는 안 됩니다. 이 사실을 다시 한 번 확인해야 되지 않겠습니까.

어느 젊은 부모가 얼마간의 연애를 거쳐서 결혼을 하고 행복하게 살았습니다. 아이를 낳았습니다. 이 아이가 방글방글 웃으면서 잘 자라서 네 살이 되었습니다. 온 동네 사람들의 사랑을 받는 예쁜 아이입니다. 한데 이 어린 것이 밖에 나가 놀다가 그만 차사고로 죽었습니다. 남편이 아내를 원망합니다. "당신은 특별한 직업이 있는 것도 아니고, 전업주부잖아? 그런데 아이 하나 제대로 못 봐?" 이 소리를 듣고 부인이 기가 막힙니다. 아니, 자기가 죽였습니까? 어떻게 이런 말을 들어야 합니까? 이럴 수가 있습니까? 아내는 항변합니다. "아이들이 놀 때, 그럼 내가 그걸 개처럼 목을 매요? 신나게 빨

빨거리고 돌아다니는 걸 내가 어떻게 해요?" 이렇게 서로 서로 원망하고 책임전가 하고 대판 싸웠습니다. 결국 이혼하기로 했습니다. "이제 너하고는 못 산다!" 그래 모든 것을 나누기 시작합니다. 옷을 나눕니다. 남편의 옷은 이쪽으로, 아내의 옷은 이쪽으로. 이건 남편 것, 이건 아내 것…… 이렇게 모든 소유를 다 나누다가 마지막으로 벽에 걸린 아이의 백일사진이 남았습니다. 아이가 방글방글 웃고 있는 그 사진을 딱 보더니 남편이 말합니다. "저건 내가 가져간다." 그러자 아내가 말합니다. "천만에, 그건 내꺼야!" 그 아이 사진을 놓고 서로 다투다가 부부는 그만 목놓아 울기 시작합니다. 그래서 다시 화합해서 새 가정을 이루었다고 합니다. 왜요? 우리는 본래 하나니까요. 기쁨도 슬픔도 하나였으니까요.

　오늘본문은 많은 분들이 오해하는 말씀입니다. 저도 이 본문을 가지고 설교하는 목사님들의 설교를 많이 들었고, 책도 많이 보았습니다마는, 하나 같이 이 본문을 보고는 이렇게 말합니다. '하나가 되어라. 하나 되어야 되고, 연합해야 되고, 통합해야 됩니다. 하나 되어라. 하나 되어라.' 이렇게 외치는데, 아닙니다. 성경 잘못 본 것입니다. 성경을 다시 보십시오. 하나 되라는 말씀이 아닙니다. "성령이 하나 되게 하신 것을 힘써 지키라(3절)." 이것입니다. 이것이 메시지입니다. '하나 되라.' 어떻게 하나가 됩니까. 하나가 될 수 없는데 어떻게 하나가 됩니까. 오직 성령께서 하나 되게 하셔야 비로소 하나 될 수 있습니다. 에노텐타투프리오마티, 성령께서 이미 하나 되게 하셨습니다. 과거사입니다. "하나 되게 하신 것을 힘써 지키라." 우리더러 하나 되라, 하나로 만들어라, 하는 말씀이 아닙니다. 깊이 생각해야 합니다. 아주 명백하게 하나 되는 원리를 말씀하고 있는 것입니다.

오늘 본문은 겸손과 온유와 오래 참음과 사랑을 말씀합니다. 여기서 우리는 알아야 합니다. 겸손, 아무나 할 수 있는 것입니까? 겸손하지 않고는 절대 하나 될 수 없습니다. 겸손 한 순간만 하나입니다. 교만한 자는 단 둘이 앉아도 하나가 아닙니다. 한평생을 살아도 하나가 아닙니다. 하나 될 수 있는 때는 오직 겸손할 때뿐입니다. 교만을 물리치고 내가 낮아질 때입니다. 제가 잘 아는 조금 이상한 장로님이 계십니다. 제 선친의 친구분인데, "안녕하십니까?" 하고 물으면 꼭 대답을 이렇게 합니다. "처 덕에 잘 있어!" 안부인사를 할 때마다 처 덕에 잘 있다고 대답합니다. 제가 궁금해서 한번 물어봤습니다. "'처 덕에 잘 있어'가 무슨 성씨입니까?" 그랬더니, 이 어른이 이렇게 말합니다. "아, 자네 모르나? 내가 얼마나 성격이 고약한 줄 알아? 내가 별명이 스톤 헤드야, 스톤 헤드. 아주 돌대가리야. 얼마나 고집이 센지 몰라. 한데 가만히 보면 우리 집에 있는 홍 권사는 확실히 천사야. 내가 어떤 화를 내도 빙글빙글 웃고, 그렇게 좋을 수가 없어. 하나님께서 나를 보시고는 복을 안 주실 거야. 아내 때문에 복을 주신다고 나는 확실히 믿고 있어. 그러니 내가 처 덕에 사는 것이지." 여러분, 부부간에 이렇게 말하면서 지내십시오. "내가 당신 덕에 살아." 그러면 하나가 되는 것입니다. 한데, 저마다 자기가 잘났습니다. 아내가 너무 수준이 낮다느니, 남편이 뭐 어떻다느니, 이 따위 소리나 하고 앉아 있습니다. 남편과 아내가 서로 속으로 '내가 어쩌다 저런 거한테 걸렸나? 역사적인 실수다!' 이래가면서요. 이래 가지고서야 어떻게 하나가 됩니까. 같은 집에서 그동안 용케 산 것입니다. 벌써 갈라서야 될 사람들입니다. 하나가 아닙니다. 그냥 동숙자일 뿐입니다. 결코 부부가 아닙니다.

그저 겸손해야 됩니다. 서로 볼 때마다 이렇게 말해야 합니다. "당신 덕에 내가 살지. 하나님께서 내게 주신 최고의 축복이 당신이야. 최고의 선물이 당신이야." 이렇게 되어야 하나 될 수 있습니다. 이것이 겸손입니다. 그런데 문제가 있습니다. 이 겸손을 내가 할 수 있느냐? 이건 내 노력으로는 안 됩니다. 내 의지, 내 교양으로는 안 됩니다. 내 인격으로도 안 됩니다. 이것은 어디까지나 성령의 은사입니다. 성령께서 하나 되게 역사하실 때에만 겸손한 마음이 이루어지고 하나 될 수 있습니다. 그 다음은 온유함입니다. 온유한 것 또한 우리 마음대로 되지 않습니다. 온유함이란 아주 부드러운 마음을 가리킵니다. 이것을 알아야 됩니다. 또, 오래 참는 것, 인내입니다. 인내는 너무 서두르지 않는 것입니다. 대개 보면 서둘러서 문제가 됩니다. 즉각적으로 문제를 해결하려고 하니까 당장 "사과해라! 잘못했다고 해라!" 하는데, 그런다고 됩디까? 인격의 관계는 오래 참아야 됩니다. 오래 기다려야 되는 것입니다. 여러분, 자식들 키워보잖아요? 오래 기다리고 무던히 기다려야 됩니다. 그 인내, 그거 내 마음대로 못합니다. 성령께서 나로 하여금 인내하게 하십니다. 기다리게 하십니다. 오늘본문은 분명히 말씀합니다. "사랑 가운데서 서로 용납하고(2절)." 사랑은 은사입니다. 사랑을 받는 것도 은사요, 사랑을 아는 것도 은사입니다. 사랑을 깨닫는 것도 은사요, 사랑에 감격하는 것도 은사입니다. 성령 안에서만 사랑을 사랑으로 알아볼 수 있습니다. 사랑을 사랑으로 수용할 수 있습니다.

더글라스 스티어(Douglas V. Steere)의 「On listening to another」라는 유명한 책이 있습니다. 그는 이 책에서 세 가지를 말합니다. 첫째가 Acceptance, 용납하는 것입니다. 상대방이야 이랬든 저랬든, 내가 용납하는 것입니다. 상대방의 마음을 받아들일 수 있습니다. 그 다음은 Openness, 개방입니다. 마음을 열어야 됩니다. 내 생각에 집착하면 절대로 상대방을 받아들일 수 없습니다. 상대방을 받아들이는 만큼 여유를 가지고 내 생각보다 내 마음을 열어야 됩니다. 내 의지보다 내 마음을 열어야 됩니다. 상대방은 절대로 나와 똑같은 사람이 아닙니다. 그 다른 사람을 수용할 수 있어야 됩니다. 그만큼 여유를 가져야 되는 것입니다. 그 다음은 Caring, 보살핌입니다. 상대방의 처지를 잘 알아야 합니다. 처지를 바꾸어서 생각해봐야 됩니다. 그럴 때 비로소 이해될 수 있습니다. 그럴 때 비로소 하나 될 수 있습니다. 그런데 이런 것들이 다 어디서 옵니까? 마음대로 안 되거든요. 알지요. 잘 알지요, 이래야 된다는 것. 그러나 사랑은 못합니다.

어떤 분이 이런 질문을 합니다. "목사님, 이럴 때는 어떻게 해야 합니까?" "뭔데요?" "교회에서 목사님 설교를 들을 때마다 '사랑해야겠다! 아내를 사랑해야겠다!' 하고 결심하면서 집에 갑니다. 하지만 막상 아내 얼굴을 딱 보면 마음이 달라집니다. 이럴 때 저는 어떻게 하면 좋겠습니까?" 그렇습니다. 사랑은 마음대로 못합니다. 결심으로 되는 것이 아닙니다. 은사입니다. 그래서 성경은 분명히 말씀합니다. 갈라디아서 5장 22절은 사랑과 희락과 화평과 인내와 자비와 양선과 충성과 온유와 절제를 말씀합니다. 이것이 아홉 가지 성경의 열매입니다. 내 의지가 아닙니다. 성령께서 내 안에 계실 때 이런 열매가 맺어지는 것입니다. 성령의 열매입니다. 성령께서 내 안에 계시면 자연스럽게 사랑하게 되고, 자연스럽게 기뻐하게 되고,

화평하게 되고, 하나 될 수 있는 것입니다. 자연스러운 현상입니다. 신비로운 역사입니다. 인간의 의지가 아닙니다. 지식도 아닙니다.

요새 많은 사람들이 크게 잘못 생각하는 것이 있습니다. 그저 알면 되고, 깨달으면 되고, 잔소리하면 되고…… 몰라서 안 되는 것이 아닙니다. 그 마음에 성령의 은사가 없기 때문에 안 되는 것입니다. 오직 하나 됨은 성령으로 말미암아 이루어집니다. 이것이 그리스도의 마음입니다. 성령께서 나를 그리스도의 마음으로 바꾸실 때 비로소 하나가 되는 것입니다.

유명한 물리학자 아이작 뉴턴이 나이가 많이 들어서 치매에 걸렸습니다. 사람을 못 알아봅니다. 제자들이 와서 인사를 해도 모릅니다. 아내를 보고도 모릅니다. 자식을 보고도 모릅니다. 그런 세계적인 대물리학자가 치매라니, 어찌 이런 일이 있습니까. 그 모습을 보고 제자들이 너무나 통분해서 이렇게 심각한 질문을 했습니다. "선생님, 사람도 못 알아보시고, 자기 이름도 모르시고, 자기 나이도 모르시다니, 그럼 도대체 선생님께서 아시는 것이 무엇입니까?" 그랬더니 뉴턴이 빙그레 웃으면서 중요한 이야기를 합니다. "두 가지를 알고 있지. 이건 잊어버리지 않아. 하나는 내가 죄인이라는 것, 둘은 예수 그리스도께서 내 구주시라는 것, 이 두 가지는 내가 잘 알고 있지." 여러분, 이것이 바로 오리지널리티입니다. 본래적인 것이고, 운명적인 것입니다. 세상에 죄인 아닌 사람이 어디 있습니까? 여러분, 이걸 잊지 말아야 합니다.

그리고 우리가 주님 앞에 가는 것은 예수 그리스도의 거룩한 보혈을 힘입어서 가는 것입니다. 내 의로 가는 것이 아닙니다. 이것만은 확실합니다. 그런고로 하나 되는 비결은 본래성을 아는 데에 있습니다. 다 같이 어린아이로 왔고, 아무것도 모르는 가운데 살아왔습니다. 그대로 복종하며 살아왔습니다. 그리고 오직 주의 은혜로 여기까지 왔습니다. 이걸 알아야 됩니다. 또 한 가지는 앞에 있는 운명도 하나라는 것입니다. 돈이 많다고 달라지는 것이 아닙니다. 지식이 있다고 달라지는 것도 아닙니다. 권세가 있다고 달라지는 것도 아닙니다. 여러분 다 아시는 대로 운명은 같은 길을 가는 것 아닙니까.

유명한 전설 같은 이야기가 전해집니다. 알렉산더 대왕이 서른 세 살에 세상을 떠나지 않습니까. 천하를 호령하던 알렉산더 대왕이 마침내 죽을 때 마지막 유언이 딱 하나입니다. "내 시체를 메고 묘지로 갈 때 내 두 손은 밖으로 내놓으라!" 관을 메고 가는데, 시체의 두 손이 밖으로 나와 있는 것입니다. 그게 덜렁덜렁합니다. 그러고 관을 메고 갑니다. 그 광경을 보는 사람들이 다 깜짝 놀랐습니다. 그래 어느 수도사에게 물어봤습니다. "저게 뭘 말하는 것입니까?" 그러자 수도사가 조용히 겸손하게 딱 한마디로 해설을 해주었습니다. "공수래공수거!" 빈손으로 왔다가 빈손으로 간다, 이것입니다. 알렉산더 대왕은 죽음을 맞아서 "자, 내 손을 봐라. 이것이 네 운명이다. 아니, 노예들의 운명이다!" 하고 마지막 웅변 같은 증언을 하고 간 것입니다. 여러분, 우리가 다 이걸 경험하고 있지 않습니까. 참으로 같은 길을 갑니다. 멀지 않았습니다.

죄송한 말씀이지만, 제가 지금 83세인데요, 저와 동갑이라든가 선후배 모두 통틀어서 이 나이까지 설교한 사람이 없습니다. 그래서 저는 설교할 때마다 지금 무슨 생각을 하는 줄 아십니까? '다음 주일에 또 올 수 있을까? 몇 주일이나 더 할 수 있을까?' 오늘 아침에도 차를 타고 오면서 이 생각을 했습니다. 한 시간, 한 시간이 새롭습니다. 아주 종말론적입니다. 하루, 또 하루…… 여러분, 그런 줄 알고 설교를 들으십시오. 다음 주일에 또 들을지 못 들을지 모릅니다. 83세가 된 설교가가 없거든요. 우리 운명, 멀지 않았습니다. 그날을 향해 가는 것입니다. 이것은 모두에게 똑같습니다. 여기에 귀족이 어디 있고, 양반이 어디 있고, 지성인이 어디 있습니까? 모두가 같은 길을 가는 것입니다. 같은 길로 왔고, 같은 길로 간다, 이것입니다. 이것만 알면 하나가 됩니다. 한사람이 되는 것입니다. 같이 가야 되니까요. '내가 먼저 가서 기다릴게.' 그렇게 말하는 사람도 있습니다. 얼마나 귀중합니까. 본질을 알고, 숙명을 알고, 종말과 궁극을 알아야 됩니다. 거기서 하나가 되는 것입니다. 이것이 성령의 역사입니다. 다 죄인이라는 것, 오직 은혜로 구원받았다는 것, 하나의 길을 가고 있다는 것, 아니, 성령께서 하나 되게 하신 것, 그것을 지키라, 이것입니다. 너와 나의 문제가 아닙니다. 성령의 문제입니다. 주님과 나와의 문제입니다. 그래서 오늘본문은 확실하게 가르쳐줍니다. "성령이 하나 되게 하신 것을 힘써 지키라(3절)." △

복의 근원이 된 사람

　라헬이 요셉을 낳았을 때에 야곱이 라반에게 이르
되 나를 보내어 내 고향 나의 땅으로 가게 하시되 내
가 외삼촌에게서 일하고 얻은 처자를 내게 주시어 나
로 가게 하소서 내가 외삼촌에게 한 일은 외삼촌이
아시나이다 라반이 그에게 이르되 여호와께서 너로
말미암아 내게 복 주신 줄을 내가 깨달았노니 네가
나를 사랑스럽게 여기거든 그대로 있으라 또 이르되
네 품삯을 정하라 내가 그것을 주리라 야곱이 그에게
이르되 내가 어떻게 외삼촌을 섬겼는지, 어떻게 외삼
촌의 가축을 쳤는지 외삼촌이 아시나이다 내가 오기
전에는 외삼촌의 소유가 적더니 번성하여 떼를 이루
었으니 내 발이 이르는 곳마다 여호와께서 외삼촌에
게 복을 주셨나이다 그러나 나는 언제나 내 집을 세
우리이까 라반이 이르되 내가 무엇으로 네게 주랴 야
곱이 이르되 외삼촌께서 내게 아무것도 주시지 않아
도 나를 위하여 이 일을 행하시면 내가 다시 외삼촌
의 양 떼를 먹이고 지키리이다 오늘 내가 외삼촌의
양 떼에 두루 다니며 그 양 중에 아롱진 것과 점 있는
것과 검은 것을 가려내며 또 염소 중에 점 있는 것과
아롱진 것을 가려내리니 이같은 것이 내 품삯이 되리
이다

(창세기 30 : 25 - 32)

복의 근원이 된 사람

어느 히브리의 랍비가 쓴 「가장 행복한 사람」이라는 책을 오래 전에 읽었는데, 두고두고 마음에 기억되는 바가 많습니다. 그 첫째 가 '가장 행복한 사람이 누구냐?' 하는 것입니다. 죽을 때까지 건강 한 사람이 가장 행복한 사람이라고 이 책은 말합니다. 얼마나 살았 느냐는 중요하지 않습니다. 죽을 때까지 건강한 사람이 행복한 사람 입니다. 그러고 보니 제가 기억하는 사람들 가운데서도 그런 분이 있습니다. 방지일 목사님입니다. 제가 그분 장례식에 가서 추도사 를 했습니다. 104세까지 사셨는데, 고작 아홉 시간 입원하시고 세상 을 떠나셨습니다. 세상에 그런 행복이 어디 있습니까. 겨우 아홉 시 간 괴로워하시다가 죽음을 맞이한 것입니다. 그래서 제가 그 추도식 날 제발 울지 말라고, 이렇게 행복한 사람을 앞에 놓고 우는 사람이 어디 있느냐고, 축하파티처럼 환송해야 되지 않겠느냐고 얘기했습 니다.

이 책에서는 행복한 사람의 사례를 10가지 듭니다. 그 가운데에 서 맨 마지막이 아주 인상적입니다. 죽을 때 자녀들로부터 존경받는 사람이 가장 행복한 사람이다, 이것입니다. 자녀들로부터 존경받지 못한다면 그것은 망가진 인생입니다. 인상적인 예는 또 있습니다. 내 주변의 사람들이 나로 인해서 행복해지는 것을 보는 사람이 행복 하다, 이것입니다. 내가 행복한 것이 아닙니다. 나 때문에 다른 사람 이 행복해지는 것입니다. 내가 지금 잘 먹는 것이 아닙니다. 나 때문 에 저 배고픈 사람이 맛있게 음식을 먹고 있는 것입니다. 이것을 보는 사람이 행복하다, 이것입니다. 그래서 구약성경의 잠언과 시편에 거듭해서 나오는 복의 기준이 있지 않습니까. '너의 주변에 가난한 자가 없으리라.' 이것이 복입니다. 내가 아무리 부자가 된다 해도 내 앞에 가난한 자가 있으면 안 된다, 이것입니다. 내가 아무리 건강해도 내 앞에 병자가 누워 있으면 나는 절대로 행복한 사람이 될 수 없습니다. 행복일 수가 없습니다. 이것이 중요합니다. 나로 인해서 내 주변사람이 행복해지는 것을 보는 사람의 행복이 가장 크다, 이것입니다.

오래 전에 김동길 교수님이 하신 말씀을 제가 잊을 수 없습니다. 풍자적으로 말씀하기를 좋아하는 분 아닙니까. 싱글싱글 웃으면서 이러십니다. "감투란 내가 쓰는 것도 좋지만, 다른 사람에게 씌워주고 바라보는 재미도 좋다." 이 얼마나 멋진 풍자입니까. 꼭 내가 감투를 써야겠습니까? 다른 사람에게 감투를 씌워주고, 내가 썼던 감투를 물려주고 딱 쳐다보는 그 재미, 이것이 더 높은 것 아니겠느냐, 이것입니다. 기쁨에도 쟁취하는 기쁨이라는 것이 있습니다. 공산당의 기쁨입니다. 빼앗는 것입니다. 빼앗고 행복해합니다. 아니지요. 진정한 기쁨이란 베풀고 행복한 것입니다. 남에게 주고, 그가 행복해지는 모습을 보면서 내가 행복한 이것이 성경이 말씀하는 온전하고 수준 높은 행복 아니겠습니까. 내가 가지고, 먹고, 누리는 것만으로는 행복할 수 없습니다. 내 주변에 있는 모든 사람이 다 행복해야 됩니다. 뿐만 아니라, 그들이 나로 인해서 행복해야 됩니다. 나로 인해서 행복한 사람이 주변에 많으면 그는 행복한 사람입니다. 그러나 나는 넉넉한데, 내 주변에는 불행한 사람이 너무나 많다면 나는 불행한 사람입니다. 이런 것을 어찌 행복이라고 할 수 있겠습니까.

이걸 우리가 알아야 합니다. 실제로 우리 주변에는 너무나 어려운 사람들이 많습니다. 더구나 북한이 지금 얼마나 어렵습니까. 저는 종종 생각합니다. 북한에 가 보니 추운 겨울에 사람이 죽으면 장례식도 못 치르고 그냥 시체들에 가마니 떼기만 씌워놨습니다. 다 굶어죽은 사람들입니다. 그래 "왜 저렇게 둡니까?" 하고 물었더니 그들 대답이 땅이 꽝꽝 얼어서 무덤을 팔 수가 없다는 것입니다. 그래서 날이 풀려 땅이 녹으면 그때 묻으려고 그렇게 내버려둔다는 것입니다. 그 참혹한 광경을 제가 잊을 수 없습니다. 이 얼마나 큰 불행입니까.

복의 연대성 속에서 나 자신의 복을 평가해야 됩니다. 여러분, 간혹 길을 가다가 개를 만나는 경우가 있으시지요? 그때 그 개가 여러분을 반깁니까? 아니면 잔뜩 경계하는 태도로 사납게 짖습니까? 개가 짖거든 회개하십시오. 그 개는 아주 냄새를 잘 맡는데, 도둑놈의 냄새를 맡거든요. 개가 누구 냄새를 딱 맡아보고 짖거든 그 사람 수상한 것입니다. 여러분, 집에서 화초를 키우시지요? 그런데 그 화초가 예쁘게 꽃을 피우면서 잘 크는 집이 있고 잘 못 크는 집이 있습니다. 잘 큰다면 그는 복된 사람입니다. 그러나 화초가 그 집에만 가면 죽는다면 Something wrong, 뭔가 문제가 있는 것입니다. 과학적으로도 증명된 현상입니다. 지금 당신의 몸과 입에서 악취가 나고, 독이 나오고 있다면 개는 물론이고 화초까지도 그걸 알아본다, 이것입니다. 또 여러분, 승강기 안에서 어린아이들을 만나는 경우가 있으시지요? 남의 집 아이지만 예쁘잖아요? 그때 아이들이 여러분을 보고 방긋방긋 웃으면 참 좋지만, 이상하게도 여러분을 만나기만 하면 아이가 운다면, 여러분도 수상한 사람입니다. 결국은 무슨 말입니까? 주변사람이 행복해야 내가 행복한 것입니다. 주변사람이 다 행복해서 웃을 때 나도 웃을 수 있습니다. 남을 울게 하고 어찌 내가 웃을 수가 있습니까. 남을 슬프게 하고 어찌 내가 행복할 수 있습니까. 여기서 생각해야 됩니다. 다른 사람에게 비춰진 내 얼굴, 또 그 Response, 다른 사람에게서 돌아오는 응답을 통해서 나 자신을 확실하게 발견할 수 있어야 한다, 이것입니다.

존 맥스웰(John C. Maxwell)이 「Attitude 101」이라는 유명한 베스트셀러를 썼습니다. 이 책에서 그는 성공의 정의를 딱 세 가지로 요약합니다. 우선, 성공이란 자신의 목표를 아는 것입니다. '목표 없이 허우적거리고 인생을 낭비하는 게 아니고, 생의 목표를 딱 정하고 거기다가 온 정신을 쏟으면서 외도하지 않고, 곁길로 가지 않고, 실수하지 않고, 직선적으로 일생을 산 사람, 그 사람이 성공한 사람이다. 자기의 목적, 자기의 목표를 알고 그것을 위해 총력을 다해서 산 사람, 그가 행복한 사람이다.' 다음은 자신에게 주어진 잠재력을 다 발휘한 사람입니다. 내게 능력이 있는데, 이걸 그만 다 쓰지 못하고 말았습니다. 내게 돈이 있는데 이 돈을 제대로 쓰지 못하고 그만 세월만 흘러갔습니다. 마지막에는 누구한테 주어야 할지도 모릅니다. 내게 주어진 건강이 참 소중한데, 바로 쓰지를 못하고 그럭저럭 세월만 보냈습니다. 후회가 많습니다. 내가 할 수 있는 일이 많았는데, 안 했습니다. 내가 해야 될 일도 많았는데, 게을렀습니다. 이런 후회가 계속 나를 어지럽히면 그는 불행한 사람입니다. 실패한 인생이지요. 셋째는 남들에게 베풀 수 있는 씨앗을 만든 사람입니다. 내가 남에게 베풀 뿐만 아니라, 나의 은혜를 입은 사람이 또 착해지는 것입니다. 내가 선한 일을 했더니, 그 사람이 또 다른 사람에게 선한 일을 합니다. 이렇게 선한 씨가 파급되어 나가는 걸 딱 볼 때 그 사람이 행복한, 성공한 사람입니다. 이 얼마나 귀한 결론입니까. 하나님의 사람은 복된 사람입니다. 어디를 가든지 복을 받습니다. 오늘본문의 말씀을 가만히 보십시오. 개인적으로는 잠시 불행한 것 같습니다. 하지만 그 불행 속에서 다른 사람을 복되게 합니다. 이런 사람이 진짜로 복된 사람입니다. 자기는 불행하지만, 다른 많은 사람들을 행복하게 해줍니다. 이런 사람이 높은 차원에서 행복한 사람이다, 이것입니다.

소돔과 고모라를 생각해보십시오. 하나님께서 의인 10명만 있으면 구원받으리라 하셨는데, 그 의인 10명이 없어서 망하지 않았습니까. 참으로 불행한 일 아닙니까. 그러나 조금 더 긍정적으로 생각하면 오늘본문에 있는 귀중한 말씀을 생각하게 됩니다. 아주 충격적인 말씀입니다. 아주 오묘한 행복관입니다. 야곱이 외삼촌 라반의 집에서 머슴생활을 합니다. 기약도 없고, 자기 소유도 없습니다. 일해서 번 것, 다 주인의 것입니다. 내 것이 아닙니다. 나는 거기서 먹고 자는 것 밖에 없습니다. 머슴이요, 노예입니다. 기약도 없이 청춘을 바쳐가며 수고합니다. 그러나 성경은 말씀합니다. 야곱 때문에 라반의 집에 복을 주어졌습니다. 라반이 그걸 압니다. 라반은 하나님을 섬기는 사람이 아닙니다. 그러나 그는 알고 있습니다. '우리 집에 복덩어리 야곱이 들어와서 하나님께서 내게 복을 주시는구나!' 그야말로 하나의 간증입니다. 야곱은 그런 차원에서 복의 근원이 된 것입니다. 그 스스로는 불행한 처지에 놓여 있지만, 그럼으로써 다른 사람을 복되게 하고 있습니다. 주변사람이 복을 받습니다. 그러니까 야곱은 아주 차원 높은 복을 누리고 있다, 이것입니다.

같은 맥락의 말씀이 또 있습니다. 창세기 39장 5절부터입니다. 요셉이 애굽에 노예로 팔려갑니다. 그의 나이 17살 때입니다. 그 젊은 나이에 애굽에 팔려가서 이제부터 일생동안 노예로 살다 노예로 죽을 운명입니다. 도저히 자유로울 수가 없는 처지입니다. 그러나 요셉은 하나님을 섬기는 사람입니다. 하나님을 믿는 사람입니다. 아주 성실하고 정직하고 은혜롭게 노예생활을 했습니다. 성경은 이렇게 말씀합니다. '하나님께서 요셉으로 인하여 보디발의 집에 복을 주시니라.' 보디발은 애굽 사람입니다. 그의 집에 착한 노예 한 사람이 들어간 것입니다. 하나님께서 이 요셉 때문에 보디발의 집에 복을 주셨습니다. 그걸 보디발도 알고 있습니다. "너 때문에 하나님께서 내게 복을 주신다. 우리 가정에 복을 주신다. 내가 이걸 잘 알고 있다." 이 얼마나 큰 복입니까. 요셉은 지금 노예생활을 합니다. 노예는 어디까지나 노예입니다. 그러나 동시에 그는 복의 근원입니다. 다른 사람을 복되게 했습니다. 다른 사람을 행복하게 했습니다. 그곳을 하나님께 복 받는 집으로 만들었습니다. 복의 근원입니다. 요셉 하나가 거기에 있으므로 나머지 모두가 다 복을 받는 것입니다. 구약성경을 신학적으로 연구해보면 노아의 홍수 전에 모든 사람이 타락했습니다. 너무 죄가 많아서 하나님께서 다 쓸어버리십니다. 그것이 홍수 아닙니까. 대홍수가 납니다. 성경을 자세히 보면 홍수 전에 에녹이 승천합니다. 에녹이라고 하는 의인을 여기 놔두고는 하나님께서 이 땅에 벌을 내리실 수가 없는 일입니다. 그래 에녹을 불러 가십니다. 그 에녹이 승천한 다음에야 비로소 노아의 홍수가 이루어집니다.

여러분이 복의 근원이 된다고 칩시다. 여러분 한 사람이 거기에 있으므로 나머지 모두가 다 복을 받습니다. 여러분이 여기에 있으므로 이 민족이 복을 받습니다. 나 하나가 거기에 있으므로, 비록 나는 고생하는 것 같아도, 나로 인하여 전체가 복을 받는다면 이 얼마나 큰 복이겠습니까. 이런 복을 좀 생각해보십니다. 내가 먹어야 하고, 내가 써야 하고, 내가 잘 되어야 하고, 내 자식이 잘 되어야 하고…… 그만 합시다. 여기서 벗어나서 나는 좀 불행하더라도 다른 사람이 복 받기를 바랍시다. 이것이 하나님의 뜻입니다. 야곱도 그러했고, 요셉도 그랬습니다. 나는 비록 남의 집에 가서 고생하고 머슴살이하고 노예생활을 하지만, 나로 인하여 그 가정이 복을 받습니다. 요셉 때문에 보디발의 집이 복을 받습니다. 야곱 때문에 애굽 전체가 복을 받습니다. 복의 근원이 되어야 합니다. 그런 복된 사람이 되어야 하지 않겠습니까.

사도행전에 276명이 탄 큰 배가 항해 도중에 파손되는 이야기가 나옵니다. 그러나 마지막에 하나님께서 말씀하십니다. "너와 함께한 자를 내가 다 구원할 것이다. 너 바울 한 사람 때문에, 네가 로마로 가서 가이사 앞에서 복음을 전해야 되기 때문에 너와 네게 속한 모든 사람을 내가 구원하리라!" 이걸 잊지 말아야 됩니다. 바울 한 사람 때문에, 바울을 향한 하나님의 경륜 때문에 그 배가 무사한 것입니다. 여러분, 작으나 크나 여러분 한 사람이 그 집에 있습니다. 다 복을 받습니다. 여러분이 그 직장에 있습니다. 다 복을 받습니다. 그런 복의 근원이 되는 크리스천이 되어야 합니다. 잠깐은 내가 불행한 것 같지만, 문제가 아닙니다. 다른 많은 사람들을 복되게 하고 있으니까요. 특별히 이방사람들이, 하나님을 모르는 사람들이 복을 받습니다. 보디발도 그렇고, 라반도 그렇고, 애굽도 그렇습니다. 다 하나님을 모르는 사람입니다. 그 이방사람들 가운데 하나님의 사람 하나가 들어가서 고생을 합니다. 하나님께서는 그 한 사람을 보시고 전체를 용서하시고, 기다려주시고 복을 주십니다. 그가 복의 근원입니다.

여러분은 내가 복되기보다는 다른 사람을 복되게 할 수 있습니까? 내가 행복하기보다 다른 사람을 행복하게 할 수 있습니까? 그러기 위해서 내가 좀 희생할 수도 있습니다. 내가 잠깐 불행할 수도 있습니다. 하지만 이건 문제가 안 됩니다. 복의 근원이 되어야겠습니다. 그러면 이방사람들, 믿지 않는 사람들도 다 압니다. '저 사람 때문에 우리가 복을 받는구나!' 어떤 안 믿는 집에 믿는 며느리가 들어갔습니다. 이 며느리가 온 정성을 다해 수고를 합니다. 마침내 그 시어머니가 교회에 나오면서 하는 말입니다. "저 며느리 때문에 우리 집이 복을 받습니다. 저 며느리 때문에 하나님께서 우리 집에 복을 주신 것을 제가 압니다. 그래 저도 며느리를 따라서 이렇게 교회에 나오게 되었습니다." 얼마나 은혜로운 간증입니까. 그 며느리의 희생과 수고가 얼마나 아름답습니까. 깊이 생각해야 합니다. 비록 머슴으로 있었고, 노예로 살았지만, 그들은 복의 근원이었습니다.

창세기 12장을 보면 하나님께서 아브라함에게 복을 주십니다. "고향을 떠나라!" 하시면서 큰 복을, 영원한 복을 주십니다. "만민을 향해서 복의 근원이 되리라. 복의 원천이 되리라." 이것이 진정한 복입니다. 모세 한 사람이 하나님 앞에 성실하게 삽니다. 하나님의 진노가 있을 때 모세가 하나님 앞에 기도합니다. "정히 그러하시려거든 제 생명을 먼저 취해주시옵소서." 그렇게 목숨을 걸고 하나님 앞에 매달릴 때 그 모세 한 사람을 보시고 하나님께서 그 완악한 이스라엘을 향해서 진노를 푸십니다. 은혜를 베푸십니다. 하나님께서 찾으시는 것은 그 한 사람입니다. 어디에 있든지 복의 근원이 된 사람, 복의 근원으로 만족하는 사람, 그 사람을 오늘도 기다리십니다.

여러분, 나를 향한 축복, 어떤 것입니까? 경제적으로, 사회적으로, 가정적으로 복이 많겠지만, 가장 큰 복은 복의 근원이 되는 것입니다. 나로 인해서 다른 모든 사람들이 복을 받는 것입니다. 다른 사람들이 행복해지는 것입니다. 복의 근원, 이 얼마나 중요합니까. 그런 복을 받아야겠습니다. 주변을 보십시오. 어떻습니까? 이웃을 보십시오. 그들이 행복합니까? 나를 만나는 사람들이 행복합니까? 내가 아는 모든 사람들이 행복하고 있습니까? 내 이웃이 행복하기 전에는 나는 절대로 행복할 수 없습니다. 행복한 자가 될 수 없습니다. 그런고로 어떤 역경에 있든지, 비록 노예요 머슴이라 할지라도 기도하는 사람, 믿음의 사람, 순종의 사람, 감사하는 사람, 조용하게 하나님 앞에 성실하게 살게 될 때 하나님께서는 그 한 사람을 보시고 온 가정에, 온 직장에, 온 나라에 복을 주실 것입니다. 여러분 모두 복의 근원이 되는 하나님의 사람으로서 남은 해를 살아갈 수 있으시기를 바랍니다.   △

가장 큰 은사의 속성

그런즉 이 일에 대하여 우리가 무슨 말 하리요 만일 하나님이 우리를 위하시면 누가 우리를 대적하리요 자기 아들을 아끼지 아니하시고 우리 모든 사람을 위하여 내주신 이가 어찌 그 아들과 함께 모든 것을 우리에게 주시지 아니하겠느냐 누가 능히 하나님께서 택하신 자들을 고발하리요 의롭다 하신 이는 하나님이시니 누가 정죄하리요 죽으실 뿐 아니라 다시 살아나신 이는 그리스도 예수시니 그는 하나님 우편에 계신 자요 우리를 위하여 간구하시는 자시니라 누가 우리를 그리스도의 사랑에서 끊으리요 환난이나 곤고나 박해나 기근이나 적신이나 위험이나 칼이랴 기록된 바 우리가 종일 주를 위하여 죽임을 당하게 되며 도살 당할 양 같이 여김을 받았나이다 함과 같으니라 그러나 이 모든 일에 우리를 사랑하시는 이로 말미암아 우리가 넉넉히 이기느니라 내가 확신하노니 사망이나 생명이나 천사들이나 권세자들이나 현재 일이나 장래 일이나 능력이나 높음이나 깊음이나 다른 어떤 피조물이라도 우리를 우리 주 그리스도 예수 안에 있는 하나님의 사랑에서 끊을 수 없으리라

(로마서 8 : 31 - 39)

가장 큰 은사의 속성

　정신분석학자 웨인 다이어(Wayne W. Dyer)는 이렇게 말합니다. '인간은 스스로에게 항상 질문하며 살아야 한다.' 여러분은 생일이 언제라고 생각하십니까? 나도 모르게 부모님이 낳아주셔서 세상에 태어난 그날을 생일이라고 생각하지만, 사실 그것은 온전한 생일이라고 볼 수 없습니다. 진짜 생일은 스스로 '나는 누구인가?'라는 질문을 하게 되는 날입니다. 그때부터 진정으로 내가 나 되는 것입니다. 그래서 다이어 박사는 말합니다. '사람은 두 가지 질문을 해야 한다. 하나는 나는 누구인가, 하는 것이고, 또 하나는 나는 나 자신을 어떻게 생각하고 있는가, 하는 것이다. 이 두 가지 질문을 해야 한다.' 이 질문이 없다면 그냥 사는 것입니다. 배고프니 먹고, 졸리니 자고, 먹어야겠으니 일하고…… 이걸 인간이라고 할 수는 없습니다. 인간이라면 '내가 누구냐?', '나는 나를 어떤 사람이라고 생각하고 있느냐?' 하는 질문을 던질 줄 알아야 합니다. 좀 더 멀리는 '모든 사람들이 나를 누구라고 생각할까?' '어떤 사람이라고 기억되게 될까?' 하는 질문까지 생각해야 합니다. 그래야 비로소 사람다운 생을 살게 되는 것이다, 이것입니다. 이런 인간관계라는 것은 통합하면 딱 세 마디로 요약할 수 있습니다.

　첫째, 운명론입니다. 이런 저런 생각할 것 없이 태어났으니 살고, 배고프니 먹고, 병드니 죽는 것 아니겠는가, 하는 것입니다. 그냥 모든 것을 운명으로 돌리는 것입니다. 불교에서는 이를 가리켜 '업보'라고 하지요? 철학자 하이데거는 이것을 Thrown Life, '던져진

생'이라고 말합니다. 다시 말하면 내게는 자유가 없다, 나는 세상에
태어나고 싶어 태어난 사람도 아니고, 살고 싶어 사는 것도 아니고,
그대로 주어진 생을 살다가 그냥 가는 사람이다, 이것입니다. 그야
말로 운명론적 세계관입니다. '생각은 많이 할수록 피곤하다. 생각
없이 살아야 한다. 이런 걱정, 저런 걱정 하다보면 끝이 없다. 세상
이 어떻고, 나라가 어떻고 해와야 아무 소용없다. 그런 복잡한 생각
하면서 살 것 없다. 어차피 내 생은 이것뿐이다. 그러니까 이대로 살
다 가는 것이다.'

　둘째, 이 세상은 보상으로 주어졌다는 것입니다. 내가 한 대로,
심은 대로 거둔다, 이것입니다. 선을 심으면 복을 거두고, 악을 심으
면 저주를 거둔다, 이것입니다. 모든 것은 나의 나 됨의 생활에서 오
는 것입니다. 전부가 보상이다, 이것입니다. 나는 보상을 누리며 살
아가는 것이다, 이것입니다. 지극히 율법적입니다.

　셋째, 모든 것은 은혜로 주어진다는 것입니다. 우리가 하는 일
도 있고, 노력하는 일도 있지마는, 다 별것 아니고, 전부 은혜로 주
어졌다, 이것입니다. 오직 은혜 안에 우리는 살아가고 있다, 이것입
니다. 우리 기독교에서는 '은혜'라는 말을 참 많이 씁니다. 은혜, 은
혜, 은혜…… '카리스'입니다. 율법적 관계에 대한 반대말로 쓰입니
다. 율법이냐, 은혜냐? 은혜냐, 율법이냐? 다시 말하면 모든 것이
율법적으로 주어지는 것이냐, 아니면, 은혜로 주어지는 것이냐, 이
것입니다. 갈라디아서와 로마서에 보면 사도 바울이 열심히 이것을
가지고 변명을 합니다. 변증을 합니다. 은혜, 율법……

　여러분, 나를 율법적 관계에 두고 생각하면 나는 어떤 존재입니
까? 은혜로 생각하면 나는 어떤 존재입니까? 율법으로부터 벗어나

서 은혜 안에 살아야 합니다. 은혜라는 것은 거저 주신다는 것입니다. 나의 생활과 나의 능력과 나의 노력과 상관없이 거저 주시는 것, 거저 보상으로 주는 것이 아니라, 거저 주시는 은혜, 이것이 은혜입니다. 은혜의 관계인데, 그러면 은사란 또 뭐냐 하면, 은혜는 카리스고, 은사는 카리스마입니다. 카리스마라는 것은 은혜로 주어지는 것을 말합니다. 은혜의 열매로 내게 주어지는 것입니다. 우리가 사실은 그 속에서 살아가고 있습니다.

　유명한 마더 테레사의 「마더 테레사의 아름다운 선물」이라는 책 속에 나오는 재미있는 이야기가 하나 있습니다. 어느 날 방갈로 신학교의 어떤 수녀가 테레사 수녀에게 편지를 썼습니다. 아주 신학적이고 중요한 내용입니다. '테레사 수녀님, 당신은 은혜도 모르는 가난한 자를 돕기 위해서 아무 소용없는 인간들을 위해서 그렇게 한평생을 베풀기만 하고 계신데, 그것은 오히려 세상을 망치는 일 아니겠습니까. 인간 성품을 아주 망가뜨리는 일이 아니겠습니까.' 실제로 그런 면이 있습니다. 자꾸 베풀기만 하면 받기만 하는 사람은 마지막에 아주 못 쓰게 됩니다. 그런고로 베푸는 것은 좋지만, 그렇게 베풀기만 해서는 오히려 인간성을 망치게 되는 것 아니겠는가, 하는 일종의 항변입니다. 이에 대한 테레사 수녀의 회답은 간단합니다. '하나님께서 우리에게 베푸시는 것이 다 그런 것입니다. 사람이 얼마나 잘못된 존재인지를 다 아시면서도 하나님께서는 계속 베푸십니다. 그 속에 우리가 있습니다.' 베풀기만 하면 그 사람 잘못될 수가 있습니다. 그 성품도 못쓰게 되고, 받기만 하는 체질이 되고, 세상까지 다 망가지는 것 같습니다. 그렇지 않습니까. 그러니 어떻게 하면 좋겠습니까? 베푸는 것, 하면 저는 꼭 생각나는 것이 하나 있습니다.

벌써 옛날이지요? 지난 1963년에 제가 미국으로 유학을 갔을 때 주일마다 이 교회, 저 교회를 다니면서 서툰 영어로 설교를 했습니다. 담임 목사님이 휴가를 가면 잠시 그 자리가 비니까 제가 초청을 받아 가서 영어로 설교를 한 것입니다. 당시 자동차가 없었던 저는 프린스턴에서 뉴욕까지, 또 시골까지 여러 번 버스를 갈아타고 갔습니다. 하루는 중간지점에서 다음 버스가 오기를 기다리는 동안 시간이 좀 남았던 적이 있습니다. 이른 아침 시간이었는데, 웬 점잖게 생긴 사람 하나가 저한테 가까이 오더니 이렇게 물었습니다. "Do me a favor?" 자기를 좀 도와달라는 얘기지요. 그래서 제가 답했습니다. "그러시죠." 제가 지금 설교하러 가는 목사인데, 아무리 가난한 고학생이지만, 불쌍한 사람이 도와달라는데 빈손으로 보내놓고 어떻게 마음 편히 설교를 할 수가 있겠습니까. 그래서 도와줄 요량으로 주머니를 뒤져봤더니 하필 1불짜리는 없고 5불짜리만 한 장이 들어 있는 것입니다. 내심 그걸 주기에는 좀 아깝다는 생각이 들었지만, 그래도 할 수 있습니까. 5불을 줬습니다. 그랬더니 이 사람이 기대이상으로 많은 돈을 받아서 그런지 "Thank you! God bless you!" 하면서 인사를 하고 돌아갑니다. 그러고 나자마자 웬 신사가 하나 제 옆에 오더니 당신 지금 뭐 한 거냐고 저한테 물었습니다. 그래 저 사람한테 돈을 주었다고 답했더니, 왜 주었느냐고 따집니다. 그야 배가 고프니 돈 좀 달라고 하니까 주었다고 답할 밖에요. 그러자 이 신사분이 제가 목사인 줄도 모르고 일장 설교를 합니다. 성경에 말씀하시기를 가난한 자는 항상 너희와 함께 있느니라, 했는데, 당신이 그거 구제한다고 세상이 달라지는 줄 아느냐고, 당신 같은 사람이 있으니까 저 사람이 아편을 하는 거 아니냐고, 하는 것입니다. 그렇게 제가 5불을 줘놓고 한참 설교를 들었습니다.

여러분, 좋은 일 한다는 것, 착한 일 한다는 것, 어떻습니까? 그 다음에 어떻게 될 것 같습니까? 예수님께서 많은 사람들의 병을 고치셨는데, 그 병 고침 받은 사람들 나중에 어떻게 되었을 것 같습니까? 이 선한 일이라는 것, 이 은혜라는 것이 때로는 더 나쁜 결과를 초래하기도 합니다. 그러니 걱정하는 것 당연합니다. 살짝만 돌아가면 율법적 관계로 바뀌니까요. 하지만 여러분, 그 다음은 걱정하지 마십시오. 여러분도 거저 받았으니 거저 주십시오. 그 다음 운명까지 좌우할 생각은 마십시오. 그러면 아무 선한 일도 할 수가 없습니다. 은혜는 거저 받는 것입니다. 조건이 없습니다. 그리고 잘못이냐 아니냐, 묻지 마십시오. 내 책임이 아닙니다. 나는 내가 해야 될 일을 한 것뿐입니다. 이것이 은혜입니다. 은사의 속성은 사실 신비합니다. 은혜라는 것은 주어지는 것이거든요. 은사라는 것은 벌써 주어진 것입니다. 주어지는 것이 먼저입니다. 다시 말하면 모르는 자에게 주고, 감사하다는 말도 할 줄 모르는 자에게 주고, 아니, 더 잘못될 수도 있는 자에게 주는 것입니다. 이것이 은혜입니다. 은혜는 먼저 주어집니다. 그 다음에 알게 하는 것입니다. 알게 하고 나서 주는 것이 아닙니다. 먼저 주고 나중에 알게 하는 것입니다. 신비롭지 않습니까.

여러분은 어렸을 때부터 지금까지 부모님의 많은 사랑을 받았습니다. 그러나 받은 바는 큰데, 아는 것은 적습니다. 여러분은 얼마나 아십니까? 받은 것은 크고, 아는 것은 적은 것입니다. 그 다음 조금 더 나아가면 은사를 믿게 됩니다. 지금은 잘 모르겠습니다. 이것이 은혜인지 아닌지, 은사인지 아닌지, 잘되는 일인지 못 되는 일인지, 축복인지 저주인지도 모릅니다. 그러나 믿습니다. 하나님께서 내게 주신 은사임을 믿습니다. 하나님께서 내게 주신 축복임을 믿습니다. 지금은 납득이 가지 않습니다. 왜 이런 일이 있어야 하는지 알 수 없습니다. 그러나 이걸 은혜로 받아들이고, 믿고 나아가면 어느 때에 가서 '아, 그것이 은혜요 축복이었구나!' 하고 뒤늦게 깨닫게 됩니다. 그리고 하나님 앞에 감사하게 됩니다. 감격하게 됩니다. 이것이 은혜입니다. 이것이 은사라는 것입니다. 은사를 다 알고 사는 것 아닙니다. 은혜를 받고, 은사를 받고, 저 먼 뒷날에 조금씩 깨닫고 하나님께 감사하며 사는 것입니다. 먼저 주시고, 뒤에 깨닫는다는 사실을 잊지 말아야 됩니다. 먼저 주신 바를 믿을 때 그 다음 주실 것을 믿고, 감사할 수 있는 것입니다. 선물이라는 것은 언제나 받을 때에는 그 의미를 알기 어렵습니다. 그러나 먼 훗날에 가서 그 선물이 어떤 의미를 가졌는지를 깨닫게 되면 그때 가서 감격하고 용기도 얻게 되는 것입니다. 사도 바울에게는 많은 은사가 있었습니다. 그에게는 병 고치는 능력이 있었습니다. 그는 감옥 문이 열리는 기적도 보았습니다. 많은 말씀의 능력을 받았습니다. 그 능력을 받고 큰 역사를 이루었습니다. 그러나 그런 많은 은사만 생각한 것이 아닙니다. 그의 신앙생활, 그 순례의 길을 보면 마지막에 깨달은 은사가 있습니다. 이 은사는 좀 다릅니다. 병을 고치고, 능력을 나타내고, 많은 사람을 구원하고, 바다를 고요하게 하는 은사가 아닙니다.

　그는 자기한테는 육체의 가시, 사탄의 사자가 있다고 말했습니다. 그것이 무엇인지 정확히는 알 수 없습니다마는, 짐작컨대 간질병이었던 것 같습니다. 그는 가는 곳에서마다 종종 쓰러져서 어려움을 겪었습니다. 이것 때문에 그는 하나님 앞에 특별히 세 번이나 기도했습니다. 없애달라고요. 그러나 하나님께서는 허락하지 않으셨습니다. 그리고 말씀하셨습니다. "네게 있는 내 은혜가 족하다(My grace is sufficient for you)." 바울은 속절없이 그냥 아멘으로 받아들였습니다. 이해는 안 되지만, 믿은 것입니다. 그리고 이제 깨닫게 됩니다. 모든 은혜 가운데, 모든 은사 가운데 가장 큰 것이 바로 겸손의 은혜라는 것을요. '이걸 내게 주시어서 나를 겸손하게 만드셨다. 나를 작게 만드셨다.' 교만하려야 교만할 수가 없습니다. 도대체가 이것 때문에 자기 자랑을 할 수가 없습니다. 자랑을 완전히 버리고, 겸손한 가운데서 하나님의 역사를 이루게 되었다, 이것입니다. 겸손의 은혜입니다. 겸손을 은사로 받아들입니다. 육체의 가시를 은사로 받습니다. 여기까지 도달하게 됩니다.

여러분, 깊이 생각하십시다. 건강도 은사고, 형통도 은사고, 돈 버는 것도 은사고, 물질도 은사고, 지혜도 은사입니다. 모든 것이 다 은사인 것, 확실합니다. 하지만 더 좋은 은사, 더 큰 것이 있습니다. 그것은 정신적이요, 신령한 것입니다. 내 성품에 오는 것입니다. 그런데 이 문제는 벌써 받았다는 것입니다. 그걸 내가 모르고 있을 뿐입니다. 벌써 은사를 내가 받았습니다. 여러분, 어느 쪽이 큽니까? 극단적으로 말해서, 부자 되는 것이 축복입니까, 겸손한 사람이 되는 것이 축복입니까? 능력 있는 사람이 되고 출세하는 것이 축복입니까, 아니면 믿음의 사람이 되는 것이 축복입니까? 은사를 똑바로 분별해야 됩니다. 하나님께서 주고자 하시는 은사가 어디에 있는지를 알아야 합니다. 벌써 받았습니다. 내가 모르고 있을 뿐입니다. 아니, 하나님께서는 주려고 하십니다. 내가 그걸 깨닫지 못하고 있을 뿐입니다. 그러면 은사 가운데 최대의 은사, 더 큰 은사를 하나님께서 주려고 하십니다. 이걸 잊지 말아야 합니다.

　유명한 발명왕 에디슨은 일생토록 연구실에서 수많은 것을 발명했습니다. 그는 말년에 이렇게 말합니다. '내가 이렇게 할 수 있었던 비결은 하나, 내가 귀머거리였기 때문이다. 나는 귀머거리기 때문에 복잡한 것은 싫다. 들으려고 해도 들리지도 않는다. 그래서 나는 한눈팔지 않고 내 연구에 몰두할 수 있었다.' 결국 에디슨에게는 귀머거리가 은사인 것입니다. 우리가 부르는 찬송 가운데 '예수로 나의 구주삼고 인애하신 구세주여……' 하는 참 귀한 찬송이 있습니다. 크로스비 할머니가 지은 찬송입니다. 그분의 찬송이 우리 찬송가에만 무려 17곡이나 들어와 있습니다. 이 크로스비 할머니도 중년에 장님이 된 분입니다. 의사가 말합니다. "당신은 아무래도 시각장애인이 되겠습니다." 그 소리를 듣고 이분이 이렇게 말했다고 합니다. "오 하나님, 저를 이렇게 장님으로 만들어주셔서 감사합니다(Oh God, thank you for making me blind)!" 세상 것을 보지 않고 하늘나라를 보게 해주셔서 감사하다, 이것입니다. 그리고 시상이 터져 나오기 시작했습니다. 일생동안 찬송가를 4천 곡이나 지었습니다. 세계적으로 가장 많이 불리는 찬송가가 이분의 것입니다. 세상을 보는 눈을 하나님께서 거두어 가시고, 신령한 세계를 보는 눈을 주신 것입니다. 이것이 은사입니다. 은사의 실제적인 뜻을 분명히 알아야 합니다. 최고의 은사가 무엇입니까? 하나님께서는 언제나 가장 큰 것을 주려고 하십니다. 때때로 우리가 불만스러울 수 있지마는, 하나님께서는 신령한 것, 영원한 것, 큰 것, 위대한 것, 온전한 것, 그 은사를 우리에게 주십니다. 아니, 벌써 주셨습니다. 단, 내가 모르고 있을 뿐입니다. 하나님께서는 내게 은사를 주셨는데, 나는 그게 은사인 줄도 모르고 오히려 거기에 대해서 불만을 품고 있는 경우가 많습니다. 그러나 어느 순간에 가서는 그게 은사임을 깨닫게 될 것입니다.

최고의 은사는 무엇입니까? 오늘본문은 말씀합니다. "자기 아들을 아끼지 아니하시고 우리 모든 사람을 위하여 내주신 이가 어찌 그 아들과 함께 모든 것을 우리에게 주시지 아니하겠느냐(32절)." 그렇습니다. 십자가가 최고의 은혜요, 최고의 은사입니다. 하나님께서 주신 최고의 선물입니다. 이 십자가를 우리에게 주시고, 죄로 물든 우리를 하나님의 자녀로 부르십니다. 십자가로 인해서 죄 사함을 받고 하나님의 자녀가 됩니다. 세계가 확 바뀝니다. 십자가를 알기 전의 세상은 율법적 세상입니다. 저주받은 생입니다. 십자가를 알고 하나님의 자녀가 된 오늘은 어떤 시련을 당해도 다 은사입니다. 조금 있으면 깨닫게 될 것입니다. 그것이 은사임을요. 그것이 축복임을, 그것이 하나님께서 내게만 주신 축복임을요. 이것을 분명히 깨닫게 될 때가 올 것입니다. 사도 바울은 여기서 분명히 말씀합니다. '아들을 아끼지 아니하시고 우리를 위하여 내어주신 이가 왜 안 주시겠느냐?' 하나님께서는 절대로 인색하지 않으십니다. 우리는 이미 받았습니다. 다만 깨닫지를 못하고 있을 뿐입니다. 이미 주고자 하십니다. 이것을 믿지 못합니다. 그래서 불행합니다. 선물 받은 감격, 내가 미처 모르는 가운데 주어진 하나님의 신비로운 축복을 오늘 깨닫게 됩니다. 조금 더 깨닫습니다. 나이 들어가면서 점점 더 깨닫고 생각합니다. '이것도 하나님의 사랑이다. 이것도 하나님의 축복이다. 이 병든 것도 축복이고, 실패한 것도 축복이고, 많은 어려움도 다 축복이다. 바로 내게 주신 구체적인 은사였다.' 이렇게 깨달아 가게 될 것입니다. 우리는 이렇게 고백하게 될 것입니다. '모든 것이 은혜다. 모든 것이 은사다. 그리고 하나님은 사랑이시다!'

　여러분, 오늘 주신 이 말씀, 너무나 귀한 말씀입니다. 그래서 사도 바울은 말씀합니다. '누가 우리를 그리스도의 사랑에서 끊으리요. 환난이나 곤고나 박해나 기근이나 전신이나 위험이나 칼이랴. 넉넉히 이기느니라.' 이 큰 은사를 깨닫는 순간, 세계관이 확 바뀝니다. 모든 것이 은사임을 알게 됩니다. 또 주께서 우리를 은사로 인도하심을 알게 됩니다. 그 순간 고백하게 될 것입니다. "넉넉히 이기느니라!" 은사를 알고, 은사를 믿는 자의 고백입니다.　△

회개에 합당한 열매

　　요한이 많은 바리새인들과 사두개인들이 세례 베
푸는 데로 오는 것을 보고 이르되 독사의 자식들아
누가 너희를 가르쳐 임박한 진노를 피하라 하더냐 그
러므로 회개에 합당한 열매를 맺고 속으로 아브라함
이 우리 조상이라고 생각하지 말라 내가 너희에게 이
르노니 하나님이 능히 이 돌들로도 아브라함의 자손
이 되게 하시리라 이미 도끼가 나무 뿌리에 놓였으니
좋은 열매를 맺지 아니하는 나무마다 찍혀 불에 던져
지리라 나는 너희로 회개하게 하기 위하여 물로 세례
를 베풀거니와 내 뒤에 오시는 이는 나보다 능력이
많으시니 나는 그의 신을 들기도 감당하지 못하겠노
라 그는 성령과 불로 너희에게 세례를 베푸실 것이요
손에 키를 들고 자기의 타작 마당을 정하게 하사 알
곡은 모아 곳간에 들이고 쭉정이는 꺼지지 않는 불에
태우시리라

　　　　　　　(마태복음 3 : 7 - 12)

회개에 합당한 열매

철학자 파스칼은 「팡세」라는 그의 유명한 저서에서 이렇게 말합니다. '인간은 천사가 아니다. 그렇다고 짐승도 아니다. 그러나 불행히도 인간은 천사처럼 살기를 바라면서 실제로는 짐승처럼 행동한다. 여기에 문제가 있다.' 이것이 인간의 갈등입니다. 천사처럼 살기를 바라지만, 실제로는 짐승처럼 살아가고 있는 이 모순 속에서 인간은 많은 세월을 허송하고 있다, 이것입니다.

유대 랍비의 교훈에 이런 것이 있습니다. '사함 받지 못할 죄가 두 가지 있으니, 그 첫째는 회개하기 위하여 또 다른 범죄를 하는 것이다.' 하나의 잘못을 저지르고 나서 그 잘못을 잘못 아닌 것으로 하기 위해서 또 다른 범죄를 저지르는 것을 뜻합니다. 악순환입니다. 죄는 점점 더 커져서 나중에는 회개할 수조차 없게 됩니다. '그 둘째는 회개한다고 하면서 계속 같은 죄를 범하는 것이다.' 회개는 생각뿐이고, 마음뿐입니다. 회개의 행동이 없습니다. 이런 회개, 이런 인생은 구제받을 수 없습니다.

엄격히 말하면 죄는 다섯 가지 방향으로 분석할 수 있습니다. 첫째는 죄를 짓는 죄입니다. 잘못인 줄 알면서도 그 길을 갑니다. 죄스러운 말과 행동에 빠져서 그걸 해결하려 들지 않습니다. 둘째는 죄인 줄 알면서도 회개하지 않는 죄입니다. 잘못인 줄 압니다. 그러면 고쳐야지요. 방향을 돌려야지요. 그러나 같은 행위를 계속합니다. 회개가 없습니다. 후회는 있지만, 회개는 없습니다. 뉘우침은 있지만, 회개가 없습니다. 회개는 헬라어로 '메타노에어'입니다. 뒤로 돌아가는 행위입니다. 후회하는 것, 뉘우치는 것, 가슴을 치는 것은 회개가 아닙니다. 며칠을 두고 울어도 그것은 회개가 아닙니다. 회개는 돌이키는 행동입니다. 그래야 회개입니다. 셋째는 변명입니다. 죄를 지어놓고는 그럴 수밖에 없었다고 변명하는 것입니다. 그 가운데 우리가 제일 많이 범하는 죄가 있습니다. '인간인 고로……'라고 말하는 것입니다. "마음에는 원이로되 육신이 약하도다." 이거 함부로 쓸 수 있는 말이 아닙니다. 이것은 예수님께서 겟세마네 동산에서 졸고 있는 제자들을 긍휼히 여기시고 하신 말씀입니다. 자기는 자기대로 죄를 지으면서 '마음에는 원이로되 내가 여기서 벗어날 수가 없다!' 한다면 이것은 하나님의 말씀을 모독하는 또 다른 죄가 될 것입니다. 어쨌든 변명을 하는 것입니다. 환경을 탓하는 것입니다. 내 잘못이 아니고, 다른 사람 때문이라고 남을 탓하는 것입니다. 조상 때문에, 부모 때문에, 누구 때문에…… 그러다가 마지막에는 하나님 때문이라고까지 합니다. 변명입니다. 이 죄가 더 큽니다. 넷째는 죄를 정당화하는 것입니다. '비록 이것은 죄이지마는, 그 결과는 좋았다.' '비록 잘못이 있지마는, 이것은 전체적으로 볼 때, 사회적으로 볼 때 옳았다.' 이렇게 정당화하는 것입니다. 이것은 참으로 무서운 철학적인 죄입니다. 다섯째는 자기의 행위를 정당화하기 위해서 다른 사람을 정죄하는 것입니다. 내가 '의롭다' 하기 위해서 다른 사람을 나쁜 사람으로 만들어버립니다. 이 다섯 가지가 우리가 흔히 범하고 있는 죄의 속성입니다.

인간의 가장 아름다운 것은 고통, 그 가운데 가장 큰 고통은 후회입니다. 뉘우치는 마음은 가장 인간다운 감정입니다. 후회는 어떤 의미에서는 가장 인간적인 고통입니다. 배고픈 것이나 몸이 아픈 것

과는 다릅니다. 스스로 '이것은 잘못이다!' 하는 것, 아주 귀한 것입
니다. 그러나 후회하면서 하는 회개는 없습니다. 여기에 문제가 있
습니다. 뉘우친다고, 눈물을 흘린다고 회개가 되는 것은 아닙니다.
우리는 종종 그런 것을 회개로 여기곤 합니다. 뉘우치기도 하고, 후
회하기도 하고, 눈물도 흘리고…… 아니올시다. 이런 것은 후회일
뿐입니다. 회개는 아닙니다.

얼마 전에 담뱃값이 올랐지요? 그래 사람들이 데모까지 하고
난리가 났더랬습니다. 담뱃값을 올리면 서민경제가 어떻게 된다느
니 하면서요. 그러나 국민의 건강을 위해서 담배를 줄이도록 유도한
다는 명목으로 과감하게 담뱃값을 올렸습니다. 그러자 그 당장 담
배 피우던 사람들의 한 40퍼센트 정도가 담배를 끊었습니다. 그래
이 정책은 성공했다고 다들 생각했습니다. 하지만 1년이 지나자 다
들 다시 피웁니다. 제자리로 돌아간 것입니다. 애초의 명분은 온데
간데없고 결과적으로 담뱃값만 올라간 것입니다. 담배 피우는 사람
들한테는 참 안 된 일입니다. 이제는 담배 피울 장소도 별로 없거든
요. 특정한 흡연장소에 옹기종기 모여 앉아 담배 빨고 있는 사람들
보면 속으로 '저 불쌍한 족속들을 어찌하오리까?' 싶습니다. 정말 불
쌍하잖아요? 그게 뭐라고 못 끊고 말입니다. 자기들인들 모르나요?
몸에 해롭다는 거 다 알지요. 알면서도 그거 하나를 못 끊는 것입니
다. 그러면서 무슨 사람이 되겠다고 합니까? 이건 말이 안 되지 않
습니까.

제가 잘 아는 장로님 한 분은 담배 끊는 학교에 일주일 동안 들
어가서 훈련받는 걸 세 번이나 했습니다. 그러고도 담배를 못 끊었
습니다. 그래 담배를 또 피우면서 '아, 아무래도 나는 담배와 함께

살다가 담배와 함께 죽는가보다!' 했다고 합니다. 그런데 어느 날, 8·15해방 주일에 제가 설교에서 이런 말을 했답니다. 저는 잊어버렸지만, 그분은 기억을 하고 있었습니다. '하나님께서 주신, 창조주가 주신 고귀한 자유를 하찮은 담배에 빼앗긴 불쌍한 심령이 있다.' 이랬답니다. 이 말을 듣고 그분이 큰 충격을 받았답니다. 얼마나 충격이 컸는지, 찡하더랍니다. 그러더니 그 시간부터 담배 생각이 싹없어졌다는 것입니다. 그 길로 담배 완전히 끊었습니다. 여러분, 생각해보십시오. 우리처럼 담배를 아예 안 피우는 사람이 볼 때는 아무것도 아니지만, 담배를 피우는 사람 입장에서는 그렇지 않습니다. 여간해서는 못 끊습니다. 우리 인간이 대체로 그렇습니다. 끊겠다는 생각이야 늘 하지요. 그러나 그거 잘 안 되거든요. 여러분, 건강을 위해서 얼마나 애를 씁니까? 건강의 제1조는 일찍 일어나는 것입니다. 몇 시에 자고, 몇 시에 일어나는 것만 가지고도 건강의 절반은 보장됩니다. 그러니까 밤 11시 이전에 자고, 아침 4시에 일어나는 것 하나만 가지고도 50퍼센트의 건강이 보장된다는 것입니다. 의사가 쓴 책에 그렇게 나와 있습니다. 한데 일찍 일어나는 것, 정말 힘든 일입니다. 또 일찍 자는 게 또 힘이 드는 일입니다. 그렇게 이 나이까지 살았습니다. 그러다 죽지 않겠습니까. 그러니 이 얼마나 나약한 존재입니까. 그 하찮은 것 하나를 뉘우치면서도 못 고칩니다. 후회하면서도 고치지 못합니다. 회개가 없습니다. 후회는 있는데, 회개는 없습니다. 이것이 인간이라는 말입니다. 악순환입니다. 점점 체질이 약해집니다. 그리고 구제불능의 인간이 되고 맙니다. 그리고 '나의 일생은 이렇게 가는구나!' 하고 죽습니다.

　　그렇다면 하나님의 은총 가운데 참 귀한 것이 회개하는 은총,

회개하게 하는 은총입니다. 이것도 하나님의 역사입니다. 사람의 힘으로는 안 되는 일입니다. 회개하는 마음, 회개하는 행동은 하나님의 은총입니다. 하나님의 행동적 은총입니다. 살아계신 하나님의 구체적인 역사입니다. 먼저, 잘못을 인정하는 은총입니다. 모두가 다 자기가 옳다고 하고, 이런저런 변명을 하면서 남에게 책임을 돌리는데, 이건 아니올시다. 죄를 인정하는 것, 죄를 인정하는 인식, 죄를 인정하는 마음 자체가 하나님께서 주시는 은총이며, 동시에 잘못을 인정할 수 있는 기회입니다. 참 중요합니다. 기회를 놓치면 안 됩니다. 하지만 기회는 또 주어집니다. 그 거듭되는 기회 자체가 하나님의 은총입니다. 기회를 놓치면 회개하려고 해도 못 합니다. 해도 소용이 없습니다. 아직도 회개할 수 있는 기회가 있다는 것은 신학적으로 말하면 하나님께서 나를 기다려주시는 시간입니다. 하나님께서 나를 기다려주신다는 것이 중요합니다. 회개에는 왕복거리가 필요합니다. 너무 멀리 가면 돌아오기가 힘듭니다. 조그마한 죄를 짓고 바로 회개하는 것은 쉽습니다. 하지만 오랜 시간 변명하고, 남에게 책임을 전가하면 점점 악해집니다. 멀리 멀리 가는 것입니다. 거기에서 돌아오려면 너무나 길이 멉니다. 회개에는 왕복거리가 필요합니다. 아주 힘든 길입니다.

하나님께서는 오늘도 우리에게 잘못을 인정할 기회를 주십니다. 이 기회를 지나치면 다시 한 번 기회가 옵니다. 이 자체가 하나님의 은총입니다. 좀 더 나아가 이것은 책임을 수용하는 마음입니다. 우리가 잘못을 저지르면 우리 마음속에서 마귀가 장난을 칩니다. '이건 네 잘못이 아니다. 누구 때문이고, 누구 때문이지, 네 잘못이 아니다!' 이렇게 사탄이 우리를 유혹한다, 이것입니다. 이 유혹에 우리가 자칫 귀를 기울이기라도 하면 사탄은 더욱 논리적인 설명으로 우리를 설득하려 듭니다. '너는 잘못이 없다. 이것은 누구 때문이고, 사회 때문이고, 세상 때문이고, 하나님 때문이고, 부모님 때문이고, 뭐 때문이고……' 이렇게 열심히 변명거리를 제공합니다. 그럴 때 딱 끊고 "아니, 이것은 내 잘못이다!" 해야 합니다. 이것이 거룩한 마음입니다. 구약성경에서 요나라고 나오지요? 풍랑이 일어났습니다. 배가 파손될 지경입니다. 이때 요나가 뭐라고 말합니까? "나 때문입니다. 나 때문에 이 풍랑이 일어난 것입니다. 나를 바다에 집어넣으십시오!" 합니다. 이거 굉장한 용기입니다. 여러분, 나 때문이라고 생각해보셨습니까? 그것이 은총입니다. 나 때문이라고 하는 그 결정적인 마음, 그 용기, 하나님께서 주시는 은총입니다. 하나님께서 그 마음을 주지 않으시면 누구도 그렇게 할 수가 없습니다. 이거야말로 하나님께서 주시는 축복입니다.

그 다음으로는 자기를 부인하는 마음입니다. 예수님께서 친히 말씀하십니다. '내 제자가 되려면 먼저 자기를 부인하고 자기 십자가를 지고 나를 쫓을 것이니라.' 세 가지입니다. 첫째, 자기를 부인하는 것입니다. 자기를 비워버리는 것입니다. 자기의 권력, 잘하는 것, 의로운 것, 착한 것…… 다 싹 쓸어버리고 '나는 죄인입니다!' 하는 마음, 자기 의를 저버리는 마음, 이것이 하나님의 은총입니다. 하나님께서 힘을 주시지 아니하면 이것은 누구도 할 수 없는 일입니다. 자기 의를 완전히 포기하고 '내가 죄인입니다! 모든 것은 내 잘못입니다!' 하는 마음입니다. 이 마음, 하나님께서 주신 참으로 귀한 은총입니다. 둘째, 형벌을 받아들이는 것입니다. 우리가 잘못했을 때에는 언제나 그 후속조치가 따라옵니다. 내가 잘못했으니 당하는 것이 있지요. 손해도 있고, 부끄러움도 있고, 비판도 있고, 여러 가지로 잘못된 것들이 따라옵니다. 사람은 흔히 회개는 해도 벌 받기는 싫어합니다. 벌은 건너뛰고 싶어 합니다. 하지만 그렇지 않습니다. 회개 다음에는 내가 지은 죄에 대한 대가를 나 스스로 치러야 됩니다. 쉽게 말하면, 맞아야 할 매는 맞아야 된다, 이것입니다. 내가 당해야 할 비판은 당해야 된다는 말입니다. 그런데 다들 이걸 피하려고 합니다. 회개는 하면서도 매는 안 맞으려고 하는 것입니다. 요리조리 피하려고 듭니다. 그럼 이미 그것은 회개가 아닙니다. 내가 이만큼의 죄를 지었는데, 그 뒤를 잇는 불행이 내가 지은 죄보다 더 크다고 생각합니다. 그래서 피하려고 합니다. 진노를 피하려고 합니다.

오늘본문은 말씀합니다. "누가 너희를 가르쳐 임박한 진노를 피하라 하더냐(7절)" 벌을 받지 않으려고 하는 것입니다. 내가 이제 회개했으니 내가 잘못한 데 대한 그 후속심판은 내게서 지나가게 해달라, 이것입니다. 회개했다고 하면서 정작 내 잘못에 대한 모든 징벌은 내게서 지나가기를 바란다면 그것은 회개가 아닙니다. 진정한 회개는 회개할 뿐더러 뒤를 잇는 모든 심판, 모든 징벌, 모든 불행을 다 수용하는 것입니다. 받아들이는 마음입니다. 여러분, 매를 맞아야 한다면 맞아야지요. 매 안 맞기 위해서 회개하는 것은 변명에 지나지 않습니다. 회개하고 매를 맞아야 됩니다. 매를 맞고자 하는 마음, 매를 수용하는 마음, 심판을 수용하는 마음, 이것이 은총입니다. '하나님 마음대로 하시옵소서. 어떤 시련이라도 내 잘못에 대해서 그 후속으로 오는 모든 것, 내가 달게 당하겠나이다.' 이 마음이 회개입니다. 단 한마디의 변명도 없이 하나님 앞에 다 내놓고, 그로 인해서 당하는 모든 어려운 일들을 다 수용하는 것입니다. 감사히 받아들이는 것입니다.

가장 중요한 문제는 사랑을 잃지 않는 것입니다. 소망을 잃지 않는 것입니다. 이것이 회개입니다. 절망하면 안 됩니다. 후회하고, 뉘우치고, 회개하고 죽어버린다면 그것은 회개가 아니라 반항입니다. 이런 말이 있습니다. 철학적으로 볼 때 자살은 Romanticism, 낭만주의에 속합니다. 사치입니다. 반항입니다. 회개 아닙니다. 회개하는 자의 마음은 다 받아들이는 것입니다. 어떤 불행이라도 겸손히 수용하는 것입니다. 그러면서도 사랑을 잃지 않는 것입니다. 하나님의 사랑을 잃지 않는 것입니다. 하나님께서 나를 기다려 주시고 오늘까지 베풀어주신 그 사랑을 내 마음에 간직하는 것입니다. 이것이 회개입니다. 회개의 대표적인 사례가 탕자입니다. 아주 귀한 비유입니다. 탕자가 아버지의 품을 떠나서 허랑방탕합니다. 많은 돈을 다 낭비하고 알거지가 됩니다. 노예가 됩니다. 비참해진 것입니다. 그래서 성경에 참 드라마틱한 이야기가 나옵니다. 탕자는 생각합니다. '나는 이대로 주려 죽어야 하는가보다!' 하지만 그는 그 순간 아버지를 떠올립니다. '우리 아버지 집에는 돈도 많고, 먹을 것도 많고, 종들도 많다. 모든 것이 풍족하다.' 이렇게 아버지의 집이 생각났다는 것 자체가 바로 하나님의 사랑입니다. 이걸 잊지 말아야 합니다. 그 절망의 순간에, 그 회개의 순간에 탕자는 하나님의 사랑을 생각한 것입니다.

저의 제자가 되는 한 목사님이 있습니다. 제가 인천제일교회에서 목회할 때 그 교회의 청년이었습니다. 그 시절에 그의 어머니가 그렇게 열심히 새벽기도를 나와서 기도를 했지만, 아들인 그는 교회에 안 나오고 방탕했습니다. 돌아오기 힘들게 아주 멀리까지 간 것입니다. 마지막에는 그래도 사람 되어보겠다고 큰 결심을 하고 자원해서 월남전에 갔습니다. 그때 어머니가 아들한테 이렇게 말했습니다. "애야, 하나만은 잊지 마라. 새벽 다섯 시가 되면 내가 너를 위해서 기도한다는 걸 잊지 마라." 이 한마디를 해주고 아들을 월남으로 보낸 것입니다. 거기서 아들이 그만 부상을 당했습니다. 그래 병원에 입원해서 수술을 두 번이나 받았습니다. 그랬는데도 온 몸이 쑤시고 아파서 견딜 수가 없는 상태가 되었습니다. 너무너무 힘들어서 괴로운 그 시간에 아들의 눈에 기적 같이 어머니의 기도하는 모습이 보입니다. 어머니의 기도소리가 들려옵니다. 그래서 이 청년이 병상에서 이렇게 기도했답니다. '하나님, 저는 하나님을 믿지 않습니다. 그러나 우리 어머니가 저를 위해서 기도하고 계십니다. 하나님께서 정말 계시거든 저 좀 살려주십시오.' 여기서부터 그의 믿음이 시작된 것입니다. 마침내 그가 건강을 회복해가지고 고국에 돌아와 목사가 되었습니다.

여러분, 어떤 지경에서도 나를 위해 기도하시는 어머니를, 아버지의 집을, 하나님의 사랑을 잊어서는 안 됩니다. 바로 그것이 은총입니다. 그래야 바로 회개할 수 있습니다. 그래야 바른 회개가 됩니다. 탕자가 아버지의 집을 생각하고 아버지께로 돌아옵니다. 바로 이렇게 아버지의 집으로 돌아오는 용기가 탕자의 가장 훌륭한 점입니다. 그러기 위해서 탕자는 자기체면을 다 버려야 했습니다. 부끄러운 마음을 다 잊어야 했습니다. 자신이 아버지의 아들이라고 하는 그 높은 명분도 잊어버려야 했습니다. 그래서 그는 이렇게 말합니다. "아버지, 저는 아버지께 죄를 지었습니다. 그러니 저를 아들이라고 부르지 마십시오. 저를 머슴의 하나로 대해주십시오." 자기의 신분을 머슴의 위치로 낮춥니다. 자기부정이 이루어집니다. 이것이 회개입니다.

여러분, 하나님 아버지의 사랑, 나를 여기까지 인도하신 하나님, 나를 기다려주시는 하나님, 나를 맞아주실 하나님의 사랑을 잊어서는 안 됩니다. 이걸 기억할 때 회개입니다. 잊어버리면 절망입니다. 그런고로 회개는 은총입니다. 죄를 인정하는 것, 회개할 수 있는 기회가 아직도 있다는 것, 그리고 아버지 하나님의 품을 생각하는 것, 내가 돌아가면 하나님께서 얼마나 기뻐하실까 하는 이 마음을 잊어서는 안 됩니다. 그래서 오늘본문은 말씀합니다. "회개에 합당한 열매를 맺고(8절)." 회개는 감상이 아닙니다. 회개는 심리학적인 문제가 아닙니다. 회개는 철저하게 복음적인 행동입니다. 아버지의 품으로 돌아오는 행동입니다. 그래서 오늘본문은 우리에게 분명히 가르쳐줍니다. "회개에 합당한 열매를 맺으라!" △

광야교회에 있을 때

  사십 년이 차매 천사가 시내 산 광야 가시나무 떨기 불꽃 가운데서 그에게 보이거늘 모세가 그 광경을 보고 놀랍게 여겨 알아보려고 가까이 가니 주의 소리가 있어 나는 네 조상의 하나님 즉 아브라함과 이삭과 야곱의 하나님이라 하신대 모세가 무서워 감히 바라보지 못하더라 주께서 이르시되 네 발의 신을 벗으라 네가 서 있는 곳은 거룩한 땅이니라 내 백성이 애굽에서 괴로움 받음을 내가 확실히 보고 그 탄식하는 소리를 듣고 그들을 구원하려고 내려왔노니 이제 내가 너를 애굽으로 보내리라 하시니라 그들의 말이 누가 너를 관리와 재판장으로 세웠느냐 하며 거절하던 그 모세를 하나님은 가시나무 떨기 가운데서 보이던 천사의 손으로 관리와 속량하는 자로서 보내셨으니 이 사람이 백성을 인도하여 나오게 하고 애굽과 홍해와 광야에서 사십 년간 기사와 표적을 행하였느니라 이스라엘 자손에 대하여 하나님이 너희 형제 가운데서 나와 같은 선지자를 세우리라 하던 자가 곧 이 모세라 시내 산에서 말하던 그 천사와 우리 조상들과 함께 광야 교회에 있었고 또 살아 있는 말씀을 받아 우리에게 주던 자가 이 사람이라

(사도행전 7 : 30 - 38)

광야교회에 있을 때

어느 날 아침, 한 청년이 스펄전 목사님을 찾아와 자기 고민을 털어놓았습니다. 이 청년은 목사님한테서 자신이 고민하는 문제에 대하여 여러 가지 조언의 말씀을 듣고 많은 위로를 받았습니다. 그런데 이 청년이 마지막으로 아주 이상한 질문을 했습니다. "목사님, 저는 교회생활 하는 데 시험에 빠지는 일이 아주 많습니다. 그래서 교회생활이 매우 힘듭니다. 늘 여러 가지 일로 교인들과의 관계에 신경을 쓰게 됩니다. 목사님, 아무 문제도 없는 완전한 교회를 하나 소개해주십시오. 그럼 제가 이제부터 그 교회에 나가려고 합니다." 그러자 목사님이 빙그레 웃으면서 이렇게 대답했다고 합니다. "자네가 혹시 그런 완전한 교회를 찾았다면 나한테도 좀 알려주게나. 나도 그 교회 교인이 되고 싶다네. 그러나 자네는 그 교회에 등록하지 말게나. 왜냐하면 자네가 그 교회에 등록하면 그날부터 그 교회는 완전한 교회가 되지 못할 테니 말일세. 그러니까 자네는 그 교회에 나가지 말게나." 명대답 아닙니까. 교회의 완전성에 대해서 여러분은 어떻게 생각하십니까?

제가 옛날 신학생이던 시절에 봉사하던 성도교회라고 있습니다. 거기에 황은균 목사님이 계셨습니다. 그 목사님의 설교 가운데 딱 한마디, 제 마음속에 오래도록 기억되는 것이 있습니다. 목사님은 전국 웅변대회의 심사위원장을 10년이나 지낸 분입니다. 웅변학의 권위자라고 할 수 있습니다. 그래서인지 그분은 설교도 아주 웅변적으로 하십니다. "친절한 교회를 찾아서 순례의 길을 떠난 한국

교인들이여, 그런 교회는 이 세상에 없습니다. 내가 베풀지 않는 친절이 어디에 있으며, 내가 온전하기 전에 어디에 온전한 교회가 있겠습니까. 친절한 교회, 사랑이 넘치는 교회를 찾아 순례의 길을 떠나서 일생토록 방황해도 당신이 찾는 교회는 세상에 없을 것입니다." 그렇습니다. 이 땅에 있는 교회! 특별히 오늘본문은 신학적으로도 굉장히 중요한 말씀입니다. 딱 한마디 '광야교회'입니다. 스데반이 외치고 있습니다. '에클레시아 앤 에레모.' 딱 한 번입니다. 이 광야교회라는 단어는 성경에 딱 한 번밖에 나오지 않습니다. 그러나 이것은 스데반이 순교하기 직전에 하늘을 우러러 보며 천사의 얼굴을 하고 영감에 충만해서 주신 메시지입니다. 광야교회, 무엇을 말합니까? Process, 하나의 과정입니다. 어디까지나 완전을 지향하는 것이지, 완전한 교회는 아닙니다. 그럼 왜 광야입니까? 여러분도 아시다시피 애굽이 있고, 가나안이 있습니다. 애굽에서 떠나서 가나안으로 갑니다. 그 중간에 머문 곳이 광야입니다. 그러니까 이것은 어디까지나 과정일 뿐입니다. 임시입니다. 거쳐서 지나가는, 계속적으로 거룩을 지향하는 교회다, 이것입니다. 이걸 잊지 말아야 합니다. 애굽은 세상을 상징합니다. 가나안 땅은 영원한 하늘나라를 말합니다. 세상을 떠나 광야를 거쳐서 가나안으로 가는 것입니다. 이 광야교회는 영원한 것이 아닙니다. 영원한 교회는 보이지 않는 신령한 교회요, 영원한 하늘나라를 말하는 것입니다. 땅에 있는 교회가 완전할 수 없습니다. 다만 완전을 지향할 뿐입니다. 온전히 거룩한 교회는 아닙니다. 그런고로 교회는 하나의 거쳐가는 과정입니다. 광야교회, 두고두고 생각하십시다.

사도 바울은 고린도전서 10장에서 이렇게까지 말합니다. 우리 조상들이 광야에 있었고, 바다의 세례를 받았다고요. 바다의 세례, 무엇입니까? 애굽에서 나와 홍해를 거쳐 광야로 들어갑니다. 그 홍해가 갈라지는 기적 속에 광야로 들어간 것입니다. 사도 바울은 그 과정을 '바다의 세례'라고 영적으로 읽었습니다. 그래서 바다의 세례를 받고, 주의 백성들이 광야로 왔다고 말합니다. 우리가 받은 세례는 마치 이스라엘 백성이 애굽에서 나와 홍해를 건너 광야에 들어가는 것과 같은 의미를 가진 것입니다. 이것이 교회입니다, 광야교회, 이것은 어디까지나 과정이요, 미완성이요, 완성을 지향해가는 것이요, 거룩함을 향한 과정입니다. 이걸 꼭 잊지 말아야 합니다.

이 광야교회에는 신학적인 의미가 두 가지 있습니다. 이스라엘 백성들이 광야에 머무는데, 왜 광야에 40년을 머물러야 했느냐는 것이지요. 그냥 가면 아무리 천천히 움직여도 두 주일이면 도착할 수 있습니다. 이스라엘 60만 대중이 가나안 땅까지 가고도 남습니다. 그런데 왜 하필 40년입니까? 이걸 생각해봅시다. 여기에 중요한 의미가 있습니다. 이스라엘 백성들이 애굽에서 나왔습니다. 지정학적으로 나왔고, 물리학적으로 나왔고, 정치적으로도 나왔습니다. 그러나 사람은 아직 애굽에서 나오지 못했습니다. 그 인간성과 그 문화와 그 가치관이 아직도 애굽에 머물러 있다, 이것입니다. 이것을 고치는 데 많은 시간이 걸립니다.

너무나 재미있는 이야기가 있습니다. 여러분이 다 아실는지 모르겠는데요, 해방 전에는 교회가 참 어려웠습니다. 찬송가를 일본말로 불러야 했고, 심지어 어떤 교회에서는 설교도 일본말로 했습니다. 이렇게 사람들이 죄다 일본말을 하는데, 저는 그때 참 특별한 갈등을 느꼈습니다. 학교에 가서 어쩌다 한국말을 하면 그날 하루 종일 벌을 서야 되고, 방과 후에는 남아서 청소까지 해야 됩니다. 그렇게 벌을 받고 집에가면 이번에는 또 일본말을 했다고 얻어맞습니다. 집에 가서는 한국말을 해야 하고, 학교에 가서는 일본말을 해야 하고…… 아, 참 복잡했습니다. 제가 그런 어려움 속에서 자랐습니다. 그러니까 우리 모두가 다 일본으로부터 벗어나야겠다는 정치적인 욕망이 있었습니다. 그러다가 해방이 됐습니다. 얼마나 기뻤겠습니까. 만세를 부르고 난리가 났지요. 해방이 되고 나서 처음으로 맞이하는 주일에 신의주 제2교회에서 한경직 목사님이 교인들 앞에 서십니다. 예배당이 빈틈없이 꽉 찼는데, 한경직 목사님 얼마나 기뻐셨던지, 이렇게 말씀하셨습니다. "여러분, 우리가 여태까지 일본 사람들하고 살았는데, 이제부터는 일본말 하지 맙시다. 이제는 일본말 '앗사리' 하지 맙시다." 여기서 '앗사리'가 일본말 아닙니까. 이게 참 고쳐지기 어려운 습관입니다. 입에 붙었거든요. 해방은 되었지만, 아직도 일본 말이 많잖아요? 우리가 모르는 새 잠재의식 속에 문화적으로 자리잡고 있는 것입니다. 이스라엘 백성들이 애굽에서 물리적으로 또 정치적으로 나오기는 했지만, 이 머릿속 잠재의식과 가치관은 아직 안 바뀐 것입니다. 더구나 신앙은, 비록 실제로 하나님의 능력을 보기는 했지만, 체험적으로 신앙을 간증하게 되기까지는 많은 시간이 걸립니다. 여간해서는 잘 고쳐지지 않습니다.

　노예근성, 무서운 것입니다. 오늘도 보십시오. 너무나 가난하게 살던 사람, 가난에 찌들어 살던 사람은 돈을 많이 벌어서 이제는 좋은 집에서 살고, 사회적인 지위도 있지만, 여전히 옛날 가난하게 살던 습성에서 못 벗어납니다. 참 어려운 일입니다. 그러니까 오늘 아무리 돈을 많이 벌어도 그것은 외형에 지나지 않습니다. 가치관이나 생각이 변하기는 참 어렵습니다. 그래서 베풀지를 못합니다. 이것은 우리가 좀 깊이 생각해봐야 될 문제입니다. 우리가 외신을 보면 흔히 그쪽 연예인들이나 정치인들이나 재벌들이 그저 돈 좀 벌었다 하면 사회에 엄청나게 기부하고 베풀고 그러지 않습니까. 그런 모습을 볼 때마다 우리나라 재벌들은 다 어디 갔나 싶습니다. 이 사람들은 도대체 뭘 하고 있는 건가? 그렇지 않습니까. 그 많은 돈 가지고 도대체 뭘 하겠다는 것입니까? 그거 좀 좋은 일에 쓰고 베풀면 안 됩니까? 얼마든지 그럴 수 있을 것 같은데, 이게 잘 안 됩니다. 왜요? 옛날에 너무 가난하게 살았기 때문입니다. 그래서 그때 병이 든 것입니다. 노예근성이 몸에 밴 것입니다. 가난의 병이 생겨가지고 거기서 못 벗어나는 것입니다. 그래서 베풀지 못하는 사람이 된 것입니다. 그러다 결국 빈손으로 죽는 것을 우리가 보지 않습니까. 이런 사례가 너무나 많습니다. 참 안 됐고, 불쌍합니다. 왜 그렇습니까? 이것은 떠날 세상입니다. 광야교회라니까요? 여기에 머물지 못합니다. 얼마 있다가 떠나야 됩니다.

여러분, 지금 나이 50이 넘었거든 정신 차리십시오. 곧 가야 될 테니까요. 갈 준비를 좀 하면서 사십시오. 그렇지 않습니까. 그래서 이「하프타임」이라는 책에서도 10가지 종목을 말하는데, 맨 마지막이 이것입니다. '내가 세상 떠난 다음에 사람들에게 어떤 사람으로 기억될까?' 이걸 잊지 말라는 것입니다. '어떤 사람으로 기억될까?' '저거 짠돌이다. 구제불능의 인간이다.' 이런 소리 들으면 되겠습니까. 제발 생각 좀 하고 살아야 합니다. 그렇지 않습니까. 이것은 지나가는 과정입니다. 내 것 아닙니다. 다 남기고 떠나야 됩니다. 벗어야 됩니다. 어째서 이런 간단한 것까지도 생각을 못 하는 것입니까?

과거에 매여 있기 때문입니다. 과거의 노예근성, 과거의 어려웠던 사정 탓에 그만 성품까지 못 쓰게 되고 만 것입니다. 애굽에서 노예로 살다가 그 노예문화에 깊이 빠져버린 것입니다. 또한 작은 향락을 즐기면서 살았습니다. 광야에서 이스라엘 백성이 이렇게 투정합니다. "물이 없어서 목마르다." 있을 수 있는 일입니다. "먹을 게 없어 배고프다." 말 됩니다. 그런데 이렇게 투정합니다. "고기가 먹고 싶다!" 아니, 지금 천신만고 끝에 애굽으로부터 구원을 받아 나왔는데 고기가 먹고 싶다는 생각이 말이 됩니까. 더구나 노예생활 하면서 고기가마에서 고기 한 점씩 꺼내 먹던 재미가 있었는데, 지금 이 사람들이 그 생각을 하고 있지 않습니까. 뿐만 아니라, 성경을 자세히 보면 그들이 정말 기가 막힌 소리를 합니다. "마늘과 부추가 없어서 정력이 떨어져 못 살겠다." 이 사람들 참 별소리를 다하고 있습니다. 그래서 저는 부추를 먹을 때마다 이 생각이 납니다. 세상에, 마늘과 부추가 없어서 정력이 떨어져서 못 살겠다는 게 그 광야에서 하나님 앞에 할 말입니까. 이런 한심한 소리를 하면서 그들이 하나님을 원망했던 것입니다. 참 사치스럽기 짝이 없는 원망입니다.

　광야교회는 어디까지나 지나가는 곳입니다. 구원받았잖아요? 애굽에서 구원받았으니 감격할 뿐이지요. 아무리 고생이 되더라도 이렇게 좀 생각해야 하는 것 아닙니까. '이대로 여기서 죽어도 좋다!' 왜요? 노예의 신분에서 벗어나 자유의 몸으로 죽게 되었으니까요. 이런 마음이어야 하지 않겠습니까. 아무리 고생을 해도 하나님의 자녀로 살다가 하나님의 자녀로 죽을 수 있게 된 것 아닙니까. 한데 그들은 그렇지 못했습니다. 애굽으로 돌아가고 싶은 마음에 걸핏하면 이렇게 난리를 칩니다. "애굽으로 가자! 모세를 죽이자!" 여기서 모세가 하도 기가 차서 그만 실수를 합니다. 이스라엘 백성을 저 주해버린 것입니다. 이 죄 때문에 모세는 가나안에 못 들어갑니다. 그 상황이 정말 절절합니다.

여러분, 그들이 애굽생활을 끊어버리는 데 40년 걸렸습니다. 그러니까 오늘 무슨 일이 있다고 해도 너무 낙심하지 마십시오. 옛날에 목사님 설교에서 들은 이야기가 있습니다. 옛날에는 부흥회를 일주일 동안 했거든요? 새벽, 낮, 저녁으로요. 그래 부흥회 끝나는 날 성령 충만해가지고 할렐루야 찬송을 부르고 하는데, 저녁에 어느 장로님의 사모님이 이불보따리를 머리에 이고 교회로 들어오더랍니다. 그래서 목사님이 "이런 건 왜 가지고 오십니까?" 하고 물었더니 사모님이 이렇게 대답하더랍니다. "우리 장로님은 교회에 나오면 성자고, 집에 돌아가면 악마입니다. 그래서 아예 교회에서 살고 싶습니다." 이것이 현실입니다. 그렇다면 그런 줄 아십시오. 가끔 천사 같은 때도 있는가 하면, 가끔은 마귀 같은 때도 있을 것입니다. 그러나 낙심하지 마십시오. 그럭저럭하면서 발전하는 것이고, 그럭저럭하면서 좀 더 거룩해지는 것 아니겠습니까. 이것을 인정해야 됩니다. 이것이 광야교회입니다.

그런가하면 이 광야교회에서는 애굽에서 있었던 그 문화적으로, 정치적으로, 사회적으로, 신앙적으로 잘못된 것, 우상 섬기던 것 다 버려야 됩니다. 이 교회에서는 옛 생활을 버려야 합니다. 이렇게 옛 가치관을 버리는 것이 바로 교회의 메시지입니다. 버려야 합니다. 잘못된 것, 세상적인 것 다 버려야 됩니다. 그리고 이제는 하늘나라의 진리를 받아들여야 됩니다. 하나님께서는 가나안 땅에 들어가서 지켜야 할 율법을 그들에게 미리 주셨습니다. 십계명입니다.

그리고 오리엔테이션을 하시는 것입니다. 하나님의 말씀을 들려주시고, 이것은 가나안 땅에 가서 영원히 지키게 될 법이라고 가르쳐주십니다. 이 생활양식, 이 생활의 가치관을 모세를 통해서 주시고, 계속 훈련하십니다. 새로운 생활의 훈련을 하시는 것입니다. 이 또한 어렵고 시간이 걸리는 일입니다. 이걸 알아야 됩니다.

옛날 어떤 돈 많은 양반 집에 아들이 하나 있었습니다. 한데, 이 아들이 아주 가난하고 어려운 상놈 집의 예쁜 딸한테 반해서 죽기 살기로 연애를 합니다. 부모가 아무리 뜯어말려도 소용이 없습니다. 결국 하는 수 없이 이 양반집에서 그 천한 집의 딸을 며느리로 맞아들였습니다. 이 딸의 친정 부모는 걱정이 됩니다. '우리 집에서는 되는 대로 살았지만, 저 집에는 양반의 법도가 있다. 이걸 어떻게 해야 할까?' 그래서 궁리 끝에 그 친정어머니가 그 딸한테 이렇게 가르쳐주었답니다. "양반이라도 별것 없다. 그저 '님'자만 붙이면 되느니라." "알았습니다." 그러고 딸은 시집을 갔습니다. 여름의 어느 날 시아버지가 문턱을 배고 낮잠을 주무시는데, 이 며느리가 점심을 차려가지고 들고 들어가다가 그 모습을 보고 말했습니다. "시아버님!" 그건 잘 했습니다. 그 다음 말이 중요합니다. "발님 들어갑니다. 대가리님 치우세요." 이걸 어떻게 하면 좋겠습니까? 새로운 법도를 익히는 데에는 오리엔테이션 시간이 필요한 것입니다. 하루아침에 되지 않습니다.

제가 1963년에 미국으로 유학을 가서 여러 가지로 실수를 많이 했습니다. 제 딴에는 정신차려서 하려고 했지만, 생활양식이 원체 다르고, 문화가 다르기 때문에 여러 가지로 적응하는 데 많은 시간이 걸렸습니다. 여러분, 이걸 알아야 됩니다. 출애굽을 한 이스라엘 백성은 새로운 생활양식, 새로운 가치관, 그리스도인으로서의 새로운 라이프 스타일을 익히는 데 40년이 걸렸습니다. 너무 실망하지도 말고, 너무 자랑하지도 마십시오. 우리가 그 과정에 있으니까요. 어디까지 왔습니까, 지금? 옛 생활을 버리고 새 생활을 받아들이면서 지금 앞으로 나아가고 있는 것입니다.

어느 농부가 가을철에 수확량이 너무 좋지 않아 하나님께 불만을 표했습니다. "하나님, 좀 제때에 비를 주시고, 제때에 햇빛을 주시면 좋겠는데, 왜 이렇게 때맞춰 주지를 않으십니까? 덕분에 그만 농사가 이렇게 시원치 않게 되지 않았습니까. 하나님, 햇빛과 비를 움직이는 능력을 저에게 주시면 고맙겠습니다." 이 소리를 듣고 하나님께서 "그러면 네가 마음대로 한번 해봐라!" 하고 허락하십니다. 그때부터 이 농부는 자기가 원하는 날에 햇빛이 쨍쨍 비치게 하고, 비도 자기가 원하는 시간에 내리게 했습니다. 햇빛도 비도 자기 마음대로 하니 얼마나 좋겠습니까. 곡식도 잘 자라는 것 같습니다. 한데 이게 웬일입니까. 가을에 추수할 때 보니까 전부 쭉정이입니다. 농부가 하나님께 여쭙니다. "하나님, 아 이거 햇빛도 좋고 비도 잘 왔는데, 왜 이렇게 다 쭉정이뿐입니까?" 그러자 하나님께서 이렇게 말씀하셨답니다. "이놈아, 바람이 불지 않아서 그렇지 않느냐. 바람이 불어서 곡식대를 흔들어주어야 뿌리가 깊게 내리고, 그 영향을 받아서 열매를 잘 맺게 되는 것인데, 햇빛만 있고, 비만 오면 다 되는 줄 아느냐? 비바람이 쳐야 된다, 비바람이. 이런 시련이 있고야 곡식도 제대로 자라는 거란다." 그래서 농부가 하나님께 완전히 항복했다는 것입니다. 여러분, 사는 게 좀 평탄했으면 좋겠지요? 그러나 그렇지 않습니다. 시련을 통해서 단련되는 것입니다. 그래야 믿음도 새로워지고, 가치관도 새로워지고, 철학도 새로워집니다. 시련을 통하지 않고 바른 믿음을 가진 사람이 없습니다. 그러니까 조금 더 높은 믿음을 가진다면 시련이 있을 때마다 이렇게 기도하십시오. '하나님, 감사합니다. 제가 미처 모르고 있지만, 이 시련을 통해서 하나님께서는 제게 주실 은혜가 있으신 줄로 압니다. 그 은혜를 제게 주시고, 그 은혜를 제가 잘 받아들일 수 있도록 하여주시옵소서.' 이런 온순함이 있어야 합니다. 이렇게 온전히 믿고, 온전히 사랑하고, 온전히 소망할 줄 알아야 합니다.

출애굽을 한 이스라엘 백성은 광야에서 기적으로 살았습니다. 홍해를 건너오는 기적, 반석에서 물이 나는 기적, 하늘에서 내려오는 만나를 먹는 기적…… 그러나 기적이 일상화되면서 이것이 얼마나 큰 은총인지를 모르게 되었습니다. 그래서 불신앙의 사람이 되어 기적 속에 살면서도 하나님을 원망했습니다. 이 때문에 가나안 입성이 자꾸만 더 지연되었던 것입니다. 참 믿음, 온전한 믿음, 주님께 전적으로 맡기는 믿음이 있었더라면 얼마나 좋았겠습니까. 어떤 상황에서도 참 소망이 흐려지지 않아야 합니다. 지금까지는 애굽에서 살았지만, 이제는 그 애굽을 떠나야 됩니다. 동시에 그들의 마음이 가나안 땅에 있어야 되는 것입니다. 하나님께서 엄격하게 말씀하십니다. "이 광야에 있는 동안은 경작하지 마라. 농사하지 마라." "그럼 뭘 합니까?" "율법을 배우라." 그리고 만나를 먹이시면서 그들을 광야교회에서 훈련시키십니다. 이 땅에 머물지 못하도록, 이 땅에 정착하지 못하도록, 이 땅에 집착하지 못하도록 하나님께서 역사하신 것입니다.

오늘도 마찬가지입니다. 교회는 우리가 이 땅에 애착을 갖고 집착하는 마음을 거부합니다. 우리는 곧 떠나야 되기 때문입니다. 하늘나라를 지향해야 합니다. 예수님 말씀하십니다. "네 아버지 집에 거할 곳이 많도다!" 아버지의 집을 생각하며 하루도 잊지 않고 하늘 지향적으로 살아야 됩니다. 그것이 교회입니다. 신령한 교회, 영원한 교회, 참 소망, 그리고 그 소망에 합당한 윤리적인 생활이 필요합니다. 이것이 율법적 가치입니다. 서로 사랑하며, 서로 겸손하며, 서로 섬기며 사는, 진실하고 거룩하게 사는 생활을 우리에게 오리엔테이션하는 것입니다. 이것이 교회입니다.

고린도전서 10장에서 사도 바울은 교회론을 광야의 교회와 함께 설명해나가다가 끝에서 딱 한마디 침을 놓습니다. '이스라엘 백성들이 기적을 통해서 애굽에서 나와가지고 그 구원 받은 것 같으나, 하나님을 원망하다가 광야에서 죽었느니라.' 무서운 말씀입니다. 여러분, 부탁합니다. 어떤 일이 있든지 원망은 안 됩니다. 원망하는 순간 모든 게 끝납니다. 우리 교회생활에서도 혹 불편스러운 것이 있을 것입니다. 그러나 원망죄를 범하지는 마십시오. 원망하려는 순간, 옆에서 마귀가 훈수를 둡니다. 그럼 점점 더 원망이 커집니다. 그러다가 시험에 빠져서 교회를 떠난 사람들이 많습니다. 원망죄를 범하지 마십시다.

늘 감사와 찬송으로 충만해야겠지만, 거기까지 가지 못한다고 하더라도 원망하지는 마십시오. 이걸 잊지 말아야 합니다. '이스라엘 백성들이 기적을 통해서 애굽에서 나왔지만, 그만 광야에서 이러저러한 일로 말미암아 하나님을 원망하다가 광야에 엎드려져 죽었느니라.' 그런고로 우리는 말씀을 따라가야 되고, 말씀을 통해서 그리스도를 만나야 됩니다. 교회는 그리스도의 몸이요, 그리스도는 교회의 머리입니다. 우리가 이 교회에 나오는 것은 말씀을 듣는 것입니다. 말씀을 통해서 주님을 보는 것입니다. 주님을 만나는 것입니다. 거기에 생명줄이 있습니다. 말씀이 있는 곳에 교회가 있고, 그리스도께서 계신 곳에 교회가 있는 것입니다. 우리 교회는 새로 거듭나면서 말씀과 성령의 은혜로 충만한, 모두가 그 은혜에 충만한 광야교회가 되어야 할 것입니다.   △

독수리 날개 같은 은총

이스라엘 자손이 애굽 땅을 떠난 지 삼 개월이 되던 날 그들이 시내 광야에 이르니라 그들이 르비딤을 떠나 시내 광야에 이르러 그 광야에 장막을 치되 이스라엘이 거기 산 앞에 장막을 치니라 모세가 하나님 앞에 올라가니 여호와께서 산에서 그를 불러 말씀하시되 너는 이같이 야곱의 집에 말하고 이스라엘 자손들에게 말하라 내가 애굽 사람에게 어떻게 행하였음과 내가 어떻게 독수리 날개로 너희를 업어 내게로 인도하였음을 너희가 보았느니라 세계가 다 내게 속하였나니 너희가 내 말을 잘 듣고 내 언약을 지키면 너희는 모든 민족 중에서 내 소유가 되겠고 너희가 내게 대하여 제사장 나라가 되며 거룩한 백성이 되리라 너는 이 말을 이스라엘 자손에게 전할지니라
(출애굽기 19 : 1 - 6)

독수리 날개 같은 은총

카프만 부인의 유명한 저서인 「광야의 샘」에 이런 아주 재미있는 일화가 나옵니다. '나는 누에고치를 면밀히 관찰하다가 바늘구멍만한 작은 구멍을 통해서 나비가 천신만고 끝에 나오는 것을 보고 그 나비를 불쌍히 여겼다.' 여러분, 누에고치를 본 일이 있습니까? 이 누에고치에서 나비가 나오는데, 그 모습을 관찰해보면 아주 신비롭습니다. 저는 여러 번 봤는데, 꼭 바늘구멍만한 곳에서 나비가 계속 애를 쓰면서 나오는 것입니다. 그 모습을 보다가 카프만 부인은 문득 불쌍한 생각이 들어서 그 구멍을 넓혀주면 나비가 조금은 더 쉽게 나올 수 있지 않을까 싶었습니다. 그래서 가위로 구멍을 넓게 뚫어 주었답니다. 그러자 나비들이 쉽게 밖으로 나왔습니다. 부인은 스스로 생각했습니다. '나는 하나님보다 더 사랑과 자비가 크다!' 그리고 자족하며 크게 웃었다고 합니다. 하지만 부인이 몰랐던 것이 있었습니다. 나비가 작은 구멍을 뚫고 나오느라 애를 쓰는 과정에서 영양분이 날개끝까지 공급되고, 또 그렇게 마찰을 겪는 동안 나비가 스스로 강해진다는 사실을 몰랐던 것입니다. 결국 쉽게 나온 나비들은 얼마 못 버티고 다 죽었습니다. 그러나 반대로 작은 구멍을 통해서 천신만고 끝에 나온 나비들은 건강하게 살면서 또 알을 낳았습니다. 그걸 보고 자신이 얼마나 어리석었는가를 부인은 비로소 후회하게 되었다는 이야기입니다. 너무나 유명한 이야기입니다.

여러분, 사랑이라는 것이 무엇입니까? 사랑이란 애틋한 감상이 아닙니다. 따뜻한 마음으로 눈물을 흘렸다고 사랑이 아닙니다. 서로 뜨거운 감정을 느꼈다고 그것이 진정한 사랑이 될 수는 없습니다. 참사랑은 생명력입니다. 생명에서 생명으로 통할 때에 그걸 사랑이라고 하는 것입니다. 다시 말하면, 출생하는 것도 생명력이고 사랑입니다. 그러나 스스로 깨닫고, 스스로 살아가도록 힘과 지혜를 주어야 진짜 사랑입니다. 스스로 살아가도록 지혜와 용기와 능력을 주지 못했다면 그것은 사랑이 아닙니다. 여러분, 어머니의 사랑이 어떤 것입니까? 그냥 붙들고 운다고 사랑입니까? 밥술이나 먹였다고 사랑입니까? 이 거친 세상을 넉넉히 살아가도록 힘과 지혜를 주어야, 그렇게 키워야 사랑입니다. 안 그렇습니까. 옛날 어른들은 부부에 대해서도 그랬습니다. 얼마나 음식을 잘하냐, 얼마나 상냥하냐, 얼마나 분위기를 좋게 만드냐…… 이런 것이 아닙니다. 옛날 어른들의 기준은 간단합니다. 남편을 출세시켜야 사랑입니다. 남편 병신 만들어놓고 사랑이라고 할 수 있습니까? 그건 아닙니다. 남편을 크고 위대한 사람으로 만들어내야 사랑이지, 뭘 끌어안고서 눈물방울이나 흘린다고 사랑이 아닙니다. 여러분, 사랑을 다시 한 번 생각해봐야 됩니다. 사랑은 창조적입니다. 사랑은 생명력입니다. 이걸 알아야 합니다.

하나님께서는 사랑으로 천지를 창조하십니다. 그리고 우리 하나님의 사람들을 하나님의 형상으로 만드셔서 하나님의 사람으로 양육하십니다. 그리고 사랑으로 하나님의 사람들을 온전케 하십니다. 그러기 위해서 하나님과 우리와의 관계를 딱 한마디로 말씀이라고 할 수 있습니다. 왜요? 인격적인 관계니까요. 물리적인 관계가 아닙니다. 인격적인 관계이기 때문에 말씀으로 역사하시는 것입니다. 하나님께서는 우리 인간을 말씀의 대상으로 삼으셨습니다. 그래서 말씀으로 창조하시고, 말씀으로 양육하시고, 말씀으로 그 사랑을 온전케 하십니다.

말씀에는 세 가지가 있습니다. 하나는 귀로 듣는 말씀이고, 또 하나는 눈으로 보는 말씀이고, 마지막은 몸으로 체험하는 말씀입니다. 우리는 하나님께서 주시는 말씀을 귀로 듣습니다. 감동합니다. 깨닫습니다. 좋습니다. 그러나 이것만 가지고는 안 됩니다. 말씀을 봅니다. 우리는 현실 속에서 하나님의 역사, 그 말씀을 볼 줄 알아야 됩니다. 그 다음에는 체험을 통해서 하나님의 말씀을 검증합니다. 다른 말로 하면, 강력한 말씀이요, 강권적인 말씀입니다. 내가 바라는 것과 내 소원과는 관계없이 강권적으로 하나님 스스로 우리에게 역사하십니다. 그런 강력한 말씀이 있습니다. 역사를 통해 나타나고, 구체적으로 나타나고, 실제적으로 나타나고, 효과적으로 나타나는 하나님의 말씀이 있는 것입니다.

그렇다면 이 말씀에 대하여 우리는 어떻게 응답해야 되겠습니까? 세 가지입니다. 하나는, Total Acceptance, 전적으로 수락하는 것입니다. 단 한마디도 이의를 제기할 필요가 없습니다. 하나님의 말씀을 얼마나 기뻐하느냐, 하나님의 말씀을 얼마나 전적으로 받아들이느냐, 이것입니다. 북한식으로 말하면 이렇습니다. "전폭적으로 지지합니다!" 이와 관련해서 저는 아주 특별한 경험을 했습니다. 오래오래 전에 중국이 처음 열렸을 때 제가 그곳의 지하교회를 찾아다니면서 이렇게 설교했습니다. 어찌나 연락망이 잘 되어 있는지, 좌우간 어떤 집에 가서 딱 앉아 있으면 30분 안에 적어도 20명 이상이 모입니다. 재미있는 것은 법인데, 앉아서 말하면 좌담이고, 서서 말하면 설교입니다. 그러니까 앉아서 말하면 법에 걸리지 않습

132

니다. 하지만 서서 말하면 그것은 종교행동이 된다, 이것입니다. 그런 시절이었습니다. 그때 제가 거기에서 앉은 채로 설교한 적이 있습니다. 한 40분 정도 했나요? 참석자 중 한 분이 요청합니다. "목사님, 한 번 더 말씀해주세요!" 그래서 제가 똑같은 설교를 두 번 했습니다. 그러자 그것으로도 성에 안 차는지 "또 한 번 해주세요!" 합니다. 결국 세 번 했습니다. 그때 거기에 있던 한 분이 벌떡 일어나더니 이렇게 말하는 거였습니다. "오늘의 교양, 전폭적으로 지지합니다, 아멘!" 그들은 '설교'라는 말을 모르는 것입니다. 교양입니다. 그걸 전폭적으로 지지한다, 이것입니다. 이렇게 조그마한 의심도 없이 전적으로 수용하는 것이 바로 믿음입니다. 왜 이렇게 말이 많으냐는 둥 하고 토를 달면 그건 이미 아닌 것입니다. 이 거룩한 사랑에 대한 응답은 전폭적으로 수용하는 것입니다.

또 하나는 Total Discipline입니다. 제자라는 뜻 아닙니까. 그가 선생님이고, 나는 제자입니다. 그가 하는 일을, 그가 주도하는 교과과정을 그대로 받아들이는 것입니다. 교과과정이라는 것이 있지 않습니까. 유치원생들에게는 유치원생에게 맞도록, 중학생들에게는 중학생에게 맞도록, 대학생들에게는 대학생에 맞도록 가르치는 것입니다. 그냥 가르친다고 누구나 다 들을 수 있는 것은 아니거든요? 그러니까 그가 인도하는 대로 그 교과과정을 그대로 수용하는 것입니다. 어떤 과정을 가르치든, 어디로 인도하든 이의를 제기하지 않습니다. 믿고 따라가는 것입니다.

마지막은 Total Commitment, 완전한 위탁입니다. 결과가 어떻게 될지, 사는지 죽는지 묻지 마십시오. 천당이 어디에 있느냐고요? 주께서 계신 곳입니다. 더는 알 필요가 없습니다. 내가 사랑하는 주

님이 계신 곳, 그곳이 하나님의 나라입니다. 전적으로 주께 우리의
생명을 위탁하는 것입니다. 이것이 바로 믿음입니다. 그런고로 아무
것도 물을 필요가 없습니다. 그대로 기뻐하고, 그대로 감사하며, 그
대로 순종하는 바로 그것이 믿음입니다. 그래서 구약성경에서도 말
씀합니다. "아브라함이 갈 바를 알지 못하고 갔다." 하나님께서 "가
라!" 하셨으니 간 것입니다. 갈 바를 알지 못하지만, 오직 말씀만 믿
고 가는 것입니다. 이것이 아브라함의 믿음입니다.

　오늘본문에는 애굽에서 43년 동안 노예생활을 하던 사람들이
나옵니다. 노예의 후손들입니다. 본질상 노예입니다. 그러나 하나님
께서 큰 기적으로 그들을 인도하시어 가나안 땅으로 옮겨놓으려고
하십니다. 그래 이스라엘이 광야를 거쳐서 가나안으로 갑니다. 그
과정, 그 교과과정이 좀 깁니다. 아무리 천천히 가도 두 주일이면 충
분히 갈 수 있는 거리를 그들은 무려 40년이나 걸려서 갑니다. 이 40
년이라고 하는 교과과정을 받아들여야 했습니다. 선민교육입니다.
노예를 변화시켜서 하나님의 사람, 하나님의 백성으로 만드는 거룩
한 교과과정입니다. 잘 받아들여야 합니다. 그걸 오늘본문은 딱 한
마디의 비유를 들어서 설명합니다. 대단히 중요한 비유입니다. "독
수리 날개로……(4절)" 아주 상징적입니다. 독수리는 새의 왕 아닙
니까. 힘세고 위엄 있는 자유와 용맹의 상징입니다. 지금 세상에는
48종의 독수리가 있다고 합니다. 아무도 가까이할 수 없을 만큼 높
은 벼랑에 직경 2.7m의 둥지를 틉니다. 그 둥지의 무게는 무려 2톤
이 된답니다. 거기에 알을 낳아 새끼를 키웁니다. 대단하지 않습니
까. 먹이를 잡을 때에는 저 높은 곳에서 저 밑에 있는 먹이를 보고
일직선으로 급강하 돌진합니다. 그럴 때 비행속도는 시속 180km까

지 난다고 합니다. 그렇게 반경 90km를 날면서 사냥을 합니다.

한데, 독수리는 별로 날갯짓을 많이 하지 않습니다. 그 큰 날개를 쭉 펴고 기류를 타는 것입니다. 아주 신비롭습니다. 그렇게 하루 종일 유유히 창공을 나는 것입니다. 독수리가 그렇게 할 수 있게 되려면 새끼 때부터 훈련을 받아야 됩니다. 그렇다면 그 훈련은 어떻게 이루어질까요? 어미가 시범을 보이고 그대로 따라하라고 새끼한테 시킬까요? 아닙니다. 독수리는 그렇게 하지 않습니다. 또 독수리는 날개가 강해야 됩니다. 강한 날개도 훈련을 통해서 만들어집니다. 그래서 독수리는 높은 벼랑에서 새끼를 밀어 땅에 떨어뜨립니다. 그 모습이 참 흥미롭습니다. 어머 독수리가 새끼 독수리를 발로 막 밀어냅니다. 그럼 새끼는 안 밀리겠다고 버티지요. 하지만 어쩝니까. 어머의 힘이 더 셉니다. 그렇게 억지로 새끼를 벼랑 밑으로 밀어내면 새끼들이 떨어지면서 한번 날아보겠다고 있는 힘을 다해 펄럭펄럭 날갯짓을 합니다. '나 죽는다! 나 죽는다!' 하면서요. '왜 이렇게 하나?' 하면서요. 이때 어미는 그렇게 벼랑 밑으로 떨어져내려가는 새끼 독수리를 지켜봅니다. 그러다가 새끼가 땅에 떨어지기 직전에 그 높은 데서 독수리가 번개같이 날아와서 그 새끼를 낚아채어 다시 위로 올라갑니다. 그렇게 몇 차례를 반복해서 왔다 갔다 합니다. 그런 과정을 거쳐서 새끼의 날개가 강해지는 것입니다. 그렇게 나는 법을 가르치는 것입니다. 사냥하는 법을 가르치는 것입니다. 살아가는 길을 가르치는 것입니다. 새끼에게는 고통입니다. 만약에 새끼들이 말을 할 수 있다면 아마 이러겠지요. "엄마, 어째서 저를 이렇게 괴롭히세요? 왜 저를 이렇게 못 살게 구세요? 이러다 저 죽겠어요!' 그러나 어미 독수리는 그 벼랑 위에서 새끼를 지켜보고 있습니다. 새끼가 지금 어떤 상황에 처해 있는지 잘 알고 있는 것입니다. 거리감이 있어서 좀 불안하기도 하지만, 독수리가 멀리서 지켜보면서 그 상황을 다 알고 있다는 것이 중요합니다.

따지고보면 그 훈련, 새끼 독수리의 수준에 딱 맞는 훈련입니다. 강하고 용맹스러운 독수리로 새끼를 양육하는 것입니다. 이 비유를 들어서 하나님께서는 말씀하십니다. "내가 어떻게 독수리 날개로 너희를 업어 내게로 인도하였음을……(4절)" 이 한마디 속에 많은 말씀이 숨어 있습니다. 그 말씀의 깊은 뜻을 알아야 합니다. 내 방법이 아닙니다. 하나님의 방법입니다. 아니, 하나님의 지혜입니다. 하나님의 능력으로 인도하신다는 것입니다. 이것이 독수리 날개로 인도하시는 것입니다. 여러분, 그러기 위해서는 새끼독수리는 어미에 대한 굉장한 믿음이 있어야 합니다. 어미를 잘 따르고 순종해야 합니다. 그 믿음 속에 큰 모험이 있습니다. 이 모험을 신앙적으로 수용해야 합니다.

요새는 흔해 빠진 게 자전거지마는, 옛날에는 자전거가 참 귀했습니다. 제가 자라던 시절에 우리 동리에는 자전거 있는 집이 별로 없었습니다. 그러나 우리 집에는 자전거가 세 대가 있었습니다. 저는 그게 늘 자랑스러웠습니다. 지금으로 치면 자동차보다 더 귀한 것이지요. 자전거가 있으면 부자입니다. 그때 우리 집에는 자전거가 모두 세 대 있었습니다. 하나는 선친께서 아주 특별한 때에만 타시던 소중한 자전거였습니다. 그리고 아무 때나 늘 타던 중고 자전가 또 하나 있었고요. 마지막으로 어린 제가 타던 작은 자전거가 한 대 또 있었습니다. 이렇게 모두 세 대였는데, 덕분에 저는 그때 자전거를 참 많이 탔습니다. 물론 처음으로 자전거를 탈 때는 저도 다쳐서 그 상처가 지금도 제 무릎에 흉터로 남아 있습니다. 가끔 보면 자전거를 못 타는 분들이 있는데, 그거 다 겁이 많아서 그렇습니다. 처음에 배울 때는 쓰러지지 않도록 누가 뒤에서 자전거를 잡아줍니다. 하지만 계속 그렇게 할 수는 없지 않습니까. 언젠가는 혼자서 타야 됩니다. 자전거 타는 법을 제대로 가르치려면 자전거 잡고 있던 손을 놓아야 합니다. 그렇게 하지 않으면 자전거 못 가르칩니다. 지금 자전거 탈 수 있는 누구를 막론하고 처음에 몸 어딘가를 조금씩은 다 다친 경험이 있을 것입니다. 적어도 한두 번은 다 넘어진 경험이 있지 않습니까. 그렇게 시련을 겪고서야 비로소 자전거 타는 그 조그마한 일 하나를 배울 수 있는 것입니다.

요새 자동차 운전을 많이들 합니다마는, 그것도 처음에 얼마나 위험합니까. 그래서 자동차운전 위험해서 안 한다는 사람도 많습니다. 아니, 못한다고 합니다. 왜 그렇습니까? 남 들 다 하는 것을 왜 못합니까? 안 해서 못하게 된 것입니다. 안 하면 못하게 됩니다. 세상에 모험이 따르지 않는 일이란 하나도 없습니다. 군대생활도 마찬가지입니다. 한 번 나가서 고생하는 것, 얼마나 좋습니까. 옛날에 대면 요새는 고생도 아닙니다. 하지만 그것이 얼마나 중요한 교과과정입니까. 사람 되는 공부 아니겠습니까. 제가 요새 특별히 고맙게 생각하는 것은 해외유학생들이 입대하러 오는 것입니다. 어찌보면 그들은 굳이 군대 안 가도 괜찮은 사람들입니다. 그런데도 유학생들이 군대 가기 위해서 한국에 돌아왔다가 군생활을 마치고 다시 공부하러 나가는 모습, 참 귀하게 생각합니다. 고생 좀 해야 됩니다. 일부러라도 해야 됩니다. 아니, 고생을 시켜야 됩니다. 그렇지 않고는 사람 될 수가 없으니까요. 그러지 않고는 이 거친 세상을 살아갈 수 있는 사람이 될 수가 없기 때문입니다.

　문제는 새끼 독수리의 믿음입니다. 어미가 자기를 밀어내 절벽 밑으로 떨어뜨릴 때 그 새끼는 어떤 마음이었을까요? '어머니 독수리가 나를 지켜보고 있다!' 하는 확신이 있어야 됩니다. '나는 모르지만, 어머니는 다 아신다!' 고린도 전서 10장 13절에 이런 말씀이 있습니다. "오직 하나님은 미쁘사 너희가 감당하지 못할 시험 당함을 허락하지 아니하시고 시험 당할 즈음에 또한 피할 길을 내사 너희로 능히 감당하게 하시느니라." 하나님께서는 우리에게 시험을 주시되 우리가 감당할 수 있을 만한 것만 주신다, 이것입니다. 여러분, 믿으십니까? 감당할 만한 시험을 주시지 감당할 수 없는 시험은 주지 않으십니다. 뿐만이 아니라, 우리가 그 시험을 감당하려고 용기를 낼 때 하나님께서는 우리에게 피할 길을 내어주신다, 이것입니다. 그러니까 문제는 내 믿음입니다. 완전히 믿고 확실하게 순종할 때 그 교과과정이 내게 효력을 내는 것입니다. 그래야 강해질 수 있습니다. 지혜로울 수 있습니다. 능력의 사람이 될 수 있습니다. 이 얼마나 중요합니까. 독수리 날개로 지키시는 하나님이십니다. 우리는 그 독수리 날개를 믿는 새끼 독수리가 되어야 합니다. 그 독수리 날개 속에 하나님의 사랑이 있습니다. 하나님께서 주시는 능력이 거기에 있습니다. 능력만이 아닙니다. 사는 지혜도 주십니다. 얼마나 귀중합니까.

　여러분, 많은 상처를 받으며 여기까지 살아왔습니다. 그러나 되돌아서 생각해보십시오. 헛된 시련이 없습니다. 시련 속에 말씀이 있었습니다. 많은 사건들, 그 속에 구체적인 하나님의 사랑이 계시되고 있었습니다. 문제는 내가 온전한 마음으로 순종하지 못했다는 것입니다. 잘 수용하고 감사하게 받으면 어떤 사건도 다 축복이 되고 은혜가 됩니다. 이스라엘 백성들이 애굽에서 나왔습니다. 지금 광야를 거쳐 가나안으로 갑니다. 40년 동안 엄청난 시련을 겪습니다. 수많은 시련 속에서 하나님께서는 계속 독수리 날개로 이스라엘을 인도하고 계셨습니다. 그 귀한 사랑을 잘 수용하게 될 때 우리는 비로소 선택받은 하나님의 사람으로 완성될 것입니다.   △

십자가에 못 박힌 사람

우리는 본래 유대인이요 이방 죄인이 아니로되 사람이 의롭게 되는 것은 율법의 행위로 말미암음이 아니요 오직 예수 그리스도를 믿음으로 말미암는 줄 알므로 우리도 그리스도 예수를 믿나니 이는 우리가 율법의 행위로써가 아니고 그리스도를 믿음으로써 의롭다 함을 얻으려 함이라 율법의 행위로써는 의롭다 함을 얻을 육체가 없느니라 만일 우리가 그리스도 안에서 의롭게 되려 하다가 죄인으로 드러나면 그리스도께서 죄를 짓게 하는 자냐 결코 그럴 수 없느니라 만일 내가 헐었던 것을 다시 세우면 내가 나를 범법한 자로 만드는 것이라 내가 율법으로 말미암아 율법에 대하여 죽었나니 이는 하나님에 대하여 살려 함이라 내가 그리스도와 함께 십자가에 못 박혔나니 그런즉 이제는 내가 사는 것이 아니요 오직 내 안에 그리스도께서 사시는 것이라 이제 내가 육체 가운데 사는 것은 나를 사랑하사 나를 위하여 자기 자신을 버리신 하나님의 아들을 믿는 믿음 안에서 사는 것이라 내가 하나님의 은혜를 폐하지 아니하노니 만일 의롭게 되는 것이 율법으로 말미암으면 그리스도께서 헛되이 죽으셨느니라

(갈라디아서 2 : 15 - 21)

십자가에 못 박힌 사람

저는 1963년에 처음 미국으로 유학을 갔습니다. 프린스턴 대학이었습니다. 영어도 서툴고, 모든 구조나 환경도 다 낯설어서 아주 어리둥절했습니다. 한동안 정신을 못 차리겠더라고요. 첫 학기 공부 과제가 루터신학이었습니다. 새로운 지식을 많이 얻었고, 생전 구경도 못해본 참 좋은 책도 읽을 수 있는 기회가 되었습니다. 그런 좋은 기회는 잘 주어지지 않는 특권이라서 참 감사하게 생각했습니다. 그 첫 학기를 공부하고 나서 시험을 보는데 두 가지입니다. 하나는 텀 페이퍼(Term paper)라고 하는 논문을 써내는 것입니다. 그리고 겸해서 시험을 치는데, 난생 처음 보는 방식의 시험이었습니다. 강의실에 학생들을 모아놓고 교수님이 나와서 칠판에다가 딱 한 줄 글을 씁니다. 시험문제입니다. 그리고 종이를 주는 것이 아니라, 공책을 줍니다. '블루노트'라고 해서 커다란 노트북을 하나씩 주면서 말합니다. "여기 앉아서 지금부터 3시간 동안 써라!" 칠판에 써놓은 시험문제가 '루터의 신학을 십자가의 신학이라고 하는 이유를 논증하라'였습니다. 아니, 3시간 동안 제가 무슨 말을 씁니까? 그것도 영어로 써야 되는데요? 정말 피가 마르는 것 같은 경험이었습니다. 그 시험을 통과해야 되는데, 참 어려운 시간이었습니다. 어쨌든 제 생전에 참 귀중하고 좋은 경험이었습니다.

루터의 신학을 십자가의 신학이라고 부르는 이유, 그것입니다. 종교개혁자 루터의 생각은 십자가에 초점이 맞추어져 있습니다. 여기에 중요한 의미가 있습니다. 종교개혁신학의 관심이 바로 여기에 있습니다. 오늘본문 16절은 말씀합니다. "사람이 의롭게 되는 것이 율법의 행위로 말미암음이 아니요 오직 예수 그리스도를 믿으므로 말미암는 줄 알므로……" 의롭게 되는 것에 관심이 있는 것입니다. 종교개혁적 신앙, 개혁자의 관심이 바로 여기, 의에 있는 것입니다. 다른 말로 하면 이렇습니다. 이것은 죄에 있는 것입니다. 어떻게 죄 사함 받고, 죄인이 의롭다함을 얻을 수 있느냐? 여기에 초점이 있습니다. 여러분, 지금 우리에게는 여러 가지 관심이 많습니다. 자녀문제, 가정문제, 사회문제, 남북통일문제, 경제문제, 번영, 자유, 평등, 평화…… 나름대로 관심이 많은 것 같지만, 딱 잘라서 한번 말합시다. 종교개혁자의 관심은 그 첫째가 죄입니다.

경제, 정치, 사회, 문화…… 복잡한 것 같아도 핵심은 부정입니다. 부정이 무엇입니까? 죄입니다. 이 부정이 없으면 되는 것이고, 죄가 없으면 번영도 자유도 통일도 따라오는 것입니다. 우리 마음을 어지럽히는 것이 그거 아닙니까? 더욱이 요새는 의를 주관하는 사법부 안에 엄청난 범죄가 있습니다. 도대체 어디에 기초를 놓아야 하겠습니까. 다 흔들릴 수밖에 없습니다. 모든 문제의 근본은 죄입니다. 특별히 오늘 이 세상에 사는 동안 잘 살고, 못 살고, 건강하고, 병들고, 성공하고, 실패하고 하지마는, 오늘이 내 마지막 날이라고 가정하고 물어보십시오. 오늘 내가 죽어 하나님 앞에 서야 한다면 뭐가 문제겠습니까? 딱 한 가지, 죄의 문제 밖에 없습니다. 잘 살았느니 못 살았느니…… 다 쓸데없는 것입니다. 죄입니다. 하나님과 나와의 관계는 죄 문제입니다. 죄 문제를 해결할 수 있는 길은 오직 예수 그리스도를 믿는 믿음 하나밖에 없습니다. 죄의 문제입니다.

그리고 사망의 문제가 있습니다. 종교개혁자의 관심은 사망에 있습니다. 우리는 다 죽습니다. 죽는다는 말로 표현은 합니다만, 하나님 앞에 가는 것입니다. 요단강을 건너가야 됩니다. 하나님의 심판대 앞에 서야 됩니다. 이것이 관심입니다. 그래서 종교개혁자들도 많이들 수도원에 들어가 수도생활을 했습니다. 사망의 문제, 죽음의 문제가 가장 큰 관심의 초점입니다. 오직 예수 그리스도를 믿는 그 은혜로 구원을 받게 되고, 영생을 얻게 되는 것입니다.

또, 악령의 역사, 사탄의 역사입니다. 특별히 루터는 사탄에 대한 관심이 많았습니다. 저는 루터가 성경을 번역하던 수도원에 실제로 가본 적이 있습니다. 산 위에 있는 조그마한 수도원이었습니다. 거기에 루터가 앉아서 성경을 번역하던 방이 있었습니다. 제가 관심이 있었던 것은 그곳에서 루터가 겪었던 일화였습니다. 그 수도원에서 루터는 성경을 번역하고 기도하면서 묵상하던 중에 특별히 가끔 마귀를 보았다는 기록을 남겼습니다. 마귀가 나타나 자신을 유혹하는 것을 보았다는 것입니다. 그때 루터는 성경을 번역할 때 쓰던 잉크병을 마귀한테 집어던졌다고 합니다. 그 바람에 벽에 시커멓게 잉크가 묻었습니다. 저는 수도원에 있는 루터의 방에서 그 잉크 자국을 확인하고 싶었습니다. 한데 하얗게 페인트칠을 해봐서 볼 수가 없었습니다. 물어보니 몇 달 전에 그렇게 페인트칠을 해놨답니다. 그래서 이걸 왜 칠했느냐고 물었더니 그냥 더러워서 칠했다는 대답이었습니다. 그 멍청한 사람들이 그 잉크의 의미를 잘 모르더라고요.

루터는 악령을 보았습니다. 그 기록이 남아 있습니다. 심지어는 하얀 마귀, 까만 마귀 소리까지 합니다. 유머러스한 얘기도 많습니다. 아무튼 마귀의 역사가 있는 것입니다. 마지막 세상 떠날 때 검은 마귀가 눈앞에 어른어른합니다. 이걸 알아야 됩니다. 한쪽에는 천사가 있고, 한쪽에는 마귀가 있습니다. 마귀가 우리의 영혼을 유혹할 것입니다. 너는 죄인이라고 할 것입니다. 너는 하늘나라에 못 들어갈 죄인이라고 정죄할 것입니다. 이걸 벗어나야 됩니다. 루터도 마찬가지였습니다. "너는 죄인이다. 너는 이런 죄인이다. 너는 이런 죄를 지었다." 이렇게 계속 괴롭히니까 그때 루터가 한 유명한 말이 있습니다. "Nevertheless!" 그럼에도 불구하고 하나님께서는 나를 사랑하시고, 그럼에도 불구하고 하나님께서는 내 편이시고, 그럼에도 불구하고 내 앞에 영생이 있다, 이것입니다. 십자가의 은혜로, 그럼에도 불구하고! 유명한 말입니다. 그럼에도 불구하고, 내가 죄인입니다. 그럼에도 불구하고, 주님은 내편이시고, 나를 사랑하십니다. 악령의 역사를 루터는 매일같이 실제적으로 경험하며 살았습니다. 악령과 더불어 싸우며 살았습니다. 또한 율법입니다. 우리가 하나님 앞에 바로 서려고 할 때 율법이 나를 심판합니다. 그런고로 율법을 벗어나야 합니다. 극복해야 됩니다.

마지막으로 하나님의 진노입니다. 무서운 하나님을 사랑의 하나님으로 만날 수 있어야 됩니다. 하나님의 진노의 채찍을 보면서 그 속에 사랑이 있음을 알아야 합니다. 루터의 명언이 있습니다. '하나님의 사랑은 그 진노 속에 구체화되는 것이다.' 진노하시는 하나님이 무서운 것 같지마는, 가만히 십자가의 은혜로 생각해보면 그 속에 사랑이 있습니다. 많은 세월을 살고 보면 그것은 다 예외 없이 나를 향하신 하나님의 사랑이었음을 알게 됩니다.

죄, 사망, 사탄, 율법, 진노, 이 다섯 가지로부터 우리가 구원을 받아야 하는데, 이것이 종교개혁자의 관심입니다. 그러기 위해서는 오직 예수뿐입니다. 특별히 루터의 재미있는 일화가 있습니다. 그가 아우구스티누스 수도원에 있을 때입니다. 아직 종교개혁 전입니다. 한 사람의 가톨릭 수도사로 있을 때입니다. 수도원에서 무슨 죄를 짓겠습니까. 도둑질을 하겠습니까. 간음을 할 수 있겠습니까. 도대체 죄 지을 일이 없지 않습니까. 그러나 그는 자신에게 죄가 많다고 느꼈습니다. 가톨릭 의식으로 고해성사라고 있지 않습니까. 사람이 고해성사실에 들어가 초인종을 누르면 신부가 나와서 비스듬히 앉아 귀를 기울입니다. 목에다가는 십자가 목걸이를 하고요. 그 귀에다 대고 자기 죄를 고하는 것입니다. "제가 이러이러한 죄를 지었습니다." 그러면 다 듣고 나서 신부가 마지막으로 한마디합니다. "네 죄를 사함 받았느니라." 사죄의 선언입니다. 이 고해성사를 루터는 아침에도 가서 하고, 점심에도 가서 하고, 오후에도 가서 또 합니다. 이렇게 하루에도 몇 번이고 계속 찾아오니까 가톨릭 신부가 그 루터의 고해성사를 듣다가 그만 지쳤습니다. 그래 말했습니다. "아무리 죄라고 해도 수도원에서 무슨 죄를 짓겠습니까." 그러자 루터가 말합니다. "교만한 죄, 의심하는 죄, 걱정하는 죄……" 그렇게 자꾸 와서 고해를 하니까 마지막에는 신부가 이랬답니다. "이 보시오 루터, 죄를 좀 모아서 오시오." 그러나 루터의 마음은 그렇지 않았습니다. 순간순간 죄 때문에 견딜 수가 없었습니다. 그때 그가 귀중한 진리를 발견합니다. '그것이 바로 오직 믿음으로 의롭다함을 얻는 것이다.' 그런 믿음의 사람이 됩니다. '솔라피데 솔라글라티아 솔라스크립투라.' 오직 성경, 오직 은혜, 오직 믿음으로만 구원받을 수 있다, 이것입니다. 그래서 종교개혁을 이루게 됩니다.

　'의'라고 하는 것은 그 자체도 중요하지만, 그 다음의 숙제가 있습니다. 바로 의롭게 되는 것입니다. 죄를 지었으니 이제는 벌 받고 죽는 것이 아니고, 죄인이 구원을 받아야 된다는 것입니다. 그러면 의롭게 되는 것이 중요한 것이 아니라, Justification, 의롭게 되는 사건이 있는 것입니다. 그럼 우리가 죄인인데 어떻게 하나님 앞에 가겠습니까. 그래서 생각할 때 회개하기도 하고, 선행을 하기도 하고, 고행을 하기도 하고, 나름대로 여러 가지 방법으로 죄 사함 받고 하나님께 나아가려고 몸부림을 쳤습니다. 그것이 바로 수도생활입니다. 누구나 마지막에 가면 더더욱 그러합니다. 의롭게 되어야 하겠는데, 어떻게 하면 이 죄 문제를 해결할 수 있을까? 아무리 몸부림을 쳐봐야 그런다고 해결되는 것이 아닙니다. 그것이 문제입니다.

그런고로 길은 둘이 있습니다. 하나는 에로스이고, 또 하나는 아가페입니다. 우리가 하나님께 나아가는 방법입니다. 회개합니다. 선행을 합니다. 구제합니다. 고행을 합니다. 그런다고 죄 사함 받을 수 있습니까? 아니거든요. 그러면 구원받을 수 있는 길은 딱 하나 있습니다. 하나님께서 우리를 긍휼히 여기셔서 우리에게 긍휼을 베푸십니다. 솔라그라티아, 오직 은혜를 우리에게 베푸십니다. 그러면 그 긍휼하심을 베푸시는 은혜를 내가 받아들이는 것입니다. 이것이 아가페입니다. 하나님의 사랑과 긍휼을 받아들이는 것입니다. 예수 그리스도는 의인이십니다. 그러나 십자가를 지십니다. 하나님의 아들이 십자가를 지십니다. 이것은 선택입니다. 예수님께서 친히 말씀하십니다. "아버지께서 내게 주신 잔을 내가 마시지 않겠느냐?" 골고다 언덕의 십자가는 고통의 상징만이 아닙니다. 가장 중요한 것은 하나님의 아들이 우리를 의롭다고 하시기 위해서 십자가에 죽으신 것입니다. 제물이 되는 시간입니다. 그런고로 예수 그리스도의 죽음은 율법의 완성이요, 율법의 끝이라고 로마서는 말씀합니다. 죽음으로써만 죄 사함 받을 수 있습니다. 여러분, 어떤 죄든 형벌은 그 대가를 받아야 합니다. 그냥 넘어갈 수 없습니다. 혹 우리가 무슨 잘못을 저질렀을 때 "미안합니다. 잘못했습니다. 용서하십시오!" 한다고 됩니까? 하나님 앞에는 벌써 죄인입니다. 내 잘못의 결과로 많은 사람들이 피해를 보았다면, 내가 말 한마디로 회개한다고 달라집니까? 한 번 지은 죄는 없어지지 않습니다. 그 결과는 반드시 따라오게 되어 있습니다. 그런고로 모든 죄는 그 값을 받아야 합니다. 그럼으로써만 율법이 정지됩니다. 그것이 바로 죽음입니다. 비참한 죽음입니다. 십자가의 죽음입니다. 이 죽는 사건이 아니고는 죄 사함 받는 일은 없는 것입니다. 죄의 값은 사망입니다.

그러면 죽는데 의롭다고 하는 역사는 어디에서 이루어집니까? 대신 죽으시는 것에서 이루어집니다. 대신 값을 받는 것입니다. 여러분, 죄인이 회개하고 그 죄의 값을 받는다고 해서 죄가 사함 받습니까? 아니올시다. 반드시 의로운 자의 고난이라야 죄 사함의 효력이 있는 것입니다. 죄인이 제 값으로, 제 죄로 죽었는데 무슨 상관이 있습니까. 그 죄의 값을 당하고, 사형을 받았다고 해서 그 죄의 사함을 받는 것이 아닙니다. 죽어도 내 죄는 내가 감당해야 됩니다. 그런데 문제는 예수 그리스도께서 대신 죽으신 것입니다. 이 '대신'이라고 하는 역사가 성경의 총주제입니다. 이걸 잊지 말아야 합니다. 대신 당하신 고난, 대신 그 누군가가 고난을 당하고, 대신 희생을 치러야 합니다. 이것이 바로 제물입니다. 그래서 옛날 구약시대 때부터 하나님 앞에 제물을 드린 것입니다. 양을 잡아드리고, 소를 잡아드리고, 희생을 드렸습니다. 생명을 드렸습니다. 죄의 값은 사망이기 때문에 생명을 드림으로써만 사함 받을 수가 있었습니다. 그런고로 양이 대신 죽고, 내가 죄 사함을 받았던 것입니다.

이런 상징적이고 예표적인 사건이 죽 내려오다가 예수 그리스도에서 결정적 사건이 생깁니다. 예수님은 의인이셨습니다. 하나님의 아들이셨습니다. 죽어야 할 이유가 없는 분이셨습니다. 그런 분이 죽으십니다. 왜요? 속죄제물로 대신 죽으신 것입니다. 그 다음이 문제입니다. 이 사실을 믿어야 합니다. 내가 믿을 때에만 효력이 있습니다. '나를 대신하여 예수님께서 십자가에 돌아가셨다!' 이걸 믿는 순간, 그 거룩한 은총을 내가 수용하는 것입니다. 내가 받아들이게 되는 것입니다. 이것이 의롭다 함을 얻는 것입니다. 이것이 바로 종교개혁자의 기본관심입니다. 예수 그리스도는 죽으셨습니다. 십자가에 죽으십니다. 죽지 아니하여야 될 분이 죽으신 것입니다. 이제 대신 죽으심을 우리가 믿어야 합니다. 믿고, 감사해야 합니다.

여러분이 너무나 잘 아는 요한복음 3장 16절은 말씀합니다. "하나님이 세상을 이처럼 사랑하사 독생자를 주셨으니 이는 그를 믿는 자마다 멸망하지 않고 영생을 얻게 하려 하심이라." 믿는 순간, 그 제물과 내가 하나가 되는 것입니다. 그래서 죄 사함 받고, 하나님의 자녀가 되고, 영생을 얻게 된다는 말씀입니다. 의롭게 되는 것, Justification, 이것이 종교개혁자의 주제입니다. 믿는 자만이 엄청난 은혜를 받을 수 있습니다. 이제 사도 바울은 이 기쁜 진리를 완전히 간파하고, 좀 더 나아가 신비로운 간증을 합니다. 오늘본문은 말씀합니다. "내가 그리스도와 함께 십자가에 못 박혔나니(I have been crucified with Christ)……(20절)" 예수님의 십자가를 볼 때마다 우리는 잊지 말아야 합니다. '하나님의 아들이 저기에서 나를 대신하여 죽으셨다.' 십자가를 쳐다보고 믿는 순간 내가 죽은 것입니다. 이걸 잊지 말아야 합니다.

유명한 신학자 칼 바르트는 이 원리를 이렇게 설명합니다. 아르키메데스의 원리입니다. 여러분, 중학교 때 공부하셨지요? 목욕탕에서 욕조에 물을 가득 채워놓고 내가 거기에 풍덩 들어가면 물이 넘쳐 흐릅니다. 얼마만큼요? 내 몸무게만큼요. 이것이 아르키메데스의 원리입니다. 그러면 예수님께서 십자가에 돌아가셨다는 것은 무엇을 의미합니까? 내 죄가 그만큼 크다는 것입니다. 내 죄의 무게를 말하는 것입니다. 내 죄의 성격을 말해주는 계시다, 이것입니다. 십자가를 볼 때마다 이렇게 생각해야 합니다. '십자가에 죽어야 할 죄인은 예수님이 아니라 나다. 나를 대신하여 주께서 죽으신 것이다.' 하나님께서는 그렇게 엄청난 희생을 감수하시면서까지 나를 사랑하신 것입니다. 이걸 잊지 말아야 합니다. 그러니까 십자가만큼의 죄가 나한테 있는 것입니다. 나를 위해 희생하고, 나를 대신하여 죽으신 분을 바라볼 때마다 이걸 생각해야 됩니다. 그런고로 십자가를 볼 때마다 나는 죽은 것입니다. 나는 벌써 죽었습니다. 이걸 잊지 말아야 합니다.

6·25전쟁이 일어나기 전에 우리 할아버지께서는 가끔 교회에서 설교를 하셨는데, 유명한 김익두 목사님과 비슷하게 하셨습니다. 할아버지는 김익두 목사님을 직접 만나신 적도 있고, 그분을 많이 존경하셨습니다. 그래서 '작은 김익두 목사'라는 별명까지 얻으셨습니다. 하지만 저는 그 김익두 목사님을 모릅니다. 그래서 궁금했습니다. 꼭 한 번 만나보고 싶었지요. 그래 제가 일부러 그분의 교회가 있는 신천까지 걸어서 갔습니다. 그 교회에서 예배도 드렸지요. 그

교회에서는 청년부원들을 따로 한 20명 모아놓고 목사님이 성경공부를 가르치셨습니다. 그 자리에 끼어 앉아 제가 들은 이야기가 있습니다. 김익두 목사님이 원래 그 신천장에서 유명한 깡패였답니다. 그래 그저 이 집 저 집 다니면서 못된 짓을 많이 했답니다. 사람들이 얼마나 무서워했는지, 아침에 장에 나갈 때 서낭당 나무에 가서 오늘 '김익두 안 만나게 해주세요!' 하고 빌었다지 않습니까. 김익두를 한번 만나기만 하면 그날은 아주 망치는 것입니다. 그런 무서운 깡패였던 분이 확 변해가지고 예수를 믿게 되었습니다. 그래 전도를 하고 다니니까 사람들이 다 이랬답니다. "저 사람, 저거 돌았나?" 그때 김익두 목사님이 한 말이 이것입니다. "옛날 김익두는 죽었습니다. 저는 새 사람입니다. 옛날 김익두는 죽었습니다!" 그러면서 온유하고 겸손하게 이 집 저 집 다니면서 전도를 했습니다. 하루는 어떤 집에 들어갔더니 마침 설거지를 하고 있던 안주인이 구정물을 김익두 목사님에게 확 끼얹었답니다. 그때 그 아주머니가 김익두 목사님에게 이랬다고 합니다. "어디, 죽었나 살았나, 보자!" 그러자 구정물이 흘러내리는 몰골로 김익두 목사님이 빙그레 웃으면서 했다는 말이 명언입니다. "제가 죽었으니 당신이 살았지요. 제가 옛날에 이런 일 당했으면 당신은 오늘 제 손에 죽었습니다. 제가 죽었으니 당신이 산 것입니다." 명언 아닙니까. 목사님으로부터 직접 들은 이야기입니다. 그 옛날 이야기를 싱글싱글 웃으면서 해주셨습니다. 두고두고 생각합시다. '내가 죽었으니 네가 살지!'

　여러분, 왜 그렇게 살기가 힘듭니까? 죽으면 됩니다. 내가 죽어야 됩니다. 왜요? 십자가를 쳐다보니까요. 나는 십자가에 죽어 마땅한 죄인입니다. 그런고로 십자가를 쳐다보는 순간, 나는 죽었습니다. 그리고 보면 갈라디아서에 있는 말씀대로입니다. '정과 욕심까지 다 십자가에 못 받았느니라.' 내게는 별다른 소원도 없습니다. 욕심도 없습니다. 명예도 없습니다. 그리스도와 함께 그 옛날에 죽었습니다. 앞으로 죽는다는 것이 아니라, 이미 죽었습니다. 이것이 바로 예수 믿는다는 뜻입니다. 갈라디아서 5장 24절은 말씀합니다. "그리스도 예수의 사람들은 육체와 함께 그 정욕과 탐심을 십자가에 못 박았느니라." 또 고린도전서 15장 31절에서 사도 바울은 유명한 말을 합니다. "나는 날마다 죽노라." 마르틴 루터는 이걸 받아가지고 'Daily Die'라고 말합니다. Daily Baptism입니다. '날마다 죽고, 날마다 사는 것이다.' 유명한 말입니다. 그리스도와 함께 죽습니다. 벌써 죽었습니다. 그럴 때 그리스도와 함께 살 것입니다. 그리스도와 함께 살 때 베드로를 통해서 이적이 나타난 것처럼 살아계신 그리스도께서 나와 함께하시어 놀라운 구원의 역사를 이루신 것을 우리가 보고 있지 않습니까. 19절부터 오늘본문말씀을 다시 봐야 합니다. "내가 율법으로 말미암아 율법에 대하여 죽었나니 이는 하나님에 대하여 살려 함이라." 내가 그리스도와 함께 십자가에 못박혔나니 그런즉 이제는 내가 산 것이 아니요, 내 안에 그리스도께서 사신 것이라! 여러분, 종교개혁적 신앙을 새롭게 하여 새로운 생의 출발이 이루어지기를 바랍니다.   △

속사람을 강건하게

　이러므로 내가 하늘과 땅에 있는 각 족속에게 이름
을 주신 아버지 앞에 무릎을 꿇고 비노니 그의 영광
의 풍성함을 따라 그의 성령으로 말미암아 너희 속
사람을 능력으로 강건하게 하시오며 믿음으로 말미암
아 그리스도께서 너희 마음에 계시게 하시옵고 너희
가 사랑 가운데서 뿌리가 박히고 터가 굳어져서 능히
모든 성도와 함께 지식에 넘치는 그리스도의 사랑을
알고 그 너비와 길이와 높이와 깊이가 어떠함을 깨달
아 하나님의 모든 충만하신 것으로 너희에게 충만하
게 하시기를 구하노라
　　　　　　　　(에베소서 3 : 14 - 19)

속사람을 강건하게

이스라엘 랍비가 쓴 책 가운데 「세상에서 가장 행복한 사람」이라는 제목의 아주 유명한 베스트셀러가 있습니다. 이 책은 행복한 사람의 열 가지 조항을 말합니다. 그 첫째가 건강한 사람입니다. 너무나 공감이 갑니다. 간단합니다. 죽을 때까지 건강한 사람이 행복하다, 이것입니다. 얼마나 오래 사느냐는 중요하지 않습니다. 죽는 그 순간까지 건강한 것이 중요합니다. 그래서 저는 방지일 목사님이 가장 복된 사람이라고 생각합니다. 그분의 장례식에서 제가 추도사를 했는데, 바로 이 이야기를 했습니다. "방지일 목사님이 세상에서 가장 복된 사람입니다." 왜냐하면 104세를 사시다가 겨우 9시간 입원하고 돌아가셨거든요. 세상에 그렇게 복된 사람이 어디 있습니까. 오래 살기만 하면 뭐합니까. 죽을 때까지 건강해야지요. 사람들은 지금 모두가 건강을 위해서 무지하게 애를 많이 씁니다. 여러분, 새벽기도 나오기 힘들다, 길이 멀다 하지마는, 새벽에 한번 나와 보십시오. 늙은이들이 거리에 얼마나 많습니까. 그저 조금이라도 건강해 보겠다고 날마다 걷고 뛰고 운동하는 모습을 볼 수 있습니다.

그럼 이 건강의 바로미터는 무엇입니까? 답은 간단합니다. 식욕입니다. 이것이 첫째입니다. 식욕이 좋은 사람이 건강합니다. 언제나 음식을 맛있게 먹는 사람이 건강한 사람입니다. 여러분, 다 아시지만, 사람이 나이가 들면 식사할 때 자꾸 물을 마시게 됩니다. 왜요? 침이 안 나오니까 그런 것입니다. 하지만 아이들은 침이 넘치게 나옵니다. 그래서 아이들은 뭘 먹는 동안 그렇게 식탁에 침을 튀

깁니다. 대충 씹어서 넘겨도 소화가 잘 됩니다. 그러나 어른들은 아무리 씹어도 잘 안 넘어갑니다. 왜요? 침이 모자라거든요. 그러니까 입맛이 좋은 것이 건강의 바로미터입니다. 무엇을 먹어도 소화를 잘 시킬 수 있는 것이 중요합니다. 둘째는 활동력입니다. 어떤 일을 해도 피곤하지 않습니다. 이래도 피곤하고, 저래도 피곤하고, 틈만 나면 눕고 싶은 사람은 벌써 건강하지 않은 것입니다. 하루 종일 뛰어다녀도 피곤이라는 게 뭔지 모르고 산다면, 그가 건강한 사람입니다. 셋째는 여유입니다. 외부의 자극에 대해서 여유가 있습니다. 넉넉합니다. 왜요? 건강하니까요. 신경질적으로 대할 필요가 없거든요. 넉넉한 마음, 넉넉한 여유, 이것이 건강입니다.

　물론 건강에는 육체적인 건강만 있는 것이 아닙니다. 정신적인 건강도 있습니다. 오늘본문은 속사람의 건강, 정신의 건강에 대해서 말씀합니다. 육체적인 건강과 유사합니다. 첫째가 수용성입니다. 받아들이는 자세가 좋아야 합니다. 이 사람이 정신적으로 건강한 사람입니다. 제가 아는 정신적으로 건강한 사람의 대표적인 사례가 한경직 목사님입니다. 그분이 연세 90이 넘어서 남한산성에 계실 때 제가 한번 방문한 적이 있습니다. 그래 이런 저런 얘기를 나누었는데, 그럴 때 그분 특유의 독특한 제스처가 있습니다. 늘 고개를 끄덕끄덕하면서 말씀하시는 것입니다. "그렇습니다. 그래요. 저도 그리 생각합니다. 그렇구먼요. 그럼, 그럼, 그럼." 그래서 영락교회 장로님들 가운데는 얘기 도중에 "그럼! 그럼!" 하는 사람들이 많습니다. 받아들이는 자세입니다. 심지어는 상대가 좀 말이 안 되는 소리를 해도 마찬가지입니다. 그럴 때는 가만히 생각하고 나서 이렇게 답하는 것입니다. "오, 일리가 있습니다." 당신 생각이 나와는 다르지만, 일리는 있다, 이것입니다. 여러분, 인간관계에서 성공하고 싶으십니까? 이 두 가지만 지키십시오. "아, 그렇군요. 일리가 있습니다." 그럼 하지 말아야 할 말은 뭐겠습니까? "정신 나갔냐? 미쳤냐?" 이러는 것입니다. 안 됩니다. 이것은 벌써 자기 정신이 약하다는 뜻입니다. 자기의 내적 존재가 약하기 때문에 그런 식으로 나가는 것입니다. 수용성이 좋아야 된다, 이것입니다. Comprehensive, 잘 듣고 받아들여야 합니다. 듣기 싫다, 안 들린다, 생각지도 않는다…… 이러면 벌써 정신적으로 약해졌다는 뜻입니다.

그런가하면 정신적으로 약한 사람은 오해가 많습니다. 목사로서 제일 어려운 일 가운데 하나가 이것입니다. 새벽기도를 마치고 제 방에 들어가 앉아 있으면 아직 어두컴컴한 그 시간에 누가 문을 두드립니다. 누군가해서 문을 열어주면 웬 교인이 성큼 들어와서 다짜고짜 저한테 악담을 퍼붓습니다. 그런 분이 있습니다. 어떤 사람이 자기에 대하여 목사님께 고자질을 해서 목사님이 설교를 통해 자기를 공격하는 얘기를 했다, 이것입니다. 저는 그 사람이 누구인지도 모르거든요. 한데도 그렇게 말하는 사람이 실제로 종종 있습니다. 체증입니다. 소화불량입니다. 듣고 받아들이는 자세가 안 되어 있는 것입니다. 그러니까 이런 과민반응이 나오지요. 오해하고 분노해서 발끈하는 것입니다. 이것이 바로 내가 허약하다는 증거입니다. 내가 정신적으로 여유가 있으면 다 넉넉하게 이해하고 소화할 수 있습니다. 정신적으로 허약하기 때문에 못 참는 것입니다. 다 정신병입니다. 이것을 우리가 알아야 합니다. 까칠하고, 민감하고, 패배의식에 사로잡혀 있는 사람들이 다 정신적으로 수준 이하로 건강을 잃은 사람들입니다.

철학자 찰스 테일러(Charles Taylor)는 「불안한 현대사회」라는 그의 저서에서 이런 것을 진단해줍니다. 무엇보다도 자기중심적인 현대문화에 대해서 나르시시즘이라며 신랄하게 비판합니다. 심각한 자기 사랑에 빠져 있는 사람을 가리켜 나르시시스트라고 하지 않습니까. 지나친 개인주의의 확산으로 말미암아 자기를 상실한 것입니다. 그래서 자기만 보는 사람은 마침내 자기를 잃어버립니다. 이걸 잊지 말아야 합니다. 또한 이런 사람은 이성도 도구화된 사람입니다. 자기의 생각, 이성도 지금 무엇엔가 도구로 사용되고 있는데, 그걸 스스로는 모르고 있습니다. 내 진짜 속마음과는 달리 무엇엔가 끌려서 노예화되고 있다는 것입니다. 그리고 자유를 상실했습니다. 생각의 자유를 상실한 것입니다. 자기를 되돌아보고자 하는 생각도 없고, 자기 자신을 살필 수 있는 여유도 없습니다. 자기 자신한테 집착한다는 것은 곧 자기를 잃어버린 것을 의미합니다. 이래서 정신이 허약해지는 것입니다.

그러면 건강한 몸에 건강한 정신이라는 말이 있지요? 그러나 이상하게도 성경은 종종 역설적인 말씀을 합니다. 왜요? '건강한 몸에 건강한 정신'은 상식입니다. 그러나 반대로 '병든 몸에 건강한 정신'도 있습니다. 다르지요? 사람은 경제적으로 여유가 있어야 정신도 건강할 것 같지 않습니까? 한데, 그렇지가 않습니다. 사람은 여유가 생기면 정신이 멍청해집니다. 점점 더 바보가 되어가는 것입니다. 나중에는 기본적인 자아의식조차 없는 상태가 됩니다. 이 얼마나 잘못된 일입니까. 여러분, 부자가 되기를 바라시지요? 하지만 부자 잘못되면 멍청한 사람이 되고 맙니다. 다들 잘 아시겠지만, 요새 돈 많은 사람들 얼마나 고생합니까. 그 사람들 하는 짓을 보면 도대체 인간답지가 않습니다. 왜 그렇게들 사는 것입니까? 정신적으로 허약한 것입니다. 물질적으로는 부하지만, 정신적으로는 허약한 것입니다. 이걸 상징적으로 이렇게 말합니다. '배고픈 자의 코가 예민하다.' 배부를 때는 코가 둔해집니다. 냄새를 잘 못 맡습니다. 그러나 배가 고파보십시오. 냄새가 기가 막히지 않습니까. 개 코보다 더 예민해집니다. 배고플 때 식당 앞을 지나가보십시오. 음식냄새 때문에 가던 발걸음이 저도 모르게 딱 멈춰집니다. 그렇게 움직이지 못할 정도의 경험을 해봐야 됩니다. 배고픈 사람은 코가 예민해지고 입맛도 좋습니다. 하지만 일단 배가 부르면 넉넉하니까 감각도 무뎌집니다. 그런가 하면, 배고픈 사람은 정의감이 강합니다. 비판정신도 강해집니다. 아주 민감합니다. 그러나 배부른 사람은 그렇지 않습니다. 혹시 무슨 좋지 않은 일이라도 생기면 이래버립니다. '본래 사람이 다 그런 거지, 뭐. 세상은 원래 그런 거야.' 둔화되는 것입니다. 그래서 배고픈 자가 예민하다, 이것입니다.

고린도후서 4장 16절은 말씀합니다. "우리의 겉 사람은 낡아지나 우리의 속사람은 날로 새로워지도다." 역설적입니다. 겉사람은 점점 늙어갑니다. 하지만 역설적으로 속사람은 점점 새로워집니다. 여기서 속사람은 영혼을 말합니다. 중생한 이성입니다. 이 속사람은 사랑을 먹고 삽니다. 사랑받으면 건강하고, 사랑을 못 받으면 약해집니다. 요새 반려견이라고 해서 개를 키우는 사람이 많은데, 우리나라에 벌써 그런 개가 천만 마리랍니다. 인구의 4분의 1입니다. 이렇게나 개들을 많이 키웁니다. 이유가 무엇입니까? 그거라도 사랑하자는 것입니다. 개의 사랑이라도 받아야 살겠다는 것입니다. 그 꼬리치고 있는 것이 사람보다 훨씬 나으니까요. 어쩌다 이렇게 된 것입니까? 그거라도 들여다봐야 살겠다는 것 아닙니까. 사랑의 궁핍함을 말하는 것입니다. 정신적으로 병든 것입니다. 사랑에 굶주린 영혼의 모습입니다. 심지어는 신문방송에 나오는 걸 보니 귀뚜라미를 기르는 사람도 많습디다. 왜요? 귀뚜라미 소리를 듣겠다는 것입니다. 그 소리만 들려와도 마음이 편안해진답니다. 어쩌다가 이 모양이 된 것입니까? 사람이 여기까지 내려온 것입니다. 사랑에 굶주린 탓입니다. 그러니까 약해지고 약해져서 지금 아주 쓰러질 지경이 되었다, 이것입니다. '겉 사람은 늙어가지마는 속사람은 날로 새롭도다.' 사도 바울은 지금 감옥에 있습니다. 언제 죽을지 모릅니다. 그런 상황인데도 사도 바울은 이렇게 기도하지 않습니다. '감옥 문이 열리게 해주십시오. 건강하게 해주십시오. 빨리 모든 문제가 해결이 되어 나가서 복음을 전하게 해주십시오.' 에베소서에는 세 번이나 바울의 기도문이 나오는데, 이런 기도는 없습니다. 오히려 이렇게 기도하라고 부탁합니다. '내가 감옥에 있고, 어려운 형편이고, 언제 죽을지 모르지만, 문제는 속사람이다. 속사람을 강건하게 하옵소서.' 속사람이 문제입니다.

제가 잘 아는 박학전 목사님이라고 계십니다. 제가 인천에서 목회할 때 협동 목사님이셨던 분입니다. 당뇨로 20년 동안 고생하셨습니다. 몸이 너무 약하고 힘들어서 아침에 잘 일어나지도 못하셨습니다. 간호사가 와서 인슐린을 놔줘야 한 15분 있다가 겨우 일어나십니다. 그 정도로 몸이 약하셨습니다. 그런데 댁을 방문해보면 문 앞 침대 머리맡에 큰 붓으로 이렇게 써놓으셨습니다. 그분이 붓글씨를 잘 쓰시거든요. '속사람을 강건하게 하옵소서. 겉 사람은 날로 약해지고 있습니다. 속사람을 강건하게 하옵소서.' 여러분, 속사람이 문제입니다. 환경이 문제가 아닙니다. 가난하다고 속사람이 약해지는 것이 아닙니다. 병들었다고 약해지는 것은 더더욱 아닙니다. 속사람은 오히려 그럴 때일수록 더 강건해집니다. 역설적입니다. 속사람의 강건은 기도에 있습니다. 사도 바울이 지금 기도하고 있습니다. 하나님과 나와의 만남이 이루어져야 됩니다. 하나님과 만날 때에 속사람이 강건해질 수 있습니다. 이걸 잊지 말아야 합니다. 아브라함도 모세도 요셉도, 하나님의 사람 모두가 다 세상 환경과는 관계없이 하나님을 만날 때에 강건해집니다. 위대한 능력의 사람이 됩니다. 이걸 잊지 말아야 합니다.

좀 더 깊이 생각하면 칼뱅의 말처럼 하나님을 알게 될 때 나를 알게 됩니다. 하나님에 대한 지식이 없이는 나에 대한 지식도 없습니다. 이것이 칼뱅의 지론입니다. 기독교인의 자아의식이 여기에 있습니다. 기독교인은 누구냐? 크리스천이란 누구냐? 그 가치는 어디에 있느냐? 딱 한마디입니다. '그리스도께서 위하여 죽으신 형제'입니다. 나를 볼 때도 마찬가지입니다. 그리스도께서 위하여 죽으신 나, 여기에 내 가치관이 있는 것입니다. 내 존재관이 있습니다. 나를 위하여 십자가를 지신 예수님, 나를 위하여 고난당하신 예수님을 바라볼 때 비로소 내 속사람이 강건해집니다. 내 존재의 가치가 거기에 있기 때문입니다. 그리스도께서 나를 위해 죽으셨습니다. 그런고로 나는 소중합니다. 그만큼 소중합니다.

오늘 본문은 말씀합니다. "성령으로 말미암아……(16절)" 그렇습니다. 물질로 되는 것이 아닙니다. 성령으로 말미암아 되는 것입니다. 세상지식으로, 철학으로 되는 것이 아닙니다. 오직 성령으로 말미암아, 성령의 능력으로 속사람이 강건해지는 것입니다. 이유가 있습니다. 성령께서 나를 자유케 하시기 때문입니다. 하나님의 자녀임을 확증해주시기 때문입니다. 성령 충만한 사람을 보십시오. 감옥에 있어도 그것은 축복입니다. 병이 들어도 그것은 하나님의 사랑입니다. 내가 실패해도 그것은 하나님께서 나를 사랑하시기 때문입니다. 이걸 깨닫는 순간 강건해집니다. 이것이 하나님의 사랑이요, 구체적인 하나님의 사랑의 표현임을 내가 알게 될 때 강건해지는 것입니다. 더 기쁘고 확실한 말씀이 있습니다. 성령께서는 나의 죄 사함 받음을 증거해주신다, 이것입니다. '너는 하나님의 자녀다. 네가 당하는 시련은 저주가 아니다. 이것은 더 큰 축복을 향하는 하나님의 은사다.' 이렇게 설명해주십니다. 성령의 말씀입니다. 그런고로 사죄를 확증합니다. 내가 당하는 고난? 죄 때문이 아닙니다. 하나님의 큰 사랑의 섭리 속에 있는 역사입니다. 이렇게 깨닫고, 이렇게 느끼고, 이렇게 감격하는 순간 강건해집니다.

여러분, 모든 정신적 허약함의 뿌리에는 죄가 있습니다. 아니라고 변명해도 도리가 없습니다. 계속적으로 죄에 대한 가책, 그 뉘우침이 나를 짓누릅니다. 그런고로 정신적으로 약해지는 것입니다. 그러나 이로부터 다시 솟아날 수 있는 길은 죄 사함을 확증해주는 것입니다. 그리고 내가 당하는 모든 시련은 나를 향하신 하나님의 특별한 은사라는 것을 깨닫고, 이 말씀이라는 것을 깨닫게 됩니다. 나로 하여금 바른 길을 가게 하시기 위한 말씀이라는 것을 깨닫게 될때 속사람이 강건해지는 것입니다. 한마디로, 그리스도의 사랑을 알때, 그리스도의 사랑의 높이와 깊이와 넓이를 알 때 강건해진다, 이것입니다. 사랑은 이미 받았습니다. 그러나 모르고 있습니다. 이제 알게 되는 것입니다. 마치 우리가 부모님의 사랑을 많이 받고 살았지마는, 나이가 좀 많아져서야 비로소 어머니 아버지의 사랑을 뒤늦게 깨닫는 것과 마찬가지입니다. '아, 그것이 사랑이었구나!'

오늘도 우리가 신앙 안에 살게 되면 내가 사는 현실생활 속에 하나님의 사랑이 얼마나 확실하게 나타나는가를 깨닫게 됩니다. '이것이 하나님의 사랑이었구나!' 하고 깨닫는 그 순간 강건해집니다. 이걸 잊지 말아야 합니다. '내가 지난날 어떻게 살았던가?' 이것은 문제가 되지 않습니다. 하나님의 사랑, 그 큰 경륜 속에 있었으니까요. 그리고 오늘 하나님의 사랑을 확실히 깨닫는 순간 내 정신이 건강하고, 내 영혼이 건강하고, 내 몸도 건강합니다. 더불어 내 모든 인간관계도 새로워집니다. 그 영원한 하늘나라의 약속을 다시 한 번 확인하게 될 때 내 영혼의 소생함을 얻습니다. 여러분, 기도제목이 많습니다. 그러나 우리의 기도제목에 가장 우선되어야 할 것은 하나님입니다. '속사람을 강건하게 하시옵소서. 그리스도의 사랑을 알아, 그 크신 사랑을 깨달아 날마다, 날마다 더욱더 강건하게 하시옵소서.' 이것이 우리의 기도제목이 되어야 합니다.   △

내가 아는 것 한 가지

    그들이 전에 맹인이었던 사람을 데리고 바리새인들에게 갔더라 예수께서 진흙을 이겨 눈을 뜨게 하신 날은 안식일이라 그러므로 바리새인들도 그가 어떻게 보게 되었는지를 물으니 이르되 그 사람이 진흙을 내 눈에 바르매 내가 씻고 보나이다 하니 바리새인 중에 어떤 사람은 말하되 이 사람이 안식일을 지키지 아니하니 하나님께로부터 온 자가 아니라 하며 어떤 사람은 말하되 죄인으로서 어떻게 이러한 표적을 행하겠느냐 하여 그들 중에 분쟁이 있었더니 이에 맹인되었던 자에게 다시 묻되 그 사람이 네 눈을 뜨게 하였으니 너는 그를 어떠한 사람이라 하느냐 대답하되 선지자니이다 하니 유대인들이 그가 맹인으로 있다가 보게 된 것을 믿지 아니하고 그 부모를 불러 묻되 이는 너희 말에 맹인으로 났다 하는 너희 아들이냐 그러면 지금은 어떻게 해서 보느냐 그 부모가 대답하여 이르되 이 사람이 우리 아들인 것과 맹인으로 난 것을 아나이다 그러나 지금 어떻게 해서 보는지 또는 누가 그 눈을 뜨게 하였는지 우리는 알지 못하나이다 그에게 물어 보소서 그가 장성하였으니 자기 일을 말하리이다 그 부모가 이렇게 말한 것은 이미 유대인들이 누구든지 예수를 그리스도로 시인하는 자는 출교하기로 결의하였으므로 그들을 무서워함이러라 이러므로 그 부모가 말하기를 그가 장성하였으니 그에게 물어 보소서 하였더라 이에 그들이 맹인이었던 사람을 두 번째 불러 이르되 너는 하나님께 영광을 돌리라 우리는 이 사람이 죄인인 줄 아노라 대답하되 그가 죄인인지 내가 알지 못하나 한 가지 아는 것은 내가 맹인으로 있다가 지금 보는 그것이니이다

(요한복음 9 : 13 - 25)

내가 아는 것 한 가지

아주 옛날 이야기입니다. 한가한 시골에서 나루를 건너는 한 선비가 있었습니다. 그 나룻배의 노를 젓는 노총각은 한없이 순진하게만 보였습니다. 이제 배가 강 중앙에 들어섰을 때 그 배 위에는 이 선비와 노 젓는 노총각 둘만 있었습니다. 나룻배가 강 한가운데에 왔을 때 선비에게 장난기가 발동했습니다. 선비가 노총각에게 물었습니다. "자네, 삼강오륜을 아나?" 그랬더니 총각이 답합니다. "아, 제가 그런 걸 어찌 알겠습니까." "그럼 하늘의 이치는 아나?" "그것도 제가 어떻게 알겠습니까?" "그럼 땅의 이치는 아나?" "모르지요. 저는 아는 것도 모릅니다." 그때 갑자기 세찬 바람이 불면서 배가 휘청거립니다. 선비가 깜짝 놀라 한마디 합니다. "이 사람아, 배가 뒤집힐 지경이야!" 그랬더니 노총각이 하는 말입니다. "제가 아는 것 딱 한 가지는 헤엄치는 것입니다." 여러분, 배를 타고 가는 사람, 알아야 될 것이 많겠지요? 그러나 배가 파선되었다면 헤엄칠 줄 아는 사람만이 지혜로운 사람입니다. 많은 것을 가진들 뭘 하며, 많은 것을 안들 뭘 하겠습니까. 이 순간은 헤엄칠 줄 아는 사람만이 살 것입니다. 그 사람만 지혜로운 사람입니다.

유명한 베르너 티키 퀴스텐마허 교수의 「단순하게 살아라 (Simplify Your Life)」라는 저서가 있습니다. 제가 참 즐겁게 읽은 책입니다. 세상을 살면서 초점을 잃어버리면 안 된다는 것입니다. 이것도 하고, 저것도 하고 그러면 안 됩니다. 가장 중요한 것이 무엇인지를 알아야 합니다. 요즘 젊은사람들 결혼할 때 보면 부모님은 물론이고, 인물이다, 학벌이다, 가문이다, 능력이다, 직장이다……
참 조건이 많습니다. 하지만 어차피 이런 조건들 다 충족할 수 없다
는 거, 잘 아시지요? 세상에 그런 남자도 없고, 그런 여자도 없습니
다. 한데도 그런 것들 때문에 고민을 많이들 합니다. 그러나 제가 오
래 살면서 겪어본 바로는 딱 나이 40이 넘으면 완전히 달라집니다.
"결혼조건이 뭐냐?" 하고 물으면 열이면 열 다 "사람이 좋아야 됩니
다!" 합니다. 사람이 좋아야지, 그까짓 학벌이며, 재산이며가 다 뭐
냐고 합니다. "성품이 좋아야 됩니다!" 그것뿐입니다. 그거 하나만
이 중요할 뿐입니다. 어쩌면 그거 하나만 제대로 갖췄더라면 일생의
운명이 달라졌을 텐데, 거기서 빗나가고 보니 인생이 망가진 것입니
다. 초점입니다. 무엇을 하든지 목적과 초점이 분명해야 됩니다.

그리고 보는 것, 듣는 것이 많은데, 그거 다 볼 생각 하지 말고,
그거 다 들을 생각 하지 말고, 내가 보아야 될 것만 보고, 들어야 될
것만 들으면 됩니다. 너무 많은 것을 보고 들으려 하지 마십시오. 요
새 젊은 사람들 계단을 오를 때에도 승강기에 타고 있을 때에도 도
무지 스마트폰을 손에서 놓지를 못합니다. 그래서 그걸 들여다보다
가 그만 제때 승강기에서 못 내리는 사람도 있더라고요. 그래서 언
젠가는 제가 그랬습니다. "너, 정신 좀 차려라!" 도대체 그 많은 정
보들 속에서 어쩌자는 것입니까? 그리고 실용적인 기적을 믿어야
합니다. 내 마음대로만 되는 것은 아닙니다. 내 뜻대로만 되는 것은
아닙니다. 하지만 세상에는 기적이 있습니다. 기적이 있음을 믿어
야 합니다. 내 생각 밖의 일이 있는 것입니다. 내 생각 밖으로 일이
크게 잘 될 수도 있고, 꼭 될 일이 잘 안 될 수도 있습니다. 실용적인
기적에 대한 확실한 신념을 가지고 살아야 합니다. 대단히 중요한

교훈입니다.

메들린 헤케 교수의 「블라인드 스팟」이라는 책이 있습니다. 제가 너무나 재미있게 읽은 책입니다. 세상에는 사각지대가 있다는 것입니다. 자동차 운전할 때 보면 앞에 유리가 있고 뒤에도 있지마는, 운전대 옆에도 조그마한 거울이 있지 않습니까. 흔히들 백미러라고 부르는 것 말입니다. 운전자는 그 조그마한 것을 계속 보면서 운전을 해야 됩니다. 그렇게 앞뒤좌우를 보면서 운전해야 안전한 것입니다. 문제는 운전자 바로 뒤입니다. 딱 한 곳 안 보이는 데가 있는 것입니다. 이것이 사각지대, Blind Spot입니다. '다 아는 것 같으나, 사람들은 모르는 게 있다. 첫째가 무엇을 모르는지를 모른다는 것이다.' 아는 것만 알고 모르는 것은 모르는 것입니다. 무엇을 모르고 있는지를 모르고 있다, 이것입니다. 두 번째는 전체를 보지 못하고 부분만 본다는 것입니다. 몇 가지 부분, 거기에만 매여 있습니다. 전체 운명, 우주를 함께 봐야 되는데, 그걸 못 보더라, 이것입니다. 그리고 가장 심각한 것은 자기 자신을 못 보는 것입니다. 남에 대해서는 잘 압니다. 세상에 대해서도 아는 것이 많습니다. 하지만 정작 자기 자신에 대해서는, 자기 운명에 대해서는 세상에 이렇게 무식할 수가 없다, 이것입니다. 자기 자신을 알아야 한다, 이것입니다.

오늘본문의 앞부분인 요한복음 9장 1절 이후로 대단히 중요한 이야기가 나옵니다. 예수님께서 제자들과 같이 길을 가시다가 '날 때부터 맹인 된 사람'을 보십니다. 아마도 그는 길바닥에 앉아서 지나가는 사람들에게 구걸을 하고 있었을 것입니다. 그러다가 앞에 누가 지나가는 기척이 나면 불쑥 손을 내미는 것이지요. 나이는 한 40세쯤 되어 보이는 사람인데, 그를 두고 제자들이 예수님께 이렇게 질문합니다. "이 사람이 맹인으로 난 것이 누구의 죄로 인함이니이까 자기니이까 그의 부모니이까(2절)." 처음부터 이 사람이 소경 된 것이 죄라고 전제하고 들어가는 것입니다. 그리고 '본인의 죄입니까, 부모의 죄입니까?' 하는 시비를 벌입니다. 여러분, 이 상황을 가만히 생각해봅시다. 원래 이 시각장애인은 청각이 아주 예민하지 않았겠습니까. 그래서 자기를 두고 사람들이 하는 말을 다 들었을 것입니다. "누구의 죄 때문입니까?" 한데 이런 말을 듣고도 이 장님은 말 없이 조용합니다. 저는 이것이 참 존경스럽습니다. 여러분, 이런 상황에서 무슨 말을 하겠습니까? 물론 할 말은 많습니다. "그래 나는 죄가 많아서 눈이 이렇다. 그럼 너는 의로워서 두 눈 뜨고 잘 사는 것이냐? 너는 너의 의로 사는 것이냐? 나는 죄가 많아서 장님이 되고?" 이렇듯 얼마든지 할 말이 있을 것입니다. 하지만 이 사람은 이런 말을 하도 많이 들어서 익숙한 것 같습니다. 아무런 대꾸도 없습니다. 사람들이야 무슨 말을 하든 말든 그게 나와 무슨 상관이냐, 싶었던 것 같습니다. 이 사람이 이렇듯 침착한 모습으로 그 굴욕적인 말을 잘 참고 듣는 것을 보시고 예수님께서 자비를 베푸십니다. 이 소경이 자기 눈을 뜨게 해달라고 부탁한 일도 없는데, 예수님께서는 그에게 다가가시어서 진흙을 이겨 그의 눈에 발라주십니다. 한데 이게 또 좀 이상합니다. 아니, 소경의 눈은 눈이 아닙니까? 눈에는 아주 작은 티끌만 들어가도 아프지 않습니까. 한데 진흙을 이겨서 그의 눈에다가 바르시고 이르십니다. "저기 실로암에 가서 씻어라!" 그 실로암 연못이 지금도 있습니다. 건강한 사람은 한 30분이면 가는 거리인데, 이 장님이 가려면 아마 두 시간은 걸릴 것입니다. 먼 거리입니다. 한데 예수님께서는 단지 이렇게만 말씀하십니다.

"실로암 못에 가서 씻으라(7절)." 거기 가서 눈을 씻으면 눈이 뜨이리라는 말씀도 없으십니다. 그저 씻으라고만 하십니다. 한데 이 사람도 아무 군말 없이 "예!" 하고 지팡이를 들고 길을 나섭니다.

여러분, 생각해보십시오. 이 사람이 지팡이를 짚고 실로암에 가면서 무슨 생각을 했을 것 같습니까? '일진 사납네. 아니, 내가 이게 뭐하는 짓이야, 지금?' 이러지 않았겠습니까. 난데없이 진흙을 눈에다 바르고 실로암까지 가는 동안 아마 의심도 많고, 여러 가지로 생각이 많았을 것입니다. 하지만 그는 일단 순종합니다. 그래 가서 자기 손으로 실로암 연못의 물을 떠서 눈을 씻었더니 앞이 밝아졌습니다. 깜짝 놀랐겠지요. 굉장한 사건 아닙니까. 이제 나면서부터 소경된 사람이 눈을 떴다고 소문이 좍 퍼집니다. 이렇게 소경된 것 자체도 부모의 죄냐, 본인의 죄냐 하고 시비가 많았지만, 눈을 뜬 다음에 또 시비가 많습니다. 참 아이러니하지요? 이스라엘 사람들은 안식일을 엄하게 지킵니다. 그래도 소경이 지팡이를 짚고 다니는 것은 죄가 아닙니다. 왜요? 그 사람에게는 이것이 필수니까요. 지팡이는 몸의 일부니까요. 지팡이가 꼭 필요하니까요. 그러나 눈을 뜬 사람이 지팡이를 짚고 다니면 안식일을 범한 것이 됩니다. 죄가 된다, 이것입니다. 그런데 이 사람은 오랜 세월 지팡이를 짚고 다니는데 익숙한 사람이라서 아마도 눈을 뜬 다음에도 한동안은 습관적으로 지팡이를 짚고 다녔을 것입니다. 그러니 사람들이 "너는 왜 안식일을 범하느냐?" 했겠지요. 게다가 한 술 더 떠서 "안식일에 눈을 뜨게 한 것을 보니 눈을 뜨게 한 그 사람도 죄인이다!" 하지 않았겠습니까. 문제가 복잡합니다. 게다가 다들 눈을 뜬 이 사람마저 괴롭힙니다. "너를 눈 뜨게 한 자가 누구인지 아느냐?" "모릅니다." "어떻

게 해서 눈을 떴느냐?” “‘가서 씻으라!’ 해서 씻었더니 눈을 뜨게 되
었습니다.” “너는 그가 어떤 사람이라고 생각하느냐?” “선지자라고
생각합니다.” “우리는 죄인이라고 생각한다. 안식일을 범했으니까.”
그때 이 사람이 대답합니다. “아니, 낳으면서부터 소경된 사람의 눈
을 뜨게 했으면 당연히 하나님의 사람이지, 그런 게 왜 시비가 되는
것입니까?” 이런 식으로 설왕설래가 있은 다음 이 눈뜬 사람의 마지
막 한마디가 너무나 명쾌합니다. “그가 죄인인지 내가 알지 못하나
한 가지 아는 것은 내가 맹인으로 있다가 지금 보는 그것이니이다
(25절).” 그분이 가서 씻으라 하셔서 씻었더니 눈을 떴다, 끝. 더 이
상은 알고 싶지도 않다, 이것입니다. 알지도 못하지만, 알 필요도 없
습니다. 그리고 담대합니다. 이 문제로 인하여 출교를 한다느니 어
쩌고 하지만 내 알 바 아닙니다. 내가 아는 것 한 가지는 예수님 때
문에 내가 눈을 떴다는 그것뿐입니다. 확실합니다. “실로암에 가서
씻어라!” 이 말씀을 듣고 그대로 믿고 가서 씻었더니 눈을 떴습니다.
얼마나 깨끗합니까. Simple Mind, Simple Faith, 깨끗한 믿음입니다.

예수님께서는 전도사업 초기에 갈릴리 바다에 가셨다가 베드로
와 요한이 물고기 잡는 모습을 보셨습니다. 밤새껏 그물을 던졌다
가 한 마리도 못 잡고 그물을 씻어서 걸어놓고 정리하는 장면이었
습니다. 예수님께서 이르십니다. “그러지 말고 깊은 데 가서 그물을
던져라!” 베드로는 갈릴리 바다에서 평생을 산 어부입니다. 예수님
께서는 목수의 아들이십니다. 목수가 어부에게 명령을 하는 것입니
다. 어부의 상식으로는 밤이라야 물고기를 잡을 수 있습니다. 그런
데 느닷없이 깊은 데 가서 그물을 내리라고 하시니, 말이 안 되는 일
입니다. 그때 베드로가 한마디 아리송한 말을 합니다. “예수님, 밤

새껏 수고했지만 오늘따라 한 마리도 못 잡았습니다. 그러나 그물을 내리라고 말씀하시니 그물을 내리겠습니다." 저는 여기에 괄호를 치고 이렇게 주를 달았으면 좋겠습니다. '보나마나 못 잡을 건 뻔하지만, 그래도 모처럼 말씀하시니 당신의 체면을 봐서 일단 순종하겠습니다.' 진짜로 잡게 되리라고는 믿지 않았겠지요. 이런 상황에서 고기를 못 잡을 게 뻔하다는 것은 어부의 상식입니다. 그러나 깊은 데 그물을 내리라고 하시는 예수님의 말씀을 믿고 가서 내렸더니 그물이 찢어지도록 고기를 많이 잡게 되었습니다. 그때 베드로가 예수님 앞에 달려가 무릎을 꿇고 아룁니다. "저는 죄인입니다! 저를 떠나소서!" 저는 이것이 일반적인 도덕적 죄를 말하는 것이라고 생각하지 않습니다. 예수님의 말씀을 베드로는 진심으로 믿지 않았습니다. 말하자면 믿지 않고 순종한 것입니다. 이 얼마나 중요한 이야기입니까.

여러분, 순종이란 참으로 중요합니다. 옛날 어른들 말씀에도 있지 않습니까. 효도는 진심으로 해야 하지만, 그저 장난기로 시험 삼아 효도해도 복을 받는다고 했습니다. 진심으로 믿지는 않습니다. 그러나 말씀하시니까 순종한다, 이것입니다. 이 순종이 참 중요합니다. 그래서 베드로는 예수님 앞에 회개합니다. 여러분이 잘 아시는 대로 하나님께서는 75세 된 아브라함에게 아무 설명도 하지 않으시고 이르십니다. "네 고향을 떠나라!" 어디로 가라는 말씀도 없으시고 그저 떠나라고 하십니다. 그때 아브라함은 "알았습니다!" 하고 그냥 떠납니다. 아주 단순한 믿음입니다. 또 하나님께서는 어느 날 갑자기 아브라함에게 이르십니다. "네가 백 세에 낳은 아들 이삭을 모리아 산에 데리고 가서 내게 제물로 바쳐라!" 이번에도 아브라함은 군말없이 순종합니다. 아주 단순한 신앙입니다. 이걸 앞뒤 생각하고, 이치 따지고, 합리적으로 생각하려 든다면 도저히 순종할 수 없습니다.

모세가 이스라엘 백성을 애굽에서 인도해낼 때 앞에는 홍해가 있었고, 뒤에서는 애굽 군대가 그들을 따라오고 있었습니다. 그리고 사방은 절벽입니다. 그 애굽의 60만 대군을 도대체 어떻게 할 수 있겠습니까? 그때 하나님께서 말씀하십니다. "홍해를 지팡이로 치고 건너라!" 이와 관련한 전설이 있습니다. 모세가 홍해 앞 언덕에 서서 지팡이를 들고 홍해를 향해서 딱 쳤습니다. 하지만 홍해는 갈라질 생각도 하지 않습니다. 모세가 당황합니다. 그때 옆에 있던 여호수아가 이렇게 말했다고 합니다. "모세여, 치고 건너라 하셨는데 왜 가만히 서 계십니까?" 그리고 여호수아가 물속에 풍덩 들어가니까 그제야 홍해가 쫙 갈라졌다. 이것입니다. 참 마음에 드는 전설입니다. 그렇지 않습니까. 치고 건너야 갈라지지, 치고 가만히 서 있으면 안 되는 것이지요. Simple Mind, 단순한 순종이 필요합니다. 여러분, 하나님의 말씀에 토를 달지 마십시오. 부모님의 말씀에 토를 달지 마십시오. 가라면 가고, 오라면 오면 되지, 무슨 손익계산을 그렇게 합니까? 될까, 안 될까? 이러면 안 됩니다. 부모님이 말씀하시니까 그대로 하는 것입니다. 그것뿐입니다.

내일도 새벽기도가 있는데, 여러분이 얼마나 나오실지는 모르겠습니다. 하지만 여러분, 여기에 서 있는 저를 좀 보십시오. 제가 지금 84세인데요, 한평생 새벽기도를 합니다. 이는 할아버지께서 물려주신 것입니다. 그리고 어머니께서 가르쳐주신 것입니다. 저는 책을 보다가 마음에 드는 말이 나오면 그 말 그대로를 믿습니다. 어떤 책에 이런 말이 있더라고요. '아침 일찍 일어나는 것 하나만 가지고도 50퍼센트의 건강은 보장한다.' 그렇다면 그런 줄 아십시오. 모든 병이 늦잠을 자기 때문에 생긴답니다. 이 바이오리듬을 지키지 않아서요. 제 멋대로 먹고, 제 멋대로 자고…… 이래서는 안 됩니다. 제 시간에 자고, 제 시간에 일어나는 것 하나만 지켜도 50퍼센트의 건강은 보장한다지 않습니까. 여러분, 내일 새벽기도에 얼마나 나오시나 봅시다. 새벽 일찍이 중요합니다. 제가 일찍 일어나는 사람들을 많이 알고 있습니다. 남들은 새벽기도 나오기 힘들어하는데, 이 사람들은 훨씬 더 일찍 일어나서 운동화 신고 돌아다니면서 운동하다가 시간 되면 새벽기도에 나오는 사람들입니다.

여러분, 좌우간 하나님의 말씀을 들을 때 너무 복잡하게 생각하지 마십시오. 가라시면 가고, 오라시면 오고, 일어나라시면 일어나면 됩니다. 여러 말이 필요 없습니다. 이걸 아셔야 됩니다. Simple Mind, 단순한 마음입니다. 오늘 예수님께서 나면서부터 소경된 사람에게 아무 약속도 하지 않으시고 이르십니다. "실로암에 가서 씻어라!" 그것뿐입니다. 이 단순한 말씀을 듣고, 믿고, 갔고, 씻었고, 눈을 떴습니다. 여기서 시비가 많이 벌어집니다. 그러나 그의 신앙은 확고합니다. '내게 실로암에 가서 눈을 씻으라 하신 분, 그 예수님께서 하라시는 대로 해서 눈을 떴다. 그 이상은 묻지도 마라.' 여러분, 얼마나 중요한 이야기입니까.

제가 잘 아는 분 가운데 한태범 장로님이라고 계십니다. 제가 인천에서 목회할 때의 일입니다. 이 장로님 별명이 '예수동생'입니다. 그 정도로 교인들에게 존경받는 어른입니다. 넉넉한 형편은 아닙니다. 그러나 그 집에 심방을 가보면 안방 한 구석에 커다란 배낭

이 하나 걸려 있습니다. 먼지가 뽀얗게 쌓여 있습니다. 그 배낭에는
세 개의 구멍이 뚫려 있습니다. 그가 6·25전쟁 때 북한에서 남쪽으
로 오다가 뒤에서 인민군이 쏘는 총을 피해서 땅에 엎드렸을 때 총
알이 그 배낭에 맞은 것입니다. 덕분에 본인은 무사했습니다. 그래
서 그 배낭을 없앨 수가 없는 것입니다. 그래 그 배낭을 방에 높이
걸어놓고 어려울 때마다 쳐다보는 것입니다. 기도할 때마다 쳐다보
는 것입니다. '저 시간, 저 순간에 하나님께서는 나와 함께하셨다!'
이 얼마나 단순한 믿음입니까. 그래서 '예수동생'이라는 별명으로 불
릴 만큼 거룩하고 온전하게 사셨던 것입니다. 여러분에게 '내가 아
는 한 가지'는 무엇입니까? 다 하나씩은 있으실 것입니다. '내가 아
는 한 가지', 이것은 하나님의 사랑이요, 하나님의 능력이요, 하나님
께서 나를 사랑하시는 증거입니다. 딱 붙들고 놓지 마십시오. 여기
서 물러서면 안 됩니다.

　　마이클 J. 겔브가 최근에「레오나르도 다빈치처럼 생각하기
(How to Think Like Leonardo Da Vinci: Seven Steps to Genius Every
Day)」라는 긴 제목의 책을 썼습니다. 그는 이 책에서 레오나르도 다
빈치가 어떻게 살았는지, 그 일곱 가지를 말합니다. 그 가운데 세 가
지만 말씀드리겠습니다. 우선 그는 호기심과 실험정신을 가지고 살
았습니다. 그는 항상 새로운 일에 도전했습니다. 또 그는 불확실에
대한 포용력이 있었습니다. 불확실하다고 함부로 내버리지 않았습
니다. 자기 지식은 별것이 아니라는 것을 그는 잘 알고 있었습니다.
그리고 그는 사람과 사물을, 현재와 과거를, 보이는 것들과 보이지
않는 것들을 서로 연결하려 노력했습니다. 다시 말하면 눈으로만 보
지 않고, 마음으로 보며 살았다, 이것입니다. 여러분, 눈에 보이는

것이 전부가 아닙니다. 내가 경험하는 것, 내가 아는 지식이 전부가 아닙니다. 우리가 사는 이 세계는 무궁무진하고 신비롭습니다. 이렇게 포용하고 받아들이며 살아서 오늘날의 레오나르도 다빈치가 되었다, 하는 이야기입니다.

오늘날 현대인은 너무나 복잡한 세상을 살아가고 있습니다. 정보의 홍수에 휩쓸리고 있습니다. 그러나 알아야 할 것은 오직 한 가지입니다. 그렇게 많이 알아야 되는 것이 아닙니다. 더구나 여러분, 나이가 70이 넘었거든 알아서 하십시오. 이제 너무 많이 알 것도 없고, 너무 많이 가질 것도 없습니다. 왜요? 얼마 남지 않았거든요. 나의 앞길이 얼마 안 남았다는 말씀입니다. 제가 아는 유명한 교수님이 있습니다. 그분이 교수생활 은퇴하고 시골에 가 있을 때 제 친구가 그분을 만나러 갔다가 깜짝 놀랐답니다. 교수였던 분이니 소장하고 있는 책들이 얼마나 많겠습니까. 한데 그 많던 책들을 전부 다 치워버렸더랍니다. 그리고 책상 위에 달랑 성경책 한 권 밖에 없더랍니다. 그 성경책을 얼마나 많이 읽었는지, 시편, 잠언, 로마서를 통째로 다 외우더랍니다. 그렇게 지내다가 하나님 앞으로 가셨습니다.

여러분, 이제는 무언가 초점을 확인해야 될 때가 되었습니다. 하나님과 나와의 관계에 초점을 맞추어야 합니다. 예수님 눈앞에 십자가가 있습니다. 겟세마네 동산에서 기도하십니다. 그리고 응답을 받으십니다. "아버지께서 내게 주신 잔을 내가 마시지 않겠느냐?" 예수님께서 들으신 응답입니다. 가야바도 빌라도도 아닙니다. 사랑하는 아버지 하나님께서 사랑하는 아들에게 주시는 십자가라고 딱 믿고, 단순하게 믿고, 예수님께서는 십자가를 지십니다. 우리의 생활을 다시 한 번 정리하시고, 우리 마음을 정결케 하시어서 내가 아는 그 한 가지, 하나님께서 나를 사랑하신 이것, 이 증거를 딱 붙들고 주님을 기다려야 할 것입니다.   △

옥중 사도의 감사기도

이로 말미암아 주 예수 안에서 너희 믿음과 모든 성도를 향한 사랑을 나도 듣고 내가 기도할 때에 기억하며 너희로 말미암아 감사하기를 그치지 아니하고 우리 주 예수 그리스도의 하나님, 영광의 아버지께서 지혜와 계시의 영을 너희에게 주사 하나님을 알게 하시고 너희 마음의 눈을 밝히사 그의 부르심의 소망이 무엇이며 성도 안에서 그 기업의 영광의 풍성함이 무엇이며 그의 힘의 위력으로 역사하심을 따라 믿는 우리에게 베푸신 능력의 지극히 크심이 어떠한 것을 너희로 알게 하시기를 구하노라

(에베소서 1 : 15 - 19)

옥중 사도의 감사기도

'세상을 어떻게 보느냐?' 하는 것을 세계관이라고 합니다. 우리가 알거나 모르거나 간에 누군가의 인생의 행복과 불행은 그가 가진 세계관에 달려 있습니다. 다르게 말하면 세계관은 곧 역사의식입니다. 인생관이라고도 말합니다. '사람을 어떻게 보느냐? 세상을 어떻게 보느냐?' 하는 것은 매우 귀중한 기본적이고 원론적인 철학입니다. 여기에는 세 가지가 있습니다. 하나는 유물사관입니다. 우리가 흔히 공산주의라고 말하지요? 이 공산주의가 왜 무섭습니까? 왜 그렇게 인간과 역사를 불행하게 만들었습니까? 그 역사관이 잘못된 것이기 때문입니다. 이걸 알아야 됩니다. 유물사관은 모든 것을 Struggle for Existence, 생존경쟁으로 보는 세계관입니다. 세상은 싸움입니다. 이걸 맨 처음에 생각한 사람이 찰스 다윈입니다. 그는 여기저기 여행하다가 동물들이 사는 것을 보았습니다. 밀림에서 그들이 싸우고, 먹고, 죽이고 하는 걸 보았습니다. 거기에서 그는 인간을 발견하게 됩니다. 이게 아주 무서운 것입니다.

제가 이제는 간증을 합니다. 제가 중고등학교 다닐 때 북한에서 공부했습니다. 그때 북한에서는 우리 젊은사람들을 공산주의자로 만들려고 가르쳤습니다. 철저히 공산주의의 훈련을 시켰는데, 그 교과과정이 딱 세 가지입니다. 이거 하나만 이해하면 엄청난 진리를 설파할 수 있습니다. 첫째가 진화론입니다. 맨 처음에 가르칩니다. '사람은 동물이다. 동물에서 왔다. 별것 아니다.' 이렇게 가르칩니다. '동물과 사람은 같다.' 이 인식을 위해서 진화론을 가르칩니다.

둘째가 사회발전사입니다. '우리가 인간으로 진화했지만, 동물이나 사람이나 그게 그거다.' 이걸 가르치는 것입니다. 셋째가 볼셰비키 당사입니다. '혁명이 이루어지는 것은 바로 이 맥락에서 오는 것이다.' 이 세 가지를 철저하게 배우고 나면 명실상부한 공산당원이 됩니다. 공산주의자가 되는 것입니다. 여러분, 알게 모르게 우리 가운데에도 이런 유물사관을 가진 사람들이 많습니다. '세상을 마치 정글처럼, 밀림처럼 생각해서 그 공포 속에서 산다. 서로 싸우면서 산다. 크고 강한 짐승이 약한 짐승을 먹고, 약한 짐승이 더 약한 짐승을 먹는 것이 세상이다. 그러니 이 세상은 싸움터다.' 그렇습니까?

그런데 여러분, 아셔야 할 것이 있습니다. 쟁취한 일에는 기쁨이 없다는 것입니다. 혁명을 통해서 얻은 사회는 감사가 없습니다. 왜요? 싸워서 얻었으니까요. 이걸 알아야 합니다. 빼앗은 기쁨이라는 것이 있는 듯하지만, 실제로는 그렇지 않습니다. 왜요? 인간이기 때문입니다. 빼앗은 인간은 빼앗긴 자를 생각하며 절대로 평안할 수 없습니다. 이걸 알아야 합니다. 여러분, 생각해보셨습니까? 여러분이 시장에 가서 물건을 살 때 흔히 값을 깎으려 하시지요? 되도록 싸게 사려고요. 그래 "깎읍시다! 조금만 더 깎읍시다!" 하면서 깎으려고 합니다. 마음대로 하십시오. 그러나 예를 들어 여러분이 만 원짜리를 오천 원에 사고 돌아온다고 칩시다. 이제 문제가 생깁니다. 여러분은 오천 원을 벌었다는 마음이겠지만, 저 뒤에는 오천 원을 잃어버린 사람이 있는 것입니다. 나는 싸게 사서 좋아하지만, 뒤에 남은 사람에게는 밑지고 팔았다는 아픔이 있는 것입니다. 이 마음의 그늘에서 벗어날 수가 없습니다. 그게 바로 인간입니다. 그런고로 그는 행복할 수가 없습니다. 아니, 싸게 산 물건은 귀하게 쓰지를 못

합니다. 이게 인간입니다.

또 한 가지 세계관은 세상을 하나의 경기장으로 보는 것입니다. 여러분, 운동경기를 보십시오. 선수들이 처음 경기장에 들어설 때는 의기양양합니다. 깃발을 높이 들고 얼마나 행복하게 들어섭니까. 하지만 경기가 끝날 때가 되면 승자는 하나뿐입니다. 다른 쪽은 다 패자입니다. 엄격히 말하면 그 승자도 다음번에는 패자입니다. 인생을 경기로 본다면 온 인류는 다 패자입니다. 이 패배의식에서 벗어날 수가 없습니다. 이게 바로 세상을 잘못 보는 것입니다.

그리고 세상을 화원으로 보는 세계관도 있습니다. 세상을 하나의 꽃밭으로 보는 것입니다. 꽃밭에는 벌이 있고, 나비가 있고, 꽃이 있습니다. 여러분, 벌이 꽃 속에 들어가서 꿀을 빼앗아냅니다. 그때 꽃은 아마 이렇게 말하지 않을까요? "이 날강도야! 네 멋대로 남의 집에 들어와서 왜 꿀을 가져가느냐?" 하지만, 그렇지 않습니다. 꽃은 벌한테 꿀을 내어주고, 벌은 이 꽃 저 꽃 다니면서 술을 옮겨놓습니다. 그래서 열매가 맺히는 것입니다. 꽃은 벌을 돕고, 벌은 꽃을 돕습니다. 아름다운 조화입니다. 이것이 세상을 하나의 화원으로 보는 세계관입니다.

여러분, 관심의 초점이 어디에 있습니까? 동물은 언제나 동물적 관심을 가지고 있습니다. 인간은 인간적 관심을 가지고 있고, 성도는 성도만의 깊은 관심이 있습니다. 이 관심에 따라서 행복도 이루어지고, 성취감도 생기고, 감사도 따라오는 것입니다. 인격은 감사로 결정됩니다. '얼마나 가졌느냐?'가 아닙니다. '얼마나 감사하며 사느냐?'가 중요합니다. 신앙의 수준도 감사로 결정됩니다. 행복지수도 감사에 달려 있습니다. 종은 울려서 소리가 나야 종인 것처럼 감사가 나오지 않으면 결코 행복이 아닙니다. 아무리 스스로 행복하다고 자처해도 본인은 여전히 불행할 따름입니다. 이걸 잊지 말아야 합니다.

인간을 불행하게 만드는 것 세 가지가 있다고 합니다. 첫째는 현재상황에 집착하는 것입니다. 과거로부터 현재가 왔고, 현재는 미래로 가고 있습니다. 다 지나갈 따름입니다. 지나가고 있습니다. 좋은 일도 나쁜 일도 다 지나가는 것입니다. 여기서 머무는 것이 아닙니다. 하지만 이 지나간다는 사실을 깜빡 잊어버립니다. 그리고 집착이 생깁니다. 돈을 벌었습니까? 돈은 곧 내 손에서 떠납니다. 건강합니까? 항상 건강할 수는 없습니다. 건강도 곧 사라집니다. 아무리 병원을 다니고 난리를 쳐도 결국 죽을 때가 되면 죽습니다. 도리가 없습니다. 다 지나갑니다. 순식간에 지나갑니다. 이걸 잊지 말아야 합니다. 그러니까 현재를 생각할 때는 과거를 생각하면서 감사할 수 있어야 되고, 또 미래를 바라보며 소망 중에 기뻐할 줄 알아야 합니다. 이것이 성도가 가는 길입니다. 현재에 집착하면 안 됩니다. 흔히 꿈을 말하지만, 그거 맹랑한 것입니다. 꿈은 현재에 집착하는 사람들이 하는 말입니다. 이걸 잊지 말아야 됩니다.

둘째는 이기적인 생각입니다. 나만을 생각하고 주변을 생각하지 않는 것입니다. 내가 행복할 때 불행한 사람을, 내가 얻을 때 잃은 사람을, 내가 성공할 때 실패한 사람을, 내가 일어났을 때 넘어진 사람을 생각하지 못하고 오직 나만을 생각하는 극단적 이기주의, 이것이 사람을 불행하게 만듭니다.

셋째는 세속적 욕망입니다. 눈에 보이는 물질이 소중하기는 하지만, 그게 다는 아닙니다. 물질보다 중요한 것, 육체보다 중요한 것은 정신입니다. 영혼입니다. 사람은 세속적인 욕망으로부터 벗어나지 못하면 영영 불행할 수밖에 없습니다. 이것이 원리입니다.

　오늘 본문에서 사도 바울은 지금 감옥에 있습니다. 로마의 감옥에서 언제 죽을지 모르는 고생을 하고 있습니다. 하지만 사도 바울은 그런 로마감옥에서도 감사편지를 씁니다. 빌립보서, 에베소서와 같은 사도 바울의 편지들이 모두 옥중 서신입니다. 비록 감옥에 갇혀 있는 신세지만, 사도 바울은 놀랍게도 감사가 먼저입니다. 하나님 앞에 감사를 합니다. 빌립보서 1장 3절, 4절을 보십시오. "내가 너희를 생각할 때마다 나의 하나님께 감사하며 간구할 때마다 너희 무리를 위하여 기쁨으로 항상 간구함은." 어찌 이럴 수가 있는 것입니까? 사도 바울의 이 편지들이 전부 감사로 넘치는 이유는 간단합니다. 나를 생각한 것이 아니라, 나로 인해서 구원받을 저 사람을 생각하기 때문입니다. 여러분, 나만을 생각하는 사람은 불행합니다. 나로 인해서 은혜를 입은 사람, 나로 인해서 성공한 사람, 나로 인해서 예수 믿게 된 사람을 생각하는 사람이 행복한 사람입니다. 거기에서부터 행복이 이루어집니다. 나로 말미암아, 내 희생으로 말미암아 저 사람이 복을 받고, 내가 조금 참아서 저 사람에게 은혜가 되고, 내가 작은 선물을 베풀어서 저 사람이 크게 성공하고…… 이런 것들을 마음에 그리며 사는 사람이 행복합니다. 이기주의로부터, 자기중심주의로부터 벗어났기 때문입니다. 그래서 진정으로 행복한 것입니다. 자기로부터 벗어나 나 아닌 그 누군가, 내 전도의 열매로 구원받고, 하나님께서 나를 통해 역사하신 은혜로 말미암아 귀한 일이 이루어지고, 성령의 역사 안에서 소망이 하나하나 이루어지는 것을 볼 때 나의 고통을 싹 잊어버리고 하나님 앞에 감사할 수 있는 것입니다. 이것이 높은 의미의 감사입니다.

오늘본문에는 우리에게 깊은 감동을 주는 사도 바울의 감사의 내용이 나옵니다. 두 가지입니다. 꼭 기억하십시오. 하나가 믿음이고, 또 하나가 사랑입니다. 믿음을 얻으면 감사하고, 믿음을 잊어버리면 불행입니다. '내가 너희들에게 믿음이 있음을 감사하노라.' 믿음으로 인한 감사, 참 귀한 것입니다. '환난과 핍박 속에서 믿음이 있음을 감사하노라. 내가 너희들에게 전한 복음을 지켜가면서 믿음이 성장한 것을 감사하노라.' 여러분, 꼭 기억하시기 바랍니다. 믿음은 사람의 의지가 아닙니다. 하나님께서 주신 선물입니다. 제가 목회하면서 가장 어려운 것이 바로 이것입니다. 이만하면 믿음을 가질 것도 같은데, 믿음이 없습니다. 이만큼 교회 다녔으면 이제는 믿음이 있어야 되잖아요? 한데, 없습니다. 이럴 때마다 생각합니다. '역시 믿음은 하나님의 선물이구나!' 이걸 잊지 말아야 합니다. 에베소서 2장 8절은 말씀합니다. "이것은 너희에게서 난 것이 아니요 하나님의 선물이라." 데살로니가 후서 3장 2절도 말씀합니다. "믿음은 모든 사람의 것이 아니니라." 그렇습니다. 고생했다고 다 믿음 얻는 것 아닙니다. 성공했다고 다 감사하는 것 아닙니다. 믿음은 모든 사람의 것이 아닙니다. 베드로전서 1장 7절은 말씀합니다. "너희 믿음의 확실함은 불로 연단하여도 없어질 금보다 더 귀하여……" 그렇습니다. 돈이 아닙니다. 믿음입니다.

요새 신문이나 방송에서 참 끔찍한 일들을 많이 봅니다. 의부증이라는 것도 참 무서운 것이더라고요. 남편을 의심하기 시작하니까 끝이 없습니다. 아내를 의심하기 시작하니까 끝이 없습니다. 의심은 병입니다. 못 고칩니다. 아주 어려운 불치병입니다. 좀 더 생각해보십시다. 에덴동산에서 아담과 하와가 범죄를 합니다. 그 원죄의 뿌리가 바로 의심입니다. 의심은 원죄적 사건입니다. 의심은 우리 마음 깊은 곳에 있는 것입니다. 의심하면 모든 것이 다 잘못됩니다. 이거 무서운 죄입니다. 반대로 믿음은 아주 귀한 선물입니다. 하나님께서 아브라함에게 고향을 떠나라 하시니 믿고 떠납니다. 갈 바를 알지 못해도, 자기가 죽는 것과 방불한데도 아브라함은 하나님 말씀을 믿었습니다. 이 믿음이 하나님께서 주시는 큰 선물입니다. 여러분, 올 한 해의 신앙생활을 한번 점검해보십시다. '내 믿음이 얼마나 자랐나? 얼마나 변화되었나? 얼마나 성장을 했나?' 믿음으로 인한 감사가 중요합니다. 이것이 가장 귀한 것입니다.

그리고 사랑으로 인한 감사입니다. '너희 가운데 사랑 있음을 감사하노라.' 아주 귀한 말씀입니다. 저는 몇 년 전에 개인적으로 소중한 경험을 했습니다. 간증 삼아 말씀드립니다. 제 사랑하는 딸이 방송국 일을 너무 열심히 하다가 그만 건강이 나빠졌습니다. 신장이 망가진 것입니다. 상태가 점점 안 좋아집니다. 더는 버틸 수 없게 되었습니다. 마침내 의사가 선언합니다. "이제는 투석을 시작해야겠습니다. 이제부터 죽을 때까지 투석하며 살아야 됩니다." 그러나 의사는 이런 말을 덧붙입니다. "지금이 기회입니다. 수술도 건강할 때 받아야 합니다. 지금이 기회인데, 기증자가 있어서 신장이식을 하면 완전해질 수 있습니다. 기증자가 나서면 참 좋겠습니다." 그래서 제가 제 딸아이의 형제들과 사촌들 다섯을 불러모았습니다. 그리고 일렀습니다. "자, 너희 가운데서 신장 기증할 사람이 있느냐?" 깜짝 놀랐습니다. 다섯이 다 손을 들었습니다. 서로 자기가 하겠다고요. 요새는 혈액형이 달라도 할 수 있다고 합니다. 그래 그 가운데서 잘 맞는 하나를 골라서 수술을 받게 되었습니다. 서울대병원에서 했는데, 한 사람은 신장을 내어주기 위해서 입원했고, 한 사람은 신장을 받기 위해서 입원했습니다. 두 사람이 한 방에 있습니다. 제가 그 방에 들어가 두 사람의 손을 잡고 기도했습니다. 얼마나 눈물이 나던지요? 이것들이 형제라고 서로 사랑해서 한 사람은 신장을 떼어주고, 한 사람은 신장을 받게 되었으니, 이 얼마나 아름다운 시간입니까. 그래 제가 두 사람의 손을 잡고 기도하면서 얼마나 많은 은혜를 받았는지 모릅니다. 여러분, 가장 큰 행복이 어디에 있습니까? 자녀들이 서로 사랑하는 것입니다. 그보다 더 귀한 일이 어디 있겠습니까. 세상 그 무엇으로 이걸 바꿀 수 있겠습니까. 그런 사랑에 대한 감사, 잊지 말아야 합니다.

제가 소망교회에서 목회하면서 여러 가지 경험을 많이 했습니다. 그 가운데 기억에 오래오래 남는 사건이 하나 있습니다. 어느 날 갑자기 전화가 왔는데, 지금 우리 교회의 한 여 집사님 남편이 위독하다는 것입니다. 그래 그분이 입원해 있는 병원으로 급히 달려갔지요. 제가 잘 아는 사람입니다. 하버드대학을 나온 아주 잘난 사람입니다. 영어도 잘하고, 능력도 있어서 큰 회사의 전무로 있었습니다. 좌우간 1년의 3분의 1은 해외에 살고, 3분의 2는 한국에 있습니다. 온 세계를 휘젓고 다니면서 사업을 하는 아주 능력 있는 사람입니다. 인물도 잘 났고요. 그런데 가끔은 좀 못된 짓도 합니다. 그런 그가 이제 병상에 누웠습니다. 해외에 나갔다가 돌아온 다음 한 보름동안 감기가 낫지를 않더랍니다. 그래서 웬일인가 조사해봤더니 급성 간암 판정을 받은 것입니다. 이건 안 된다고, 3개월 안에 간다고 했습니다. 사형선고를 받은 것입니다. 부인이 옆에 앉아 있는데 얼마나 침통한지 모릅니다. 그래 제가 환자한테 한마디 물었습니다. "김 전무, 당신이 한참 잘 나갈 때, 그저 술 먹고 돌아다니며 외박하고, 그렇게 지낼 때 '서울에 있는 여자는 다 내 여자다!' 생각했지?" 그랬더니 이렇게 큰소리를 칩니다. "그럼요. 저를 모르는 여자는 여자도 아닙니다. 제가 그렇게 살았습니다. 그때 참 잘 나갔지요." 그래 지금은 어떠냐고 했더니 아내를 보면서 말합니다. "지금은 이 사람밖에 제가 사랑하는 사람이 없습니다." 이 한마디가 고마워서 그 부인이 남편 손을 잡고 엉엉 웁니다. 그래서 제가 부인에게 한마디 했습니다. "이 남자가 당신을 독수공방시킬 때 혼자 방에서 자면서 무슨 생각을 했습니까?" 그랬더니 "차사고 나서 죽어라!" 했답니다. "나를 버리고 이놈이 어딜 가? 죽어라!" 그랬다는 것입니다. 여러분, 공감 가는 소리 아닙니까. 그래 "지금 어떻게 생각하느냐?" 하고 다시 물었더니, 한 달에 한 번만 집에 돌아와도 좋으니까 제발 죽지만 말고 살아주면 좋겠다는 것입니다. 그러면서 자기는 진정으로 이 남자를 사랑한다고 말하는 것이었습니다. 그래서 제가 두 사람의 손을 맞잡게 하고, 그 위에 제 손을 얹고 하나님 앞에 기도했습니다. 그 소중한 사랑, 아주 큰 값을 치르고 깨달아 얻은 사랑 아닙니까. '이 사랑의 고귀함을 잊지 않게 해주세요.' 그리고 감사했습니다. 여러분, 돈도 잃어버렸습니다. 건강도 잃어버렸습니다. 명예도 잃어버렸습니다. 단, 사랑은 얻었습니다. 그렇다면 이것은 성공입니다. 절대로 잃어버린 것이 아닙니다. 천하를 얻은 것보다 큰 것입니다. 이 귀한 사랑을 깨달으며 두 사람이 그렇게 눈물을 흘리며 감사하는 걸 제가 보았습니다. 여러분, 돈을 잃어버려도 사랑을 얻었으면 감사한 것입니다. 건강을 잃어버렸어도 믿음을 얻었으면 감사한 것입니다.

사도 바울은 여기서 귀중한 진리를 말합니다. '너희들에게 믿음이 있고, 너희가 서로 사랑하고, 그래서 나는 이 감옥에 있어도 너희를 생각하며 감사하노라.' 돈 좀 벌었다고 감사하고, 성공했다고 감사하고, 출세했다고 감사하고…… 그만하십시오. 다 별것 아닙니다. 참으로 귀한 것은 믿음, 하나님을 믿는 믿음, 이웃을 믿는 믿음, 아내를 믿는 믿음, 자녀를 믿는 믿음입니다. 이 믿음의 영역이 확실해져야 합니다. 그리고 하나님을 의지하는 믿음에 도달해야 합니다. 이것이 감사의 절대조건입니다.

그리고 사랑이 깊어졌습니다. 사랑이 뭔지도 모르고 엄벙덤벙 살아왔는데, 이제 와서 보니 이것이 사랑입니다. 미처 몰랐으나 이것이 사랑이라는 걸 알게 되고, 사랑을 알고 사랑하는 사람이 되었습니다. 사랑에 감격할 줄 아는 사람이 되었습니다. 이 자체가 엄청난 은총입니다. 사도 바울은 비록 로마 감옥에서 죽어가고 있지만, 너희들에게 믿음이 있는 것, 너희들이 서로 사랑하는 것, 내가 소식을 듣고 하나님 앞에 감사하노라, 하고 감사합니다. 차원 높은 감사입니다. 이 옥중 사도 바울의 감사가 우리 모두의 감사가 될 수 있기를 바랍니다.   △

절박한 두 가지 소원

　하나님의 말씀은 다 순전하며 하나님은 그를 의지하는 자의 방패시니라 너는 그의 말씀에 더하지 말라 그가 너를 책망하시겠고 너는 거짓말하는 자가 될까 두려우니라 내가 두 가지 일을 주께 구하였사오니 내가 죽기 전에 내게 거절하지 마시옵소서 곧 헛된 것과 거짓말을 내게서 멀리 하옵시며 나를 가난하게도 마옵시고 부하게도 마옵시고 오직 필요한 양식으로 나를 먹이시옵소서 혹 내가 배불러서 하나님을 모른다 여호와가 누구냐 할까 하오며 혹 내가 가난하여 도둑질하고 내 하나님의 이름을 욕되게 할까 두려워함이니이다

(잠언 30 : 5 - 9)

절박한 두 가지 소원

마가렛 히긴스(Marguerite Higgins)는 여성으로서 6·25전쟁 때 종군한 유명한 기자입니다. 나중에 이때의 공적으로 퓰리처상을 수상했지요. 그는 미국 해병대를 따라 압록강까지 가서 전쟁상황을 취재했습니다. 그때 그가 따라갔던 해병대가 어느 골짜기에서 어쩌다 적군에 완전히 포위를 당했습니다. 그래 많은 병사들이 죽고 간신히 몇 사람만 살아남았지요. 그때 그는 어느 병사에게 이렇게 물어보았다고 합니다. "만약 내가 하나님이라면 당신은 지금 나한테 무엇을 구하겠습니까?" 그러자 이 청년 병사가 이렇게 답했다고 합니다. 유명한 말입니다. "오직 제게 내일을 주시옵소서(Just give me tomorrow)!"

커밍 워크(Cuming Walk) 교수는 사람이 성공하려면 네 가지 요소가 있어야 한다고 말합니다. 첫째는 자본입니다. 그렇습니다. 자본이 없이는 아무 일도 할 수가 없습니다. 둘째는 지식입니다. 멍청해보십시오. 돈은 있으나 마나입니다. 그런고로 지식이 있어야 합니다. 셋째는 기술입니다. 설사 지식이 있어도 그걸 Practicing, 훈련으로 내 몸에 익히지를 못했다면 아무 소용이 없습니다. 지식을 응용할 기술이 없으면 성공할 수 없습니다. 넷째는 정열입니다. 무엇이든 해낼 수 있는 정열이 있어야 성공할 수 있다는 것입니다. 이 네가지, 필수입니다.

그러나 그는 또 이렇게 말합니다. '하지만 이 네 가지는 불과 전체의 2퍼센트밖에는 안 된다. 그렇다면 나머지 98퍼센트는 무엇이냐? 시간이다.' 그렇습니다. 시간이 없으면 아무 일도 할 수 없습니다. 우리에게 주어진 시간이 문제입니다. 가장 중요한 것은 이 주어진 시간 안에 내가 무엇을 생각하느냐, 무엇을 할 수 있느냐, 하는 것입니다. 그래서 우리에게 주어진 시간이 정해져 있다면 이제 우리는 무엇을 생각해야 할까요? 그 주어진 시간 안에 목적을 재점검해야 합니다. '나는 왜 살아야 하는가? 나는 왜 이 세상에 존재하는가? 하나님께서는 무엇 때문에 나를 이 세상에 보내셨는가?' 이걸 우리는 마지막으로 재점검하고, 스스로 그 목적에 합당하게 살았는지를 물어야 합니다.

그리고 가능성의 한계를 점검해야 됩니다. '얼마나 남았나? 얼마나 할 수 있나? 내게 주어진 시간이 얼마인가? 이 시간에 할 수 있는 일이 무언가?' 다 해야 합니다. 남기면 안 됩니다. 그러니까 이 마지막 시간에 주어진 가능성의 한계를 내가 빨리 점검해야 한다, 이것입니다.

그 다음에 해야 할 일이 우선순위를 정하는 것입니다. 우리가 할 수 있는 일이 있고, 그래서 '이것도 하고, 저것도 하고, 요것도 하고……' 이렇게 우리가 리스트를 만들었다고 칩시다. 그거 다 할 수 있습니까? 없습니다. 왜요? 도중에 시간이 끝날 수도 있으니까요. 다 하기 전에 세상을 마감할 수도 있으니까요. 그런고로 우리는 Priority Number One, 최우선순위부터 정해야 합니다. 그리고 그것부터 해야 합니다. 어차피 내가 하고 싶은 만큼 다 할 수는 없습니다. 우선순위를 정해서 차례차례 일을 추진하고, 끝날 때 끝나야 합니다. 하나님께서 허락하시는 데까지 할 수 있는 것입니다. 나는 그저 우선순위를 정하고, 지혜롭게 하는 데까지 최선을 다하면 되는 것입니다. 아주 중요한 이야기입니다.

오늘본문은 말씀합니다. "내가 죽기 전에 내게 거절하지 마시옵소서(7절)." 절박성입니다. '절박한 두 가지 소원'입니다. 국어사전을 찾아보니까 절박이란 '여유가 없는 상태'를 말합니다. 지금 이 시간뿐입니다. 다시는 기회가 주어지지 않습니다. 딱 한 번만 주어지는 현재의 상황, 이것을 절박이라고 합니다. 그래서 절박한 가운데서 이걸 의식하고, 절제되고 단순화된 마지막 진실을 말할 수 있어야 됩니다. 여러분, 시간이 많이 남았다고 생각하지 마십시오.

옛날에 제가 한경직 목사님의 70세 은퇴식에 참례했더랬는데, 그때 한 목사님께서 답사 가운데 이런 이야기를 하셨습니다. "나는 미국에서 공부하다가 폐결핵에 걸린 적이 있습니다. 그때 의사 말이 지금의 의학기술로는 못 고친다는 것입니다. 잘 하면 앞으로 3년쯤 더 살 것 같다나요? 그러면서 하는 말이 고국인 한국으로 돌아가서 하고 싶은 일 하고, 먹고 싶은 거 먹고 지내다가 가는 게 좋겠다는 것입니다. 그 말 듣고 제가 하던 공부를 중단하고 한국으로 돌아왔습니다. 그때 제 나이 고작 30대였습니다. 그 젊은 나이에 사형선고를 받은 것입니다. 한데 그럭저럭 살다보니 벌써 70세가 되었네요? 그리고 이제 은퇴를 하게 되었습니다." 한경직 목사님, 그 뒤로 99세까지 사셨습니다. 그때 한 목사님 지난날을 이렇게 회고하셨습니다. "내가 오늘까지 살면서 항상 마음에 생각한 것은 이것입니다. '오늘이 나의 마지막 날이라면, 오늘이 나의 마지막 날이라면……' 하고 묻고, 그에 합당하게 오늘을 사노라고 살다보니 어느덧 70세가 되었습니다. 그래서 하나님 앞에 감사합니다." 언젠가는 교인들 앞에서 이렇게 말씀하셨습니다. "여러분들이 기도해주어서 내가 오늘까지

여기에 살아서 있으니, 감사합니다." 여러분, 생각해보십시오. 오늘
이 나의 마지막 날이라면 여러분은 무엇을 선택하겠습니까? 무엇을
정리해야겠습니까? 무엇을 버려야 하겠습니까?

오늘본문에서 잠언의 저자는 이렇게 말씀합니다. '하나님이시
여, 죽기 전에 저의 소원을 들어주세요. 죽기 전에 저의 소원을, 이
두 가지 소원을 들어주세요." 저는 이 소원 자체가 지혜롭다고 생각
합니다. 종말론적 소원입니다. 원수를 갚아달라는 것도 아니고, 돈
을 많이 벌게 해달라는 것도 아닙니다. 성공이나 명예를 원한다는
것도 아닙니다. 자손들이 잘 되게 해달라는 것도 아닙니다. 절박한
소원입니다. 아주 지혜로운 소원입니다. 딱 두 가지, 진실과 겸손입
니다. 많은 돈, 높은 명예…… 다 쓸데없는 생각입니다. 절박한 소
원은 간단합니다. 특별히 오늘본문은 이것이 기도라는 것입니다. 일
평생 이렇게 진실하게 살아왔습니다. 그러나 진실할 수 없었습니다.
너무나 진실하지 못했습니다. 돈은 벌었는지 모르지만, 진실하지 못
했습니다. 명예는 얻었는지 모르지만, 하나님 앞에 정직하지 못했
습니다. 그래서 이 절박한 시간에 소원은 이것입니다. "하나님이시
여, 남은 시간이 얼마인지 모르겠지만, 이 시간만은 제발 제가 한평
생 바라던 소원을 들어주십시오. 정직하게 해주십시오. 그리고 겸손
하게 해주십시오." 겸손하기 어렵습니다. 아무리 노력하고 맹세해
도 하기 힘든 것이 겸손입니다. 이제는 기도를 합니다. 내 힘으로 못
하니까 하나님의 힘을 빌려서 이 마지막 소원을 이루고 싶은 것입니
다. "하나님이시여, 저를 정직하게 해주시고, 마지막 시간까지, 마
지막 순간에는 겸손하게 해주세요." 이런 절박한 소원을 하나님 앞
에 구하고 있습니다. 진실을 구하는 것입니다. '허탄한 말을 하지 않

고 떠나게 해주세요. 하나님 앞에 정직하게 해주세요.' 여러분, 소유
도 성취도 아닙니다. 이 지혜자의 소원은 정직함입니다. 이것이 마
지막 소원입니다. 하나님 앞에 정직하고, 사람 앞에 정직하고……
그동안 허탄한 말을 너무 많이 한 것처럼 느끼고 있는 것입니다. 진
실을 떠날 때가 많았습니다. 선한 목적을 내세우며 수단 삼아 거짓
말을 했습니다. 거짓말을 마치 목적을 위한 지혜인 양 생각했습니
다. 이렇게 해서 최종적인 큰 목적을 이루어보겠다는 것이었습니다.
하지만 이제 생각해보니 아닙니다. 다 쓸데없는 짓입니다. 정직함
을 잃어버리면 아무것도 없는 것입니다. 성공도 없고, 소유도 없습
니다. 그 양심에 하나님 앞에서의 정직함이 너무나 아쉬워서 마지막
소원으로 구하고 있는 것입니다. 허탄한 미래를 약속하며, 허망한
말을 너무 많이 했습니다. 그만 하십시오. 다 쓸데없는 소리입니다.
지키지 못할 말을 너무 많이 했습니다.

　여러분, 진실하기 위해서는 두 가지 조건이 필요합니다. 하나는
정확성에 책임을 져야 된다는 것입니다. 무슨 말을 하려면 정확하게
해야 됩니다. 그때 이런 일이 있었다, 그때 몇 사람이 있었다…… 하
나도 틀리면 안 됩니다. 정확해야 합니다. 한데, 우리가 정확할 수
있습니까? 내가 내 일도 정확하게 못하는데, 남의 일을 어떻게 정확
하게 할 수 있습니까? 정확성에서 빗나가면 다 거짓입니다. 우리가
이걸 알면 참 말하기가 힘듭니다. 그러니까 침묵이 금이라는 말이
있는 것입니다. 말을 많이 하다보면 어쩔 수 없이 거짓말도 많이 하
게 됩니다. 허망한 소리를 많이 하게 되는 것입니다. 그러면 덩달아
그 마음도 허망해지는 것입니다. 정확성, 참 어렵습니다. 정확한 말
을 하지 못할 바에는 아예 하지 말아야 합니다.

191 절박한 두 가지 소원

또 하나는 실현에 책임을 져야 된다는 것입니다. '이건 이렇게 된다.' 이렇게 말하면 이 말대로 되어야 할 것 아닙니까. 그대로 되어야 사실이지 않습니까. 실현되지 않으면 거짓말이 되는 것입니다. 여러분, 준다고 말할 때는 진실입니다. 그러나 못 주면 거짓말이 됩니다. 성경에 귀중한 사례가 있습니다. 베드로가 예수님 앞에서 "제가 죽을지언정 예수님을 부인하지 않겠습니다!" 했습니다. 아마도 속으로 이랬을 것입니다. '제가 누구입니까? 수제자예요, 수제자. 베드로, 수제자입니다. 제가, 세상에, 예수님을 부인하다니요? 그런 일 절대 없습니다. 제가 죽을지언정 예수님을 부인하지는 않을 것입니다." 이렇게 당당히 맹세했습니다. 그리고 금방 나가서 예수를 세 번이나 모른다고 해버립니다. 연약한 자기를 몰랐던 것입니다. 맹세가 허망하게 무너졌습니다. 이렇게 약속한 대로 하지 못하면 거짓말이 되는 것입니다.

저는 베드로가 그렇게 맹세를 할 때 그것이 거짓말이었다고 생각하지 않습니다. 다만, 그대로 살지 못했기 때문에 거짓말이 된 것입니다. 이걸 잊지 말아야 합니다. 이런 차원에서 보면 우리 인생은 거짓말투성이입니다. 그 많은 말들이 그대로 되지 못했거든요. 다 허망한 거짓말이 되고 만 것입니다. 그런고로 마지막으로 하나님 앞에 가는 시간이 가까웠을 때, 오늘이 이 세상에서 내 마지막 날이라고 한다면 나는 이제 무슨 기도를 해야 하겠습니까. '하나님, 제가 정직하게 해주세요. 저는 정직하지 못했습니다. 허망한 말을 너무 많이 했습니다.' 이걸 잊지 말아야 합니다.

언젠가 어떤 유명한 사람이 세상을 떠났습니다. 그때 그가 한 말이 책에 기록된 것을 읽고 제가 한참 생각해봤습니다. 이런 말이었습니다. '내가 그동안 많은 사람들 앞에서 말을 했고, 가르쳤는데, 얼마나 많은 거짓말을 했던가? 내 허망한 말을 듣고 얼마나 많은 사람들이 잘못된 길을 가게 되었던가?' 여러분, 마지막으로 하나님 앞에 갈 때 우리는 이렇게 기도해야 합니다. '하나님, 제게 얼마나 시간이 남아 있는지 모르지만, 적어도 이 남은 시간에는 하나님 앞에 정직하게 해주시고, 사람들에게 허망한 말을 하지 않게 해주시고, 헛된 생각에 사로잡히지 않게 해주세요. 한 마디로 정직하고 진실하게 해주세요. 믿음의 사람 되게 해주세요.' 이것이 기도입니다. '하나님, 겸손하게 해주세요. 부하게도 마시고, 가난하게도 마시고……' 사람은 부하면 '하나님이 어디에 있느냐?' 하고 교만할까 걱정이고, 너무 가난하면 부득이 도둑질을 해서 '하나님의 사람으로 왜 저 모양으로 사는가?' 하는 소리나 들어서 하나님의 이름을 욕되게 할까 걱정입니다. 그런고로 이렇게 기도하십시오. '부하게도 마시고, 가난하게도 마시고, 일용할 양식을 주시고, 아니, 일용할 양식으로 만족하게 해주세요.' 한 끼 먹었으니 만족하고, 아침에 일어났으니 만족하고, 오늘도 평안하니 만족하고…… 그렇지 않습니까, 하루하루가?

제가 나이가 좀 들다보니 요새는 아침에 차를 몰고 교회에 올 때마다 이런 생각을 합니다. '오늘은 내가 이렇게 오는데, 다음 주일에 다시 올 수 있을까?' 여러분, 인간이 원래 그렇지 않습니까. 오늘 한 일을 언제 다시 할 수 있다고 할 수 있습니까? 내일이 있다고 말할 수 있습니까? 그런고로 한 시간, 한 시간이 소중합니다. 하루, 하루가 소중합니다. 오늘 만나는 사람이 소중합니다. 그러려면 겸손해야지요. 이것이 겸손입니다. 진실과 겸손은 한 맥으로 통합니다.

겸손에는 세 가지 단계가 있다고 합니다. 첫째는 무질서한 욕망에 사로잡히지 않는 것이고, 둘째는 쓸데없는 욕심을 부리지 않는 것이고, 셋째는 마음을 비우는 것입니다. 여기서 둘째는 말하자면 초연한 단계입니다. 이걸 봐도 초연하고, 저걸 봐도 초연합니다. 예쁜 여자를 봐도 그냥 꽃 본 듯이 보고 맙니다. 유명한 이야기가 있습니다. 이스라엘 랍비에게 누가 이렇게 물었습니다. "자꾸 여자가 보고 싶은데, 어떻게 하면 좋습니까?" 그러자 랍비가 이렇게 대답했다는 것입니다. "한 번만 보라. 한 번 보고 돌아선 다음에 머릿속에 그 여자가 생각나면 안 된다." 그냥 한 번만 봅시다. '세상에 저런 예쁜 여자도 있구나! 세상에 저런 예쁜 옷도 있구나!' 하지만 '내가 저걸 꼭 가져야겠다!' 하는 데까지 가면 안 됩니다. 초연함이 중요합니다. 가장 중요한 것은 영적인 자유입니다. 내 영혼이 자유로워야 됩니다. 하나님 앞에 거칠 것 없는 온전한 자유인이어야 합니다. 이것이 바로 겸손입니다. 오늘본문의 기도입니다.

유대 랍비의 교훈에 이런 돈에 대한 기록이 있습니다. '배부른 지갑을 흉하다고 할 수는 없으나, 빈 지갑은 나쁘다. 돈은 저주도 아니고, 악도 아니다. 축복도 아니다. 돈은 기회를 제공한다. 가난하다고 옳고, 부하다고 죄인인 것은 아니다. 부자는 걱정이 많으나, 가난한 자는 걱정이 더 많다. 가난한 것이 수치가 아니고, 부자가 명예도 아니다. 돈은 좋은 사람에게 좋은 일을 가져다주고, 나쁜 사람에게는 더 나쁜 것을 가져다준다.' 이스라엘 사람들의 교훈입니다. 그런고로 초연하게 살아야 합니다. 오늘본문의 지혜자가 하나님 앞에 기도합니다. 절박한 소원입니다. 우리가 흔히 말하는 세상적인 기도가 아닙니다. 절박한 소원, 딱 두 가지입니다. '진실하게 해주세요.

이 남은 시간이라도.' 왜요? 오늘까지 내 마음 속에 있는 많은 근심, 걱정, 어두운 그림자가 거짓에서 온 것을 알고 있습니다. 위선(僞善)에서 온 것을 알고 있습니다. '이 남은 시간만은 정직하게 해주세요. 그리고 세상 물욕에 사로잡히지 않고, 없다고 비굴하고, 있다고 교만하지 않고, 아주 초연하고 겸손하게 해주세요. 일용할 양식으로 만족하게 해주세요.' 지혜자의 소원은 오직 은혜로운 삶을 원합니다. 하나님 앞에 정직하고, 사람 앞에 진실하고, 그리고 하나님의 은혜에 대해서 그저 감사하고 겸손하게 사는 사람, 이것이 그의 소원이었습니다.

여러분, 이제 나이와 함께 우리의 기도제목도 좀 바뀌어야 하지 않겠습니까. 아직도 성공이고, 출세고, 명예고, 돈이고…… 이제는 그만합시다. '하나님이시여, 저의 두 가지 소원을 들어주세요. 남은 생은 정직하게, 그리고 하나님 앞에 신앙적 겸손을 가지고 살아가게 해주세요. 그래서 하나님의 은혜를 찬양하고, 하나님만을 의지하는 사람으로 살아가게 해주세요.' 이런 깨끗하고 아름다운 기도와 소원이 있어야 하지 않겠습니까.   △

한 사도의 진실

그러나 내가 이것을 하나도 쓰지 아니하였고 또 이 말을 쓰는 것은 내게 이같이 하여달라는 것이 아니라 내가 차라리 죽을지언정 누구든지 내 자랑하는 것을 헛된 데로 돌리지 못하게 하리라 내가 복음을 전할지라도 자랑할 것이 없음은 내가 부득불 할 일임이라 만일 복음을 전하지 아니하면 내게 화가 있을 것이로다 내가 내 자의로 이것을 행하면 상을 얻으려니와 내가 자의로 아니한다 할지라도 나는 사명을 받았노라 그런즉 내 상이 무엇이냐 내가 복음을 전할 때에 값없이 전하고 복음으로 말미암아 내게 있는 권리를 다 쓰지 아니하는 이것이로다

(고린도전서 9 : 15 - 18)

한 사도의 진실

　제 목회생활 50년 중에 도저히 잊기 힘든 특별한 사건들이 몇 있습니다. 제 마음에 큰 충격을 주었고, 또 많은 의미를 품고 있는 사건들입니다. 그 가운데 한 사건을 소개하겠습니다. 어느 날 아침, 한 교인이 급한 일로 제게 전화를 걸어왔습니다. 일반적으로 저는 교인심방을 하지 않습니다마는, 이번에는 그분의 사정이 너무나 딱하고 절절해서 제가 아침 일찍 그 가정을 심방하게 되었습니다. 사건은 이렇습니다. 부부가 둘 다 서울대를 나온 분들인데, 현재 아내는 대학교수고, 남편은 사업을 합니다. 한마디로 최고의 엘리트 가정입니다. 이런 상황이니, 아들이 둘인데, 이 아이들을 공부시킬 때 무엇을 표준으로 했겠습니까? 간단합니다. "너희들, 서울대에 못 가면 내 아들 아니다!" 아이들을 앉혀 놓고 늘 이렇게 강요를 한 것입니다. 아이들은 부모님이 무서우니까 나름대로 열심히 성실하게 공부했습니다. 한데 큰 아들이 입학시험을 쳤는데 서울대에는 낙방하고 고려대에 들어갔습니다. 입학식 다음날 이 아들, 유서를 이렇게 써놓고 죽었습니다. '부모님이 원하시는 만큼 효도하지 못해서 죽습니다. 불효자를 용서하세요.' 얼마나 큰 사건입니까. 세상에 어찌 이런 일이 있습니까. 그 가족에게 얼마나 큰 슬픔과 고통이었겠습니까. 그리고 1년이 지나갔습니다. 이번에는 둘째아들이 또 입학시험을 볼 차례가 되었습니다. 또 같은 말을 했습니다. "시험 잘 봐라! 서울대에 못 들어가면 내 아들이 아니다!" 그러자 이 둘째아들이 아주 담담히 이렇게 대답했다는 것입니다. "예, 그러죠. 제가 오늘 가

서 시험 성심껏 보고, 떨어지면 형님 따라가겠습니다." 그래 그 부모
가 깜짝 놀랐습니다. 이러다가는 아들 둘이 다 죽게 생겼습니다. 얼
마나 급하면 그 아침에 저한테 전화를 걸어겠습니까. 그래 제가 그
집을 방문하게 되었습니다. 그리고 이런 얘기, 저런 얘기 다 들어보
았습니다. 물론 그 아이의 얘기도 들어보았지요. 결론은 이렇습니
다. "내가 당신네 아들이라도 죽고 말지. 이러고서야 어디 살 수가
있나?" 그러자 그들이 막 울고 저한테 매달리면서 이렇게 묻습니다.
"그럼 어떻게 하면 좋겠습니까?" 그때 하나님께서 제게 지혜를 주
셨습니다. 그들 얘기 가운데서 중요한 한 가지를 발견했습니다. 그
부모가 다 저하고 나이가 비슷합니다. 그래 부산에 피난 가서 대학
을 나왔습니다. 그때는 뭐 대학이랄 것도 없습니다. 나무 밑에 천막
을 쳐놓고 참고서 하나도 없이 쪼그려 앉아서 공부를 했거든요. 그
런 식으로 서울대를 졸업한 것입니다. 이 사실을 제가 알아차리고
두 사람한테 이렇게 말했습니다. "당신 두 사람, 서울대를 나왔다고
하지마는, 그때 피난지 부산에서 이럭저럭 나온 거 아니야?" 그랬더
니 맞답니다. 목사님이 어떻게 아시느냐고 되묻기까지 합니다. "내
가 그와 똑같은 처지에 있었으니까 알지. 그러면 뭐 굳이 대학 나왔
다고 할 것도 없잖아? 뭐 그렇게 대단한 것처럼 말을 하나?" 그랬더
니 이러는 것입니다. "그렇지요. 그때는 머릿속에 지금처럼 대학 나
왔다고 하는 생각도 없었습니다. 제대로 배운 것도 없고요." 이 소리
를 듣고 그 둘째아들이 뭐라고 한 줄 아십니까? "아버지, 그 말씀 진
작 하셨더라면 우리 형, 죽지 않았을 거예요." 말이라는 것, 참 비수
같지 않습니까. 그분들 그 자리에서 통곡을 했습니다. 여러분, 한 번
만 더 진실하면 사람을 살립니다. 나도 살고, 저도 삽니다. 오랫동안

누적된 위선과 거짓말이 많은 사람을 죽입니다. 그리고 나도 죽습니다. 이걸 잊지 말아야 합니다. 사실대로 설명했더라면, 조금만 더 진실했더라면, 조금만 더 겸손했더라면 그 아들을 살릴 수도 있었던 것입니다.

알프레드 아들러(Alfred Adler)의 심리학을 쉽게 풀어 설명해서 유명해진 「미움받을 용기」라는 책이 있습니다. 기시미 이치로(岸見 一郎)의 명작입니다. 유명한 프로이드의 심리학은 과거 트라우마에 사로잡혀서 휘청거리는 인간을 묘사합니다. 그러나 이것 가지고는 안 되겠다 싶어서 그는 새로이 용기 있는 인간을 생각해냈습니다. 그래서 선택과 책임 있는 용기를 강조하는 '미움 받을 용기'를 제목으로 삼았습니다. 미움 받을 용기, 소외당할 수 있는 용기, 아니, 멸시 받을 수 있는 용기입니다. 이것 없이는 진실할 수 없습니다. 진실의 용기, 정직할 수 있는 용기, 손해 볼 수 있는 용기가 인간 재창조의 필수조건이라는 것입니다. 우리는 지금 고도로 발달한 물질문명 속에 삽니다마는, 세상이 이대로 가면 어떻게 되겠습니까? 세상은 지금 점점 더 어려워지고 있습니다. 하지만 우리는 그 사실을 숨기고, 어느 사이에 그만 어리벙벙해져가지고 이 모든 것이 아주 대단한 것처럼 착각하고 있습니다. 다른 사람들에게 멸시를 받기도 하고, 실패했다고 조롱을 들을 수도 있습니다. 위선자라고 하는 무서운 화살도 맞을 수 있습니다. 그래도 미움 받을 용기가 있어야 합니다. 그래야 비로소 다시 시작할 수 있습니다. 그러지 않으면 살아남을 수가 없습니다.

러시아의 대문호 톨스토이의 마지막 작품은 「살아갈 날들을 위한 공부」입니다. 이 책에서 그는 인생의 마지막을 가면서 무슨 유언처럼 우리에게 이런 부탁의 말을 합니다. '첫째, 자신에 대해서 정직하라. 둘째, 스스로 죄인임을 인정하라. 남들이 나를 비판하고, 지적하고, 멸시하고, 학대하는 것은 중요하지 않다. 내가 죄인임을 스스로 인정하라. 그러고야 다시 인격을 세울 수 있다. 자기 존재를 인정하라. 비록 나는 부족하지만, 오늘까지 하나님의 은혜로 살았다. 여기에는 사명이 있다. 그런고로 자기 존재를 인정하라. 그리고 어떤 일을 만나든지, 어떤 노동을 하든지 부끄러워하지 마라.' 살아있다는 것, 일거리가 있다는 것만으로도 나는 소중한 존재입니다. 이것이 톨스토이의 마지막 부탁입니다.

저는 신학대학에서 지난 40년 동안 강의를 해왔습니다. 제 전공은 아닙니다마는, 언젠가 갑자기 유학을 가게 된 어떤 교수님을 대신하느라고 제가 로마서와 바울 신학을 강의한 적이 있습니다. 그때 나름대로 연구를 많이 하는 중에 로마서의 핵심부분이라고 할 수 있는 로마서 8장을 강의하게 되었습니다. 아주 영광스러운 금자탑과도 같은 부분이 바로 이 로마서 8장입니다. 주 예수 그리스도 안에 정죄함이 없음과 예수 그리스도로 말미암아 구속받은 자의 영광을 말씀하는 장입니다. 혹자는 이런 우스갯소리까지 했습니다. '어떤 때에 어떤 사건이 있어서 성경책이 다 없어졌다고 하자. 로마서 8장 하나만 있으면 구원받는다.' 그만큼 로마서 8장은 많은 사람들에게 사랑받는, 은혜가 많은 장입니다. 여러분, 그저 좀 어려울 때마다 로마서 8장을 읽고 또 읽으십시오. 그래서 숫제 외워버리십시오. 정말 크게 은혜가 됩니다. 로마서 8장, 너무나 소중합니다.

그런데 그 바로 앞장인 로마서 7장을 읽다가 제가 깜짝 놀랐습니다. 사도 바울이 어찌 이토록 정직할 수가 있나 싶어서요. 그가 이런 진실한 자기고백을 합니다. "오호라 나는 곤고한 사람이로다 이 사망의 몸에서 누가 나를 건져내랴(24절)." 그에게는 죄의 노예가 되어서 끌려가는 자기 모습을 객관적인 눈으로 보는 능력이 있는 것입니다. 그는 또 18절에서 이렇게 고백합니다. "원함은 내게 있으나 선을 행하는 것은 없노라." 그러니까 이것입니다. '늘 원하는 마음은 있지만, 왜 내 행실은 원하는 바를 따라가지 못하는가? 생각은 저기에 있고, 행동은 여기에 있다. 나는 왜 이렇게 모순되게 살아가는 것이냐? 나의 모든 선에는 악이 함께한다.' 놀랍지 않습니까. 자기 자신에 대한 처절한 고백입니다. 이 배경을 조금 말씀드리면, 로마서는 바울이 로마로 보낸 편지 아닙니까. 로마 사람들은 사도 바울의 얼굴을 못 보았습니다. 그저 사도 바울을 위대한 사도로만 알고 있습니다. 한데 그런 그들에게 편지하면서 어찌 이렇게 정직할 수 있습니까? 어찌 이렇게 옷을 벗을 수 있습니까? 자기가 어떤 사람인지를 용기 있게 밝히고 있습니다. 아주 겸손한 용기입니다. 그러고 나서 하나님의 은혜를 찬양합니다. 여기까지 내려간 다음에야 비로소 주님의 놀라운 영광을 찬양하는 위대한 사도의 고백을 하게 되는 것입니다. 고린도전서 15장 10절에서 그는 이렇게 고백합니다. "내가 나 된 것은 하나님의 은혜로 된 것이니……" 그렇습니다. 그 은혜가 헛되지 아니하여 오늘 내가 있다, 이것입니다. 오직 은혜만이 있고, 나는 아무것도 아닌 존재라는 고백입니다.

오늘본문 가운데에는 또 한 번의 귀중한 진실이 있습니다. "내가 복음을 전할지라도 자랑할 것이 없음은 내가 부득불 할 일임이라 만일 복음을 전하지 아니하면 내게 화가 있을 것이로다(16절)." 내가 아무리 많은 일을 하고, 아무리 큰일을 했더라도 나한테는 자랑할 것이 없다, 이것입니다. 왜요? 부득불 한 일이기 때문입니다. 무슨 말입니까? 자원하는 마음으로, 감사하는 마음으로, 찬양하는 마음으로 해야 될 터인데, 그런 마음이 아니었습니다. 부득불 했습니다. 이렇게 은혜를 많이 받은 사람이 그 은혜를 배반하면 저주를 받아 마땅하지요. 이렇게 많은 은혜를 받았는데도 만일 그 은혜에 보답하지 않고, 그 은혜를 배반한다면 나는 저주를 받아 마땅하다, 이것입니다. 그 은혜를 배반하고, 게을러서 사명을 외면한다면 나는 저주를 받아 마땅하다, 이것입니다. '그런고로 잘 알 것이 없다. 하고 싶은 일이 아니다. 안 하면 안 되기 때문에 한 것이다.' 이런 마음입니다. 여러분, 잊지 마십시오. 우리는 어떤 일을 할 때 좋은 마음으로, 기쁜 마음으로 할 때도 있지만, 그렇지 않을 때도 많습니다.

여러분, 여자가 예뻐서 미치는 줄 알았고, 그래서 그 예쁜 여자하고 결혼하지 않았습니까. 그렇다고 그 예쁜 여자가 항상 예쁩니까? 아니지 않습니까. 살다보면 '내가 어쩌다가 이런 여자하고 만났나?' 할 때도 더러는 있지 않습니까. 그렇더라도 사랑해야 합니다. 억지로 사랑해야 합니다. 왜요? 은혜를 배반하면 안 되니까요. 우리는 너무나 많은 은혜를 받으면서 살아왔으니까요. 그래서 만일에 내가 무언가 잘못한다면 벌을 받아 마땅하지요. 아니, 죽어 마땅하지요. 사도 바울은 이런 강한 의식을 가지고 살았습니다. 이것이 그의 진실입니다. 그런고로 자랑할 것이 없다, 이것입니다. 내가 늘 좋은 마음으로 바랐던 것이 아니거든요. 그러니 자랑할 게 없는 것입니다.

여러분, 부부사이에 오늘까지 무사히 이혼 안 하고 살아온 것, 자랑할 수 있습니까? 솔직히 여러 번 이혼할 뻔 했잖아요? 실제로 여러 번 문제가 있지 않았습니까? 그러나 자식을 봐서, 체면을 봐서, 이것저것 걸리는 것이 많아서 어찌어찌 하다보니 오늘까지 무사히 온 것 아닙니까. 그러니 자랑할 게 있습니까? 입 다무십시오. 할 말 없습니다. 그저 감사할 따름이지요. 이것이 진실입니다. 그런고로 자식에게는 똑바로 말하십시오. "우리가 뭐 그렇게 열렬히 사랑해서 오늘까지 온 게 아니고, 그럭저럭 살다보니 여기까지 온 것이다." 이렇게 얘기해야지요. 바르게 얘기를 해야 하는 것입니다. "이것이 인간이다. 때로는 저주받을까봐 무서워서 내가 열심히 일했다." 여러분, 여기까지 할 수 있겠습니까?

은혜에는 두 가지 단계가 있습니다. 하나는 절대 무지의 단계입니다. 아무것도 모르고 은혜에 사는 것을 말합니다. 우리가 아는 것이 아닙니다. 아는 것은 아주 적습니다. 그 가운데 하나가 어렸을 때 세상에 태어난 것, 부모님의 사랑을 입으면서 자란 것입니다. 기억나십니까? 아무것도 몰랐지 않습니까. 엄청난 사랑을 받았고, 귀여움을 받았습니다. 그러면서 자랐잖아요? 알고 한 일이 뭐가 있습니까? 거의 없습니다. 유치원 다닌 것, 학교 다닌 것, 신앙생활 시작한 것…… 가만히 생각해보면 그 어느 것 하나 알고 한 일이 없습니다. 나도 모르게 은혜 가운데 살아온 것입니다.

다음은 복종의 단계입니다. 우리가 살다보면 빗나갈 때가 있습니다. '부모님은 이렇게 말씀하시지만, 나는 아니다. 성경은 이렇게 말씀하지만, 나는 아니다.' 그러나 복종해야지요. 그래도 복종해야지요. 예를 들면, 예수님께서 밤새껏 수고했는데도 고기 한 마리 못 잡은 베드로를 찾아오시어 이렇게 이르십니다. "깊은 데 가서 그물을 던져라!" 말이 안 됩니다. 목수가 어부에게 하는 말입니다. 어부의 상식으로 도저히 이해할 수 없는 명령입니다. 하지만 그때 베드로는 이렇게 말합니다. 너무나 재미있는 말입니다. "저희가 밤새껏 수고해서 한 마리도 못 잡았습니다마는, 말씀하시니 그물을 내리리이다." 여기에 괄호를 치고 이렇게 한마디 써넣으면 좋겠습니다. '한 마리도 못 잡을 것은 뻔합니다마는, 그물을 내리겠습니다.' 그러고 그물을 내렸습니다. 그물이 찢어질 만큼 물고기를 가득 잡았습니다. 베드로가 두려워서 예수님 앞에 무릎을 꿇고 아룁니다. "저는 죄인이로소이다! 저를 떠나소서!" 참회입니다. 베드로의 이 순종은 억지로 한 순종입니다. 이것이 복종의 단계입니다. 생각하고, 눈치보고, 비판하고…… 그만하십시오. 때로는 무조건 복종해야 됩니다. 내 뜻과 같지 않습니다. 내 마음에 안 듭니다. 그래도 "말씀하시니 순종하겠습니다!" 하고 순종해야 합니다. 효도가 무엇입니까? "부모님이 말씀하시니 하겠습니다!" 비판하고, 이치 따지고, 손익계산하고…… 무슨 효도를 이렇게 합니까. 이것은 효도가 아닙니다. 효도는 복종입니다. 이걸 알아야 합니다. 신앙생활도 복종입니다.

여러분, 아마 이렇게 아침 일찍 교회로 오실 때 '오늘 갈까, 말까?' 하고 망설이셨을지도 모릅니다. '비도 오는데, 오늘 하루만 쉴까? 안 돼!' 이것이 복종입니다. 때때로 우리의 의지, 우리의 판단을 중지하고 복종하는 때가 있습니다. 그런가하면 스스로 선택하여 기쁜 마음으로 할 때도 있지요. 빌립보서 3장 12절은 말씀합니다. "그리스도 예수께 잡힌 바 된 그것을 잡으려고 달려가노라." 잡힌 바 되었다는 것은 노예가 되었다는 뜻입니다. 자유가 없습니다. 그러나 그것을 쫓아간다는 것은 자원적이요 자발적인 행위입니다. 내가 선택한 것입니다. 이것이 잡힌 바 된 것을 스스로 선택하고, 거기에 몰두하고, 거기에 헌신하는 사도 바울의 모습입니다. 고린도전서 9장 27절은 말씀합니다. "내가 내 몸을 쳐 복종하게 함은……" 쳐서 복종케 한다는 말은 헬라어로 뚤라고그입니다. '뚤로스'는 '종'이라는 말이고, '아고'는 '인도한다'라는 말입니다. 노예를 길들이듯이 자기 몸을 길들이고, 자기 의지를 길들이고, 자기 신앙생활을 길들여간다는 것입니다. 바울도 그랬습니다. 기분대로, 자의대로? 아닙니다. 내 의지를 꺾고 순종하는 것입니다. 결론은 이것입니다. 그런고로 자랑할 것이 없습니다.

베스트셀러 작가인 스티브 챈들러(Steve Chandler)가 이런 재미있는 책을 썼습니다. 「성공을 가로막는 13가지 거짓말」입니다. 여러분도 한번 생각해보십시오. 자신이 거짓말을 얼마나 많이 하고 사는지를요. '하고 싶지만 시간이 없다.' 거짓말입니다. '인맥이 있어야 하지.' 거짓말입니다. '이 나이에 뭘 할 수 있어?' 거짓말입니다. 할 일 많습니다. '왜 나한테는 걱정거리만 생기지?' 이것도 거짓말입니다. '이런 일을 못하다니, 난 실패자야.' 아닙니다. '사실 난 용기가 없어.' 아니지요. '사람들은 나를 화나게 만들어.' 아닙니다. '오랜 습관이라 버리기 어려워.' 이것도 거짓말입니다. '그것은 내가 할 수 있는 일이 아니야.' 아닙니다. '맨 정신으로 살아갈 수 없는 무서운 세상이야.' 거짓말입니다. '가만히 있으면 중간이나 되지.' 아닙니다. '나는 원래 그렇게 생겨먹었어.' 이것도 거짓말입니다. '상황이 나를 협조해주지 않아.' 이 역시 거짓말입니다. 사람은 이렇게 13가지의 거짓말들을 하면서 산다, 이것입니다. 이제는 돌아가 진실을 말해야겠습니다. 진실을 찾아야겠습니다. 진실, 그 속에 용기가 있습니다. 진실과 겸손은 한 곳에서 만납니다. 그러고 나서야 새로운 역사가

시작됩니다. 바울의 이 놀라운 진실을 마음에 새기면서 우리가 잃어
버린 진실을 다시 찾을 때 진정한 평안이 있고, 은혜가 있습니다. 그
때 비로소 하나님의 능력을 체험하게 될 것입니다.   △

한 게으른 종의 변명

한 달란트 받았던 자는 와서 이르되 주인이여 당신
은 굳은 사람이라 심지 않은 데서 거두고 헤치지 않
은 데서 모으는 줄을 내가 알았으므로 두려워하여 나
가서 당신의 달란트를 땅에 감추어 두었었나이다 보
소서 당신의 것을 가지셨나이다 그 주인이 대답하여
이르되 악하고 게으른 종아 나는 심지 않은 데서 거
두고 헤치지 않은 데서 모으는 줄로 네가 알았느냐
그러면 네가 마땅히 내 돈을 취리하는 자들에게나 맡
겼다가 내가 돌아와서 내 원금과 이자를 받게 하였을
것이니라 하고 그에게서 그 한 달란트를 빼앗아 열
달란트 가진 자에게 주라 무릇 있는 자는 받아 풍족
하게 되고 없는 자는 그 있는 것까지 빼앗기리라 이
무익한 종을 바깥 어두운 데로 내쫓으라 거기서 슬피
울며 이를 갈리라 하니라
(마태복음 25 : 24 - 30)

한 게으른 종의 변명

　여러분이 너무나 잘 아시는 저 아프리카의 선교사 리빙스톤이 언젠가 휴가로 잠시 고국 영국에 돌아왔던 때가 있었습니다. 사람들이 아프리카에 선교사로 가서 많은 고생을 하고 돌아온 리빙스톤을 존경과 선망의 눈으로 보면서 그에게 여러 가지 질문을 했습니다. "얼마나 고생이 많으셨습니까? 얼마나 힘드셨습니까? 얼마나 위험했습니까? 얼마나 희생하셨습니까?" 그때 리빙스톤이 이렇게 대답했다고 합니다. "희생이라고요? 아닙니다. 오히려 저는 너무나도 즐거웠습니다. 이렇게 기쁜 일에 대해서 희생이니 고생이니 하는 말은 쓰지 않으시면 고맙겠습니다. 저는 희생한 일이 없거든요. 또 고통이라고 생각해본 일도 없습니다."

　제가 목회자들을 상대로 세미나를 인도할 때가 많은데요, 그 목회자들 가운데 많은 분들이 목회를 십자가 지는 마음으로 합니다. 그래 '이 고통을, 이 어려운 일을 언제쯤에나 면할 수 있을까?' 하는 마음에서 어떻게 해서든 되도록 설교를 안 하려고 합니다. 그래서 목사님들 가운데 어떤 분들은 휴가 가는 것을 그렇게 좋아합니다. 걸핏하면 이런저런 명분으로 휴가를 갑니다. 몇 주, 몇 달, 1년……제가 지금까지 한 50년 목회를 했는데, 통계적으로 한번 짐작을 해봤습니다. 간단합니다. 휴가 많이 가는 목사가 일찍 죽더라고요. 이거 아시겠습니까? 굉장히 중요한 얘기입니다. 목회를 힘들게 생각하고, 한 시간 한 시간 설교하는 것을 십자가 지는 마음으로 하니까 기어이 먼저 가더라고요. 결국은 무엇입니까? 기쁜 마음으로, 감사

208

한 마음으로, 순간순간 행복한 마음으로 해야 한다, 이것입니다. 또 솔직히 말하면 목사에게는 설교하는 시간이 가장 행복한 시간입니다. 그렇게 목회를 해야 하는 것이지, 한 시간 한 시간 설교하는 것을 너무나 어려운 일로 생각하는 분들, 거기에 문제가 있습니다. 그러니까 성공에 대한 평가는 결과와 성과, 물리학과 같이 양적인 기준으로 할 수 있는 것이 아닙니다. 질적으로, 정신적으로, 심리적으로 평가해야 한다, 이것입니다. 다시 말하면, 얼마나 즐겁게 일하느냐, 하는 것이 문제입니다.

다들 아시겠지만, 저는 차를 직접 운전하는데, 주차장도 시원치 않고 아주 복잡한 곳에 갈 때에는 택시를 탑니다. 그럴 때마다 택시기사하고 이런 얘기, 저런 얘기를 하면서 가게 되는데, 여러분도 다 경험하셨겠지만, 가끔 보면 70이 넘은 노인들이 택시기사를 합니다. 요새 그런 분들 많습디다. 그래 가면서 이 말 저 말 해보면 참 재미있는 것이 있습니다. 70이 넘은 운전사는 다 행복합니다. 돈 버는 것이 중요하지 않습니다. 물어보니 하루에 네 시간밖에 일 안 한답니다. 운전을 하다보면 그렇게 행복할 수가 없답니다. 돈을 얼마나 버느냐는 중요하지 않답니다. 용돈이나 손에 쥐면 됩니다. 실제로 그분들 너무나 행복해 보입니다. 그분들 말을 들어보십시오. "진작 이런 마음으로 살았더라면 얼마나 좋았을까요?" 그동안에는 그러지 못했다는 것이지요. 70이 넘어서 이렇게 운전대를 쥐고 나갈 때 자신이 너무너무 소중하고 행복하게 느껴진다는 것입니다. 같은 일을 해도 어떤 마음으로 하느냐가 문제 아니겠습니까.

여기에는 세 가지 원리가 있습니다. 첫째는 Concentration, 집중입니다. 얼마나 집중하느냐, 얼마나 집중하기 위해서 다른 모든 것

을 버리느냐, 이것입니다. 지금 하고 있는 일에 만족하고 아무 생각
도 하지 않는 것입니다. 이런 사람이 행복하고 성공적인 사람입니
다. 이 일을 하면서 저 일을 생각하고, 저 일을 하면서 이 일을 생각
하고, 이걸 하면서 저걸 했더라면 좋았을 텐데 하고, 저걸 하면서 이
걸 했더라면 좋았을 텐데 하고…… 잘못입니다. 여러분, 지금 누구
하고 같이 살고 있습니까? '이 사람하고 사는 것이 참 행복하다! 하
나님께서 주신 축복이다!' 이렇게 생각하면서 살아야지, 이 남자하
고 살면서 '그때 그 남자하고 살았으면 좋았을 걸', 이 여자하고 살면
서 '그때 그 여자하고 살았으면 좋았을 걸'…… 이런 따위 생각을 하
니까 일이 피곤해지고, 일이 다 망가지는 것입니다. 오늘 바로 이 시
간에 하고 있는 일에 초점을 맞추고 집중해야 합니다. 다른 것은 생
각하지 말아야 합니다. '지금하고 있는 일이 최고다!' 이렇게 생각하
면 그 일이 얼마나 행복하겠습니까. 둘째는 Faithfulness, 충성입니
다. 얼마나 최선을 다하느냐? 뒤돌아 볼 것 없습니다. '나는 내가 할
수 있는 the best, 최선을 다했다, 유감없이.' 이 자체가 성공 아니겠
습니까. 셋째는 얼마나 사랑하느냐, 하는 것입니다. 얼마나 행복하
냐? 얼마나 자유로우냐? 스스로 선택하고, 스스로 책임을 지면서
자유로운 마음으로 일하게 될 때 그것이 바로 성공이고 행복 아니겠
습니까. 하나님께서는 중심을 보십니다. 일하는 자의 마음을 보십
니다.

　　얼마 전에 잡지에서 본 글입니다마는, 일본에서, 한국도 마찬가
지일 것입니다마는, 나온 통계에 의하면 골프를 치다 죽는 자가 1년
에 130명이랍니다. 세상에 그렇게 많이 죽는답니다. 여러분, 골프
치다 죽었다— 왜 죽었을 것 같습니까? 힘들어서 죽었습니까? 그거

아니거든요. 잘 하려다 죽은 것이지요. 주변에 있는 사람들을 신경 쓰다가 자기가 멋지게 한 번 잘 하고 싶어서 하다가 그만 그게 지나 쳐가지고 꽝하고 죽은 것입니다. 죽는 것도 여러 가지가 있지만, 골 프 치다 죽었다는 것은 문제가 있는 것이지요. 그 소중한 생명을 거 기다 갖다가 이건 안 되는 것 아닙니까. 왜 그렇습니까? 질투 때문 에 그렇습니다. 사람들로부터 잘한다고 자랑을 하고 싶은데, 그게 마음대로 됩니까, 어디? 그래서 그렇게 죽는 사람이 그렇게 많다고 합니다. 한국에도 100명이 넘는다고 합니다. 알아서 하세요. 그런 데 좌우간 문제는 있습니다. 때때로 그런 생각을 합니다. 때때로 우 리는 '다른 사람은 안 그럴 거다. 다른 사람은 행복할 거다'라고 생각 을 합니다. 그 사람보고 물어보십시오. 그 사람은 그 사람대로 또 고 민이 많고 더 어려운 일이 많습니다. 그러니까 다른 사람하고 비교 할 필요가 없지요. 유명한 에머슨(Emerson, Ralph Waldo)은 「자기신 뢰」라는 책에서 말합니다. '열등감과 패배의식만 지우면 그는 정신 적으로 성공할 수 있다. 다른 사람과 비교하지 마라. 다른 사람은 아 니 그럴 거다. 그 생각이 잘못된 생각이다. 또 자기신뢰가 있는 사람 은 다른 사람도 사랑할 수 있게 된다.' 그런 여유가 생긴다는 것이지 요. 또 하나는 혼자 있을 때 자기신뢰에 충실하면 누구도 방해할 수 없는 자기만의 성공을 누릴 수 있다고 말합니다.

여러분, 오늘성경을 보면, 예수님께서 말씀하신 달란트 비유인 데, 그 비유 속에서 무궁무진한 진리를 말씀합니다. '한 사람에게는 다섯 달란트, 한 사람에게는 두 달란트, 한 달란트를 주었다. 그리고 타국으로 가면서 이걸 가지고 장사해서 이윤을 많이 만들어라.' 이 렇게 부탁하고 갔다는 것이지요. 그런데 25장 15절에는 아주 중요한 말씀이 있습니다. '각각 재능대로' 주인이 판단하는 것입니다. '각각 재능대로 다섯 달란트, 두 달란트, 한 달란트를 주었다. 그런데 다섯 달란트 가졌던 사람은 다섯 달란트를 또 남겨가지고 왔다. 두 달란트 받은 사람은 두 달란트를 남겨가지고 왔다.' 남겼다는데 문제가 있는 것입니다. 이게 생산적이거든요. 남겨야 한다는 것입니다. 본전치기는 안 되는 것입니다. 남겨야 되는데, 그것이 바로 우리가 살아야 할 삶의 철학이라는 말이지요. 뭔가 생산적으로 Improve하는 그 증가시키는 그런 생을 살아야 한다— 그런데 오늘본문에 말씀하는 한 달란트 가진 사람은 성경 본대로 보면 땅을 파고 주인의 돈을 감춰두었다가 주인이 올 때 이것을 가지고 와서 떡 내놓으면서 하는 말이 '이건 당신의 것입니다' 하고 내놓았습니다. 참 이사람 참 특별한 사람입니다. 그런데 이게 문제는 주인의 말씀입니다. '악하고 게으른 종아'라고 말하거든요? 난 아무리 읽어봐도 이 사람 악한 사람은 아닙니다. 게으르긴 하지만요. 왜요? 본전 잘라먹는 사람도 많잖아요? 그런데 본전은 가지고 왔잖아요? 왜 악하냐, 하는 것입니다. 이 사람을 악하게 평가하는 주인의 심정을 이해해야 합니다. 여러분, 본전 가지고는 안 됩니다. 그것 가지고는 하나님 앞에 설 수가 없습니다. 반드시 더 남겨야 합니다. 그래서 유명한 말이 있습니다. '천당은 혼자 못 간다. 내가 전도 받아서 예수 믿었으니까.' 이게 본전입니다. 그러면 내가 다른 사람을 전도해서 더 데리고 가야 갈 수 있지, 나 혼자서만은 못 간다— 그렇다면 그런 줄 아십시오. 그러니까 전도 많이 해서 많은 사람과 함께 가야지, 나 혼자서 들어가겠다고, 그건 안 된다는 것입니다. 이게 바로 오늘성경말씀입니다. 주인은 말씀하십니다. '악하고 게으른 종아.' 왜? 왜 악하다는 것이냐?

212

간단합니다. 아무 일도 하지 않았거든요.

폴란드에서 히틀러가 폴란드를 점령했을 때 많은 사람들이 독립운동을 하다가 또 히틀러를 대항해서 지하운동을 하다가 잡혀서 트럭에 실려서 이제 사형장으로 갑니다. 사형장으로 갈 때 모든 청년들은 "뭐, 나라를 위해서 힘껏 일하다가 가는 거니까 가서 죽어야지", 그러고 가는데, 그 중에 한 사람은 이 사람은 레지스탕스가 아닙니다. 지하 운동하던 사람이 아니라는 말입니다. 그냥 장사하느라고 여기 저기 왔다 갔다 하다가 그냥 어쩌다가 잡혀가지고 지금 가는 것입니다. 어쩌다가. 그래서 가니까 이 사람은 불평이 많습니다. 나는 아무 일도 안 했는데요? 나는 나라를 위해서 한 일도 없고, 히틀러를 반항해서 한 일도 없고, 난 그저 이리저리 왔다 갔다 하면서 장사한 것 밖에 없는데, 나는 아무 일도 하지 않았는데, 왜 내가 여기에 같이 끌려가서 죽어야 하느냐고 자꾸 불평을 말하니까 거기에 청년 가운데에 애국운동을 하다가 끌려가는 저 한 청년이 이렇게 말했다는 것 아닙니까? "당신은 죽어 마땅하오." "왜?" "아무 일도 안 했으니까." 여러분, 아무 일도 안 했으니까 죽어야지요. 이게 얼마나 참 웅변적인 말입니까. 아무 일도 안 했다. 무사태평. 안 되지요, 이거는요. 오늘성경은 그걸 말씀하는 것입니다. '악하고 게으르다.' 게으른 건, 악한 것입니다. 이걸 알아야 됩니다. 게으른 것 하나, 그거 가지고는 안 되는 것이지요. 본전 가지고는 안 되는 것입니다. 아무 일도 하지 않았다는 것이 큰 죄가 되는 것을 알아야 합니다.

그런데 예일대학에 피터 살로비(Peter Salovey)라고 하는 교수님이 쓴 「Clinics of Jealousy(질투임상학)」라고 하는 책이 있습니다. '많은 사람들의 범죄의 20퍼센트가 질투에서 나온다. 이혼의 사유, 많

은 사람들이 이혼을 하는데, 그 사유의 30퍼센트가 질투에서 온다.'
왜 그럴까요? 다른 사람은 잘 사는 것 같거든요. 그래서 이혼을 하
게 되고 문제를 삼게 되는 것입니다. 모든 것, 심리 깊은 곳에는 질
투라는 것이 있습니다. 부부싸움도 그렇습니다. 둘이만 가지고 옳
다 그르다 하면 상관없는데, '내 친구 남편은 안 그래', '내 친구의 아
내는 어째', 이렇게 되면 꽝 하는 것입니다. 그때 터지는 것이거든
요? 질투라는 것, 그 마음속에서부터 비교의식이 악의 뿌리가 되는
것입니다. 이 한 달란트 받았던 사람이 왜 땅에다 묻어놨을까? 아마
도 다른 사람은 달란트, 다른 사람은 두 달란트, 나는 한 달란트……
여기에 질투가 나오는 것입니다. 주인에 대한 불평이 생기는 것입니
다. '왜 내게는 한 달란트밖에 안 줄까? 나는 왜 이렇게 인정해주지
않나? 그 반항심이 마침내 이렇게 되지 않았을까?'라고 그 심리를
분석하게 됩니다. 또 한 가지는 이 사람은 회개가 없습니다. 이렇게
하고 지내면서도 뉘우침이 없습니다. 주인에게 와서 당당하게 내놓
습니다. '당신의 것입니다. 받으세요. 본전을 가지고 왔습니다.' 그
게 주인에 대한 엄청난 반항이거든요? 주인을 하나님이라고 생각한
다면 하나님이 하시는 일에 대한 엄청난 반항이라는 말입니다. 이게
불신앙이라는 말입니다. 그래서 문제가 된다는 것입니다.

　여러분, 유명한 발명왕 에디슨이, 지금 우리가 이렇게 불을 켜
고 있습니다마는, 이 전등을 발견할 때, 그게 너무 재미있는 얘기입
니다. 무려 600번 이상을 실패했답니다. 실험을 하는데 실험하면 또
끊어지고, 실험하면 번쩍하고 끊어지고, 끊어지고 하는 걸 600번을
시험을 하는데, 그 조수가 옆에서 보다가 또 번쩍하고 끊어지니까
"선생님, 또 실패했습니다" 그랬습니다. "또 실패했습니다." 그러니

까 에디슨이 "말조심해라. 이놈아. 실패하다니? 그렇게 하면 안 된다는 걸 알았으니까 그만큼 성공한 거지." 그거 유명한 얘기입니다. 그렇게 하면 안 된다는 걸 알았으면 그거 실패입니까? 그것은 성공이지요. 우리가 살아가는 길에 여러 가지 일을 당합니다마는, 알고 보면 성공, 실패는 없습니다. 그것으로 인해서 지혜를 얻지요. 그것으로 인해서 능력을 얻지요. 그것으로 인해서 믿음을 얻지요. 하나님의 일에는 실패는 없습니다. 이걸 알아내야 합니다. 그런데 이 사람은 회개가 없습니다. 뉘우침도 없습니다. 그리고는 변명을 합니다. 언제나 실패자는 말이 많습니다. 꼭 설명을 합니다. 뭐 어쩌고, 어째서 실패했다고, 그가 말없는 말을 할 것입니다. "다른 사람에게는 다섯 달란트 주면서 나는 왜 한 달란트 밖에 안 주었습니까? 주인이 애당초 나를 무시한 게 아닙니까?" 뭐 할 말 많습니다. 그런데 이런 말들이 다 문제가 되고, 더 큰 문제는 이 모든 책임을 주인에게 돌린다는 것이지요. 책임을 전가합니다. 내 책임을 남에게 전가합니다. 이게 문제라는 말입니다. 하나님이 내게 주신 은사를 생각하지 않고, 꼭 책임을 남에게 특별히 하나님께까지— 원망은 여러 가지가 있습니다마는, 대체로 보면 자기 자신을 생각하지는 않고, 그리고 이웃을 원망하고, 부모를 원망하고, 마지막에는 하나님을 원망하게 되는 것이지요. 이스라엘 백성도 광야에서 나와 가지고 애굽에서 나와서 가나안으로 가는 길에 하나님을 원망했습니다. 광야에 엎드려져 죽은 죄의 제1제목이 하나님을 원망했습니다. 원망 죄는 가장 무서운 불신앙적인 죄라는 걸 잊지 말아야 합니다.

오늘 이 사람 나와서 변명하는 말의 첫 마디가 뭐냐 하면 '두려워하여' 그랬습니다. 두려워하여— 여러분, 세상에 모험 없는 일이 있습니까? 신앙은 어떤 때는 모험입니다. 신앙적인 모험입니다. 그런데 두려워해서 아무 일도 할 수 없었습니다. 손해볼까봐서요. 손해 볼까 두려워하여 '당신은 굳은 사람이다' 하고 말합니다, 주인을 향해서. 이 말은 무서운 사람이라는 말이지요. 그런고로 내가 실수해서 이거 홀랑 날리면 어마어마한 책망을 받을 테니까 그래서 '두려워했습니다'라는 말입니다. 여러분, 두려워하면 아무 일도 못합니다. 하나님을 너무 무서운 분으로, 폭군으로 만들어서는 안 됩니다. 하나님은 자비로우신 분이요, 은혜로우신 분입니다. 나는 이 성경을 생각할 때마다 이렇게 생각해봅니다. 이 사람이 한 달란트 가지고 나가서 장사하다가 홀랑 날렸습니다. 그리고 빈손으로 와서 '주인이여, 다른 사람에게 다섯 달란트 줄 때 내게 한 달란트 줄 때부터 내가 알아보았습니다. 나는 원래 능력이 없고, 부족한 사람이었습니다. 홀랑 날렸습니다. 주여' 했다면 뭐라고 했을까? 만약 그랬다면 주인은 뭐라고 했을까? "Try again. 다시 해봐." 또 한 달란트를 줬을 것 같습니다. 절대 책망하지 않았을 것입니다. 이걸 잊지 말아야 합니다. 우리가 최선을 다하고, 충성을 다하고, 진실을 다하고, 믿음을 다하고, 그 다음에 오는 결과를 하나님께 맡깁시다. 그것은 우리가 상관할 문제가 아닙니다. 오늘 이 한 달란트 받아간 사람은 두려워하여 주인을 무서워해서 그는 땅에 묻어놓았다, 이것이 죄가 되고 주인을 마음 아프게 한 결과가 되었다는 것이지요. 언제나 패자는 말이 많습니다. 패자는 무책임합니다. 패자는 책임전가를 합니다. 내가 책임을 질 생각은 안 하고 꼭 누군가에게 책임을 돌리면서 꼭 원망합니다. 절망합니다.

　유명한 얘기가 전해집니다. 모세가 나이 많아서 120살이 되었을 때 눈이 점점 어두워집니다. 그때 하나님 앞에 기도했습니다. '하나님, 눈이 어두워집니다. 잘 보이질 않습니다. 저 비스가산에 올라가서 하나님이 눈을 열어주어서 꿈에도 잊지 못하던 요단강 건너에 가나안 땅을 한 번 이렇게 바라보고, 바라보고 죽게 해주십시오.' 하나님께서 눈을 열어주셨습니다. 그래 모세가 비스가산 언덕에서 멀리 가나안 땅을 바라보았습니다. 요단강 건너편을 바라보았습니다. '하나님 감사합니다. 가나안 땅을 보았으니 감사합니다.' 그리고 욕심이 생겼습니다. '하나님, 저 가나안 땅을 정탐꾼으로 가장해서 잠깐이라도 들어가서 발로 밟고 돌아오게 해주시면 좋겠습니다. 잠깐이라도 가나안 땅에 들어가 볼 수 있게 해주시면 감사하겠습니다' 했더니 하나님께서 '노, 그건 안 돼' 그러셨습니다. 왜요? '너는 내가 사랑하는 백성에 대해서 절망했기 때문이다.' '이 패역한 놈들아, 우리가 너를 위해 물을 내랴?' 원망하는 백성에 지쳐서 모세는 그 백성을 원망했습니다. 그래 하나님께서 '내가 사랑하는 백성을 네가 원망해서 절망했기 때문에 너는 가나안에 못 들어간다'고 심판하셨다고 이스라엘 사람들이 전설에서 전해주고 있습니다.

여러분, 이걸 잊지 말아야 합니다. 어떤 일에도 절망해서는 안 됩니다. 하나님께서 우리에게 주신 은사가 소중한 것입니다. 내게 주신 이 환경과 은사가 최선임을 알아야 합니다. 그리고 하나님의 심판의 평가기준은 물량에 있지 않고 믿음에 있습니다. 그 속에 있습니다. 그걸 잊지 마시고 작은 일에 충성해서, 작은 일에 충성했음에 내가 네게 큰 것을 맡기리라 하는 그 귀한 축복을 다함께 누릴 수 있기를 바랍니다. △

주께서 성경을 풀어주실 때

그들이 가는 마을에 가까이 가매 예수는 더 가려
하는 것 같이 하시니 그들이 강권하여 이르되 우리와
함께 유하사이다 때가 저물어가고 날이 이미 기울었
나이다 하니 이에 그들과 함께 유하러 들어가시니라
그들과 함께 음식 잡수실 때에 떡을 가지사 축사하시
고 떼어 그들에게 주시니 그들의 눈이 밝아져 그인
줄 알아 보더니 예수는 그들에게 보이지 아니하시는
지라 그들이 서로 말하되 길에서 우리에게 말씀하시
고 우리에게 성경을 풀어 주실 때에 우리 속에서 마
음이 뜨겁지 아니하더냐 하고 곧 그 때로 일어나 예
루살렘에 돌아가 보니 열한 제자 및 그들과 함께 한
자들이 모여 있어 말하기를 주께서 과연 살아나시고
시몬에게 보이셨다 하는지라 두 사람도 길에서 된 일
과 예수께서 떡을 떼심으로 자기들에게 알려지신 것
을 말하더라

(누가복음 24 : 28 - 35)

주께서 성경을 풀어주실 때

한국교회는 아주 초창기에 선교사로부터 하나님의 말씀을 배우고 성경을 읽으면서 성장해왔습니다. 그 초대교회로부터 내려오는 이런 웃지 못 할 비사가 있습니다. 어느 시골에서 장로님이 교인들을 앞에 놓고 성경을 가르칩니다. 성경을 제대로 배운 바도 없는 사람이 좌우간 성경을 가르칩니다. 그러면서 이랬다고 합니다. "여러분, 빌라도의 성이 뭔지 아십니까?" 물론 아무도 대답을 못했지요. 그러니까 "본디 '오 빌라도'입니다. 그러니까 오씨입니다, 오씨. 그런데 성경에 보니까 '본디오 빌라도'라고 되어 있거든요? 그러니까 본래 '오 빌라도'인 것이지요." 이렇게 장로님이 성경을 가르쳤답니다. 이보다 더 재미있는 이야기도 있습니다. 북쪽에서는 개를 개라고 하지 않고 '가이'나 '거이'라고 합니다. 저도 개라는 말은 남쪽에 와서 처음 배웠습니다. 사실 이것은 중국식입니다. 우리가 '상해'라고 하는 것을 중국 사람들은 '상하이'라고 하는 것과 같습니다. 여기서 '하이'가 중국식 발음입니다. 그러니까 개도 개라고 하지 않고 가이라고 하는 것입니다. 성경을 자세히 보면 '가이사라 빌립보'라고 되어 있는데, 이걸 보고도 "아, 이거 개를 사러 빌립보까지 간 것 보니까 예수님께서 아마 보신탕을 좋아하셨나보다!" 했다는 것 아닙니까. 배우는 사람이나 가르치는 사람이나 다 같이 그런 실수가 많았다, 이것입니다.

우리 교회에서 이런 일을 경험한 적이 있습니다. 어느 회장님이 사업이 부도가 나면서 어려운 형편이 되었습니다. 그래서 '자살을 할까?' 하는 생각까지 했다고 합니다. 그리고 있을 때 어느 주일에 보니까 잘 아는 해군참모총장 내외가 교회를 가거든요? 그래 그들한테 물었습니다. "저도 교회 가도 됩니까?" "아, 그럼요." 그래서 교회에 나오기 시작했습니다. 한 1년 동안 부지런히 나왔습니다. 낮에도 나오고, 저녁에도 나오고 착실하게 신앙생활을 했습니다. 그러다가 가만히 생각해보니 아무래도 성경을 제대로 한번 읽어봐야겠다 싶었답니다. 그래 창세기 1장부터 읽어내려갔답니다. 궁금한 것이 생겼습니다. 그래 그 회장님이 성경책을 들고 저를 찾아왔습니다. 그리고 묻습니다. "목사님, 질문이 있습니다. 아니, 성경에는 사랑하라, 용서하라, 자비를 베풀어라, 하는 말씀뿐인 줄 알았는데, 제가 성경을 읽어보니까 왜 그렇게 때려죽이라는 말씀이 많습니까? 안식일을 범한 사람 때려 죽여라, 부모를 욕하는 놈도 때려 죽여라, 이런 사람도 저런 사람도 다 무자비하게 때려 죽이라고 되어 있습니다. 제가 성경을 읽다가 깜짝 놀랐습니다. 아이고, 이 성경, 참 무서운 책입니다!" 여러분, 이걸 알아야 됩니다. 성경을 바르게 읽고, 바른 도리로 읽어야지, 잘못 읽으면 성경 읽다가 시험에 빠지는 사람들 참 많습니다.

성경은 하나님의 말씀입니다. 여기에는 적어도 다섯 가지 개념이 있습니다. '태초에 말씀이 계시니라.' 요한복음 1장 1절입니다. '하나님이 태초에 천지를 창조하시니라.' 창세기 1장 1절입니다. 태초에 있었던 그 말씀을 원어로는 '로고스'라고 합니다. '말씀'이라고 하는 말이지만, 사실 그것은 로고스입니다. 헬라어로는 로고스, 그 말씀, 그러니까 천지가 창조되기 전부터 계시던 말씀입니다. 이건 아주 신비롭고 가장 근본적인 말씀입니다. 그리고 선지자들의 입을 통해서 우리에게 전해진 말씀이 있습니다. 이것은 예언의 말씀입니다. 영감으로 어떤 사람을 지목해서 그 입을 통하여 하나님께서 말씀하십니다. 이런 말씀을 우리가 예언의 말씀, 하나님의 예언의 말씀이라고 합니다. 세 번째는 이것입니다. '말씀이 육신이 되어 우리 가운데 거하시다.' 말씀이 육신, 곧 한 사람이 되어서 이 땅에 오신 것입니다. 말씀의 본체입니다. 본체로 그리스도께서 오셨습니다. 그리스도의 생애, 그리스도의 말씀, 그리스도의 마음가짐, 그의 모든 사역 전체가 통틀어 성육신 된 하나님의 말씀이다, 이것입니다. 예수 그리스도가 말씀이다, 이것입니다. 신비로운 말씀입니다. 그 다음에 말씀이 증거가 됩니다. 말씀이 그를 만난 사람들, 그를 체험한 사람들을 통해서 자꾸 전해집니다. 이렇게 전해지고 확장하면서 많은 사람들이 예수를 믿게 됩니다. 이렇게 전해지는 말씀들이 기록됩니다. 전해진 말씀, 전해진 말씀이 또 기록이 된 말씀, 이 모두를 가리켜 성경말씀이라고 합니다. 사도 바울의 입을 통해서 전해지고, 베드로를 통해서 전해지고, 그것이 또 기록되는 것입니다. 이것이 기록된 계시의 말씀입니다. 그 다음에 기록된 계시의 말씀을 해설하고 설명합니다. 이 설명 속에서 우리는 하나님의 말씀을 듣게 됩니다. 이것이 설교말씀입니다. 이 다섯 가지 개념을 우리가 바로 정해야 됩니다. 성경은 말씀이다, 할 때 그리스도께서 말씀이시오, 그리스도에 대한 증거가 말씀이요, 또 그 증거를 해석해주면서 이 설교를 통하여 우리가 그 본체를 바라보고, 그리스도를 알게 되고, 믿게 되고, 만나게 되고…… 이것이 성경말씀이요, 설교말씀입니다. 성경은 기록된 계시의 말씀입니다. 중심은 그리스도이십니다. 오늘 교독문에도 나오지 않습니까. '주의 말씀에 마치 어찌 그리 단지요?' 이것이 성경을 읽으면서 주님을 만나고, 주의 음성을 듣게 된 사람의 간증입니다. 꿀보다 더 답니다. 말씀을 사랑하는 마음이 아주 중요합니다.

여러분은 사랑하는 아들이나 애인한테서 편지를 받아본 경험이 있습니까? 예전에 제가 프린스턴에서 공부할 때 저와 같이 공부하는 한국 학생 둘이 더 있었습니다. 그 가운데 한 사람이 구용한 박사입니다. 가끔 수강하는 과목이 같아서 옆자리에 나란히 앉아서 공부를 했는데, 강의가 시원치 않으면 이분이 공부하다 말고 갑자기 낡아빠진 편지를 하나 꺼내서 그걸 읽기 시작합니다. 그래 제가 물었지요. "아니, 지금 강의시간에 공부는 안 하고 뭘 하시는 거요?" 이분, 결혼하고 나서 6개월 만에 미국에 혼자 왔습니다. 둘이 한참 같이 살았다면 얼마간 싫증도 나겠지만, 겨우 6개월만에 떨어져 있게 되었으니 얼마나 보고 싶겠습니까. 한데 그 부인이 한 주일에 한 번이라도 좀 자주 편지를 하면 좋겠는데, 그분 말에 따르면 그 부인이 아주 앙큼해가지고 몇 달이 지나도록 편지를 도통 안 한답니다. 그러다가 또 편지가 오기 시작하면 하루에 세 통도 오고 그런다는 것입니다. 아주 변덕스러운 것이지요. 그러나 이분은 그런 아내도 사랑스럽고 그리우니까 그 편지를 틈만 나면 꺼내서 들여다보는 것입니다. 그래 제가 몰래 그 편지를 빼앗아서 한번 읽어봤습니다. 글씨도 엉망이고, 내용도 시원치 않고, 아무튼 잘 못 썼더라고요. 그래서 제가 "아, 이거 시원치 않은 편지구만요!" 했더니 이리 내라고 하면서 도로 가져가더니 이렇게 말하는 것입니다. "곽 목사님은 편지 보는 법을 몰라요. 편지란 읽는 게 아니에요. 들고 묵상하는 거지." 그 편지를 딱 펴들고 몇 줄 읽어나가면 사랑하는 사람의 얼굴이 눈앞에 아롱아롱 한답니다. 그 재미에 자꾸 본다는 것입니다. 내용이 어떻고, 맞춤법이 어떻고, 글씨가 어떻고…… 이런 것은 문제가 안 된답니다. 그저 편지를 딱 손에 들면 편지 쓰는 사람의 얼굴이 보이는 것입니다. 제가 그 소리를 들으면서 생각했습니다. '아, 맞다! 성경도 이렇게 봐야 된다!' 성경을 읽어 나가노라면 그저 주님의 얼굴이 보이고, 십자가가 보이고, 부활하신 예수님이 보여야 합니다. '내가 너를 사랑하노라!' 하는 말씀이 귀에 들려와야 합니다. 이것이 성경을 읽는 올바른 마음가짐입니다. 그래서 히브리 사람들은 성경을 '읽는다'고 하지 않고, '묵상한다'고 합니다. 성경은 묵상하는 것이다, 이것입니다. 매우 중요한 해답이라고 생각합니다. 성경은 그래서 해석을 필요로 합니다. 해석해야 됩니다. 경건하고 확실한 신앙고백과 함께 해석이 필요합니다.

유명한 신학자 칼 바르트가 이런 말을 했습니다. 제가 참 좋아하는 요절입니다. '하나님의 말씀이 성경 안에서 우리를 기다린다(Word of God wait for us in the Bible).' 이 기다리는 말씀을 내가 만나려면 내가 읽어야 됩니다. 읽으면서 만나야 됩니다. 이해하는 것이 아닙니다. 만나는 것입니다. 이것이 중요합니다. 살아계신 그리스도를 만나는 것입니다. 살아계신 하나님을 만나는 것입니다. 이것이 성경입니다. 그렇기 때문에 일반적인 책을 읽는 것처럼 성경을 읽어서는 안 됩니다.

이런 유명한 이야기가 있습니다. 어느 부흥사가 부흥회를 하는데, 대학교수 한 사람이 찾아와 비판적인 말을 합니다. 성경이 이렇다느니 저렇다느니…… 그래서 이 부흥사가 이렇게 권면했습니다. "그러지 마시고 성경을 읽기 전에 성경을 일단 머리 위에다 얹고 '이것이 하나님의 말씀임을 믿습니다!' 하고 기도한 다음 읽으십시오."
"예, 한번 해보겠습니다!" 그런데 일주일 뒤에 열린 부흥회에 그 교
수가 성경책을 머리에 이고 걸어 나오더랍니다. 그러면서 이렇게 간
증을 하더랍니다. "믿고 읽었더니, 말씀이 얼마나 귀하고, 꿀보다 달
고 사랑스러운지 모르겠습니다."

　성경은 경건한 마음으로 읽어야 하고, 기도하는 마음으로 읽어
야 합니다. 특별히 비판적인 생각으로 읽어서는 안 됩니다. 소설을
읽듯이, 철학서적을 읽듯이 그렇게 읽어서는 안 됩니다. 성경은 듣
는 마음으로 보아야 됩니다. 그저 '옳습니다!' 하고 들어야 합니다.
듣는 마음이 지혜입니다. "말씀하시니 내가 듣겠나이다!" 이런 겸손
한 마음으로 읽어야 됩니다. 한번에 너무 많이 알려고 하지 마십시
오. 읽어나가노라면 하나님께서 필요한 만큼 알려주실 것입니다. 특
별한 해석이 필요 없습니다. 그냥 읽으면 됩니다. 그러면 성령께서
함께하십니다. 성경이 기록될 때 역사하신 것처럼 오늘은 성경을 읽
는 자의 마음에 역사하십니다. 그냥 읽으십시오. 잘 이해가 되는 것
은 되는 대로, 이해가 잘 안 되는 것은 안 되는 대로 그냥 넘어가십
시오. 그저 읽고 또 읽으십시오. 그러면 어느 순간 성령께서 역사하
시어 말씀 속에서 내게 말씀하실 것입니다. 그럼 듣는 말씀이 하나
님의 말씀이 되는 것입니다. 그래서 성경은 언제나 그리스도 중심으
로 읽어야 합니다. 왜요? 성경의 본체가 그리스도이시니까요. 구약
은 예수님에 대한 예언이요, 신약은 그리스도에 대한 성취입니다.
그러니까 그리스도가 핵심입니다. 여기서도 그리스도를 보고, 저기
서도 그리스도를 만나야 합니다. 계속적으로 그리스도를 만나야 하
는 것입니다.

저는 신학대학을 졸업할 때 궁리 끝에 구약의 기독론을 주제로 졸업논문을 썼습니다. 그래 칭찬도 받고, 상도 받았습니다. 신약뿐만이 아니라, 구약도 그리스도를 말씀합니다. 그리스도를 보여주고 있습니다. 예언하고 있습니다. 약속하고 있습니다. 그리스도 중심으로요. 신약은 물론 예수님입니다. 그런고로 구약은 예언이요, 신약은 성취입니다. 어디를 보든지 그리스도를 보아야 되고, 그리스도의 마음을 읽어야 됩니다. 이것이 성경을 읽는 법입니다. 그래서 이런 말씀을 구약에서는 예언이라고 합니다. 예언의 말씀입니다. 예언이 있고, 성취가 있습니다. 역사적 사실로 성취가 나타납니다. 그런고로 예수님께서 하신 말씀이 너무나 중요합니다. 이사야서를 회당에서 읽었습니다. 예수님께서 딱 나타나시어 설교하십니다. 긴 설명하지 않으십니다. 딱 한마디입니다. "이 말씀이 너의 귀에 응하였느니라." 이것이 성경입니다. '이 말씀이 오늘 너의 귀에 현실적으로, 이 시간, 이 시점에 너의 귀에 응하였느니라, 성취되었느니라.' 이것이 예수님의 성경관입니다. 그런고로 말씀에는 긴 설명이 필요하지 않습니다. 그 말씀이 지시하는 중심, 그것의 성취, 역사적으로 성취된 그 사실, '응하였다' 하는 그 말씀이 바로 예수 그리스도의 증거입니다.

누가복음 24장 25절은 말씀합니다. "마음에 더디 믿는 자들이여……" 성경을 통해서 우리는 두 가지 예수님을 만납니다. '영광의 그리스도'와 '고난의 그리스도'입니다. 이스라엘 사람들이 성경을 보았습니다. 전문적으로 성경을 연구했습니다. 그러나 예수를 안 것까지는 사실인데, 그들이 생각한 것은 '고난의 메시아'가 아니라 '영광의 메시아'였습니다. 왜요? 성경에 나옵니다마는, '고난의 메시아'

가 마음에 안 드니까 그냥 지나친 것입니다. 마음에 드는 것만 믿은 것입니다. 마음에 드는 것만 믿기로 작정한 것입니다. 사람들이 대체로 그렇지 않습니까? 자기 귀에 좋은 것만 듣습니다. 자기 마음에 드는 것만 믿습니다. 십자가를 지시는 고난의 메시아와 영광의 메시아, 이 둘 가운데 이스라엘 사람들은 고난의 메시아가 마음에 안 들었습니다. 그래서 지워버리고, 영광의 메시아만 기다렸다, 이것입니다. 그래서 그들은 예수를 진정으로 이해할 수가 없었습니다. 성경은 반드시 그리스도 중심으로 읽어야 합니다. 고난의 그리스도, 십자가의 그리스도를 이해해야 됩니다.

성경을 읽는 그리스도인에도 두 가지 종류가 있습니다. 하나는 예수 믿으면 복 받는다, 예수 믿으면 잘 산다, 예수 믿으면 병 낫는다면서 영광의 예수만 믿는 사람이고, 또 하나는 예수를 믿으면 고난을 받아야 한다, 예수는 고난을 통해서 역사하신다, 우리가 당하는 시련을 통해서 하나님께서는 우리에게 더 큰 은사를 주신다고 믿는 사람입니다. 꼭 잊지 말아야 합니다. 십자가의 예수, 고난의 예수를 통해서 부활의 아침을 맞게 되고, 영광의 아침이 오는 것입니다. 이것을 꼭 기억해야 합니다. 그리스도 중심, 십자가 중심입니다.

우리는 성경을 묵상하면서 주님을 만납니다. 주님의 얼굴을 봅니다. 주님의 음성을 듣습니다. 이것이 그리스도인의 모습입니다. 그래서 성경은 단순한 도덕률이 아닙니다. 지식이 아닙니다. 성경은 생명의 말씀입니다. 어떤 시험도 이 말씀으로, 이 말씀이 주시는 능력으로 이길 수 있습니다. 예수님께서 큰 본을 보여주셨습니다. 40일 동안 금식하셨을 때 마귀가 와서 시험을 합니다. "이 돌로 떡을 만들어 먹어라!" 그때 예수님께서 대답하십니다. "사람이 떡으로만 사는 것이 아니요, 하나님의 입에서 나오는 말씀으로 사느니라!" 성경말씀입니다. 예수님께서는 이 말씀을 잘 알고 계셨습니다. 그래서 이 말씀으로 마귀를 이기십니다. 마귀가 또 말합니다. "높은 데서 뛰어내려라!" 이때도 예수님께서는 자기 말로 대답하지 않으셨습니다. "주 너의 하나님을 시험하지 말라!" 성경말씀으로 대답하신 것입니다. 말씀이 무기가 되고, 능력이 되는 것이지요. "내 앞에 한 번 경배하면 온 천하를 네게 주마!" 마귀가 이런 쓸데없는 소리를 할 때 예수님 말씀하십니다. "주 너의 하나님을 섬기라! 오직 주 너의 하나님을 섬기라!" 이것도 성경입니다. 예수님께서 귀한 본을 보여주신 것입니다. 모든 시험은 성경을 통해서 이기는 것입니다. 성경이 무기요, 성경이 지혜요, 성경이 활력이다, 이것입니다. 성경말씀을 통해서 이겨야 합니다.

오늘본문에는 '그들의 눈이 밝아져서'라는 말씀이 나옵니다. 성경을 예수님이 직접 풀어서 해석해주실 때 우리 마음의 눈이 밝아지고, 우리 마음이 뜨거워지지 않습니까. 그렇습니다. 성경을 읽으면서 그리스도를 만나고, 성경을 읽으면서 그리스도 안에 있는 나를 발견하고, 성경을 읽으면서 세상이 어디로 가는지 알 수 있게 됩니다. 그리고 그리스도께서 내 안에 계심을 확증하는 것이올시다. 그뿐입니까? 여러분, 언젠가라도 세상을 떠날 때, 요단강을 건너갈 때, 마지막으로 우리가 들어야 할 말씀이 무엇입니까? 오직 성경입니다. '여호와는 나의 목자시니 내게 부족함이 없으리로다. 여호와의 집에 영원히 거하리로다.' 이 시편 23편을 외우고 들으면서 이 세상을 떠나갈 것입니다. 오늘을 사는 것도 말씀으로 살고, 시험을 이기는 것도 말씀으로 이기고, 마지막 세상을 떠나갈 때에도 하나님의 말씀을 의지하고, 말씀을 귀에 쟁쟁하게 들으면서 요단강을 건너가게 되는 것입니다. 이것이 성경입니다.   △

몸의 구속을 기다리는 자

생각하건대 현재의 고난은 장차 우리에게 나타날 영광과 비교할 수 없도다 피조물이 고대하는 바는 하나님의 아들들이 나타나는 것이니 피조물이 허무한 데 굴복하는 것은 자기 뜻이 아니요 오직 굴복하게 하시는 이로 말미암음이라 그 바라는 것은 피조물도 썩어짐의 종 노릇 한 데서 해방되어 하나님의 자녀들의 영광의 자유에 이르는 것이니라 피조물이 다 이제까지 함께 탄식하며 함께 고통을 겪고 있는 것을 우리가 아느니라 그뿐 아니라 또한 우리 곧 성령의 처음 익은 열매를 받은 우리까지도 속으로 탄식하여 양자 될 것 곧 우리 몸의 속량을 기다리느니라 우리가 소망으로 구원을 얻었으매 보이는 소망이 소망이 아니니 보는 것을 누가 바라리요 만일 우리가 보지 못하는 것을 바라면 참음으로 기다릴지니라
(로마서 8 : 18 - 25)

몸의 구속을 기다리는 자

미국 스탠포드대학의 유명한 월터 미셸(Walter Mischel) 교수의 '마시멜로실험(Marshmallow Experiment)'이라는 것이 있습니다. 우리가 너무나 잘 아는 유명한 이야기입니다. 아이들은 마시멜로라는 과자를 참 좋아하지 않습니까. 그는 네 살짜리 아이들을 모아놓고 그 마시멜로를 각자에게 하나씩 나누어주면서 말했습니다. "너희들이 지금 이걸 먹으면 하나만 먹게 된다. 그러나 이걸 손에 든 채 먹지 않고 15분만 참고 기다리면 하나를 더 주겠다. 그럼 두 개를 먹게 되는 것이다. 자, 너희들은 지금 하나만 먹겠느냐, 아니면, 15분만 참고 기다린 다음 두 개를 먹겠느냐? 선택해라." 그리고 그는 자리를 비우고 아이들이 어떻게 하는가를 지켜보기도 했습니다. 아이들 가운데 3분의 1은 그걸 즉시 먹어버렸습니다. 하지만 나머지 3분의 2는 꾹 참고 그걸 먹지 않은 덕에 두 개를 먹게 되었습니다. 이제부터가 중요합니다. 이로부터 14년 뒤에 미셸 박사는 이 아이들이 어떻게 되었는가를 조사했습니다. 그때 꾹 참고 15분을 기다려서 마시멜로 두 개를 먹은 아이들은 대부분 아주 사회성이 좋아서 훌륭하게 성공했고, 마시멜로를 즉시 먹어버린 아이들은 대체로 사회성이 별로 좋지 않았고, 따라서 그리 훌륭하게 성공하지 못했더라는 것입니다. 참 흥미로운 열구결과 아닙니까. 이것이 그 유명한 '마시멜로 연구논문'입니다. 우리가 다 충분히 알 만한 이야기입니다.

그런데 요 근자에 와서 홀리 팔메리라는 박사가 이 논문을 반박해서 뒤집어놓았습니다. '문제는 이 아이들이 참을성이 있느냐 없느냐, 하는 것이 아니다. 가장 중요한 문제는 15분 뒤에 마시멜로 두 개를 먹을 수 있게 해주겠다는 제안을 아이들이 믿느냐 못 믿느냐 하는 것이다. 그러니까 여기에는 불신의 문제가 있다. 못 믿겠으니까 하나를 가졌을 때 그걸 냉큼 먹어버려야겠다고 생각하는 것이다.' 그렇습니다. 기다림의 문제란 곧 믿음의 문제입니다. 믿을 수 있느냐, 없느냐, 이것이 중요합니다. 믿을 수 있다면 얼마든지 기다릴 수 있습니다. 그러나 15분 뒤에 두 개를 준다는 말을 어떻게 믿습니까? 이 믿음, 하루아침에 이루어지는 것이 아닙니다. 믿음은 꾸준히, 계속 키워가야 됩니다. 그래서 오늘 달라고 하는 아이들한테 "내일 준다!" 하면 내일 꼭 줘야 됩니다. 이렇게 해서 믿음을 키워가야 15분 뒤에 두 개 준다는 말을 아이들이 믿을 수 있습니다. 이걸 믿을 수 없는 아이들이 어떻게 15분을 기다리겠습니까. 평생을 속아온 사람이 어떻게 믿을 수 있겠습니까. 그런 사람은 아무것도 믿을 수 없습니다.

　이런 우스운 이야기가 있지 않습니까. 할아버지가 손자하고 대중목욕탕에 갔답니다. 그래 할아버지가 뜨거운 탕에 먼저 들어가서 손자한테 이릅니다. "애야, 여기 참 시원하구나. 어서 들어오너라." 그러자 아이는 그 시원하다는 말을 진짜로 믿고 해수욕장에서처럼 텀벙 탕에 뛰어들어갔습니다. 얼마나 뜨거웠겠습니까. 그래 화들짝 놀란 아이가 냉큼 튀어나오면서 이랬답니다. "세상에 믿을 놈 하나 없네!" 여러분, 우리의 고통, 우리의 어려움, 우리 모든 문제의 근본이 믿음입니다. 믿을 수만 있다면 뭘 못하겠습니까.

　그런데 믿을 수 없다면 얘기가 달라집니다. 그래서 우리 인생을 다섯 가지로 구분할 수 있습니다. 첫째는 현재본능에 충실한 사람입니다. 과거도 없고, 미래도 없습니다. 현재의 본능에만 충실합니다. 배고프니 먹고, 졸리니 자고, 먹어야 하겠으니 일하…… 현재 중심적인 인간입니다. 둘째는 현재의 원인을 과거에 물으면서 후회 가운데 사는 사람입니다. 다 내 잘못입니다. '아, 언젠가 내가 이랬다. 그때 내가 안 했기 때문에 오늘 이런 것이다. 그때 내가 게을렀기 때문에 오늘 내가 이런 것이다. 그때 내가 공부를 안 했기 때문에 오늘 내가 이런 것이다……' 과거의 연장선에서 현재를 보고, 과거의 잘못된 일들을 후회하면서 현재의 고통을 감내하는 과거지향적인 인간입니다. 셋째는 막연하지만 세상에 그래도 좋은 일이 있지 않을까 하는 사람입니다. 꿈에 사는 사람입니다. 요새 흔히 비전(Vision)이라는 말을 많이들 합니다마는, 저는 이 단어를 별로 좋아하지 않습니다. 비전, 뭘 바라겠다는 것입니까? 나의 현실 속에서 비전이 있느냐, 이것입니다. 아무리 보아도 막연합니다. 아주 꿈같은 얘기입니다. 그런 허황된 꿈에 사로잡혀 사는 인간입니다. 넷째는 지능적인 절망에 빠져 사는 인간입니다. 늘 이리저리 머리를 굴립니다. '이렇게 되면 망한다. 이렇게 되면 끝이다.' 이리 생각해도, 저리 생각해도 소망이 없습니다. 요새 젊은이들이 특별히 이런 얘기들을 많이 합니다. 너무 똑똑해서 탈이고 걱정입니다. 미래는 살아봐야 압니다. 아직 살아보지 않았는데 미리 넘겨짚어서 제멋대로 짐작하는 것입니다. '지난날이 이러이러했으니 앞으로는 살아보나마나다.' 일본을 한때 크게 놀라게 했던 유명한 소설이 있습니다. 「실낙원」입니다. 두 남녀가 불륜관계를 맺는 이야기입니다. 마지막 장면에서 두 사람이 어느 경치 좋은 데 가서 서로 사랑한다면서 이런 말을 합니다. "우리가 지금 이만하면 행복하게 살아왔다. 이제부터는 과거 같

은 행복은 없을 것이다. 이리 생각해도 저리 생각해도 암울하기만
하다. 그러니까 여기서 끝내자." 그러고는 동반자살을 합니다. 자기
멋대로 생각하고, 자기 멋대로 절망하고, 자기 멋대로 극단적인 선
택을 하는, 이런 자살지향적인 사람들이 많습니다. 다섯째는 약속을
믿는 미래지향적인 인간입니다. 이것은 내가 세운 약속이 아닙니다.
하나님께서 주시는 약속, 하나님의 말씀이 주시는 약속입니다. 이
약속을 믿기에 현재는 절대로 절망할 수 없습니다.

　　오늘본문에 이런 말씀이 있습니다. "몸의 속량을 기다리느니라
(23절)." 몸의 속량, 굉장히 중요한 말씀입니다. 여기서 '몸'은 '소마
토스', 영과 육을 합했다는 의미입니다. 정신의 세계만이 아니고, 육
체만이 아니고, 소마토스, 전인격적인 속량을 기다린다는 뜻입니다.
'속량'이라는 말이 또 중요합니다. 그냥 구원이 아니고 속량, '아볼루
투로신'입니다. 의미가 좀 특별합니다. 값을 치르고 구원한다는 뜻
입니다. 그러니까 Salvation이 아니고 Redemption입니다. 특별한 것
입니다. 그래서 '구속'이라고 하고, 여기서는 '속량'이라고 번역했습
니다. 좀 더 가까운 뜻입니다. 값을 치르고─ 값을 치렀으니 확실한
것입니다. 그냥 이루어지는 추상적인 구원이 아닙니다. 감상적인 구
원이 아닙니다. 구체적인 구원입니다. 확실한 대가를 치르는 구원입
니다. 영적이고, 정신적인 구원만이 아니라, 몸의 구원까지 포함하
는 우주적인 구원입니다. 로마서 8장에서 말씀하는 우주적인 확실한
구원입니다. 부활하신 예수 그리스도께 초점을 맞춘 구원입니다. 예
수님께서는 십자가에서 죽으셨습니다. 그러나 부활하셨습니다. 그
리고 신령한 몸을 가지셨습니다. 그 그리스도의 세계, 그 생명의 세
계에서 이루어지는 구체적이고 영화로운 미래를 말하는 것입니다.

몸의 구원, 이것은 주께서 우리에게 주신 가장 확실한 약속입니다.

주님의 말씀을 들어봅시다. 요한복음 14장을 보면 1절에서 3절까지에서 예수님 이렇게 말씀하십니다. "너희는 마음에 근심하지 말라 하나님을 믿으니 또 나를 믿으라 내 아버지 집에 거할 곳이 많도다 그렇지 않으면 너희에게 일렀으리라 내가 너희를 위하여 거처를 예비하러 가노니 가서 너희를 위하여 거처를 예비하면 내가 다시 와서 너희를 내게로 영접하여 나 있는 곳에 너희도 있게 하리라." 예수님의 아주 자비로운 말씀입니다. 십자가를 지시기 바로 몇 시간 전에 제자들에게 하신 약속입니다. '내 아버지 집에 나와 함께 있으리라.' 이 약속을 믿고 오늘을 사는 것입니다. 오늘은 그 약속의 세계로 가고 있는 것입니다. 이 약속이 확실해질 때 제자들은 순교하는 것을 서슴지 않았습니다. 고난 받는 것을 오히려 기뻐했습니다. 왜요? 이것은 주님 앞에 갈 수 있는, 또 주님 앞에 가서 자랑할 수 있는 소중한 소재가 되기 때문입니다. '약속을 믿는다.' 확실하게 믿을 때 현재의 문제는 아무것도 없습니다.

그래서 오늘본문 21절은 말씀합니다. "그 바라는 것은 피조물도 썩어짐의 종 노릇 한 데서 해방되어 하나님의 자녀들의 영광의 자유에 이르는 것이니라." 영광의 자유, 부활하신 예수 그리스도와 같은 그런 형체, 그런 생명의 세계에 들어갈 때 영광의 자유를 누리게 된다, 이것입니다. 그날을 바라보며 오늘을 살아가는 것입니다. 어쩌면 초조하게 그 시간을 기다리고 있습니다. 이것이 그리스도인의 생애라는 것입니다. 다시 말하면, 추상적인 것이 아니고, 환상적인 것도 아니고, 철학적인 것도 아닙니다. 이것은 꿈같은 이야기가 아니고, 현실적인 것이라는 말씀이지요. 그리스도의 부활로 우리에게 증거해주신 것입니다. 생명의 실체, 확실한 실체를 말합니다.

그렇다면 이 실체의 미래를, 그 약속을 믿는 자는 어떻게 살아야 합니까? 믿음은 허무함을 물리칩니다. 미래를 지향하며 과거를 잊어야 합니다. 허무한 데 굴복하지도 말아야 합니다. 어떤 시험에도 빠져서는 안 됩니다. 이 믿음을 지향하고, 그러는 가운데 거기에 방해되는 것들을 다 제거하며 믿음에 초점을 맞추고 살아가야 합니다. 확실한 구속을 기다려야 됩니다. 특별히 오늘 주신 가장 중요하고 실제적인 교훈은 이것입니다. '참음으로 기다릴지니라.' 참아야 합니다. 미래를 바라보며 현실을 참아야 합니다. 영광의 세계를 바라보며 오늘의 고통을 참아야 됩니다. 오늘의 억울함도 참아야 됩니다.

참는 것과 관하여 저는 꼭 생각나는 목회 경험이 하나 있습니다. 제가 신학대학을 졸업하자마자 맨 처음 목회한 곳이 서울 신당동 중앙교회였습니다. 그때는 하루 종일 교인들 집을 심방하는 것이 제 책임이었습니다. 그래 이 집 저 집 심방하다가 어느 집에 들어갔는데, 세상에 저는 그렇게 더러운 방구석은 처음 봤습니다. 도대체가 옷장의 유리는 죄다 깨졌지요, 방바닥에서는 찢어진 장판 틈새로 흙이 튀어나와 있지요······ 하여큰 온 방 안이 엉망진창입니다. 세상에 이게 사람 사는 곳이 맞나 싶을 정도였습니다. 어쩌자고 이렇게 해놓고 사나 싶었습니다. 그런 곳에서 예배를 드리는데, 그 안주인 되는 분은 또 왜 그렇게 사람이 밝은 것입니까. 세 아이의 어머니인데, 얼굴이 얼마나 환한지, 근심걱정이 하나도 없는 것처럼 보입니다. 그래 제가 하도 궁금해서 물어봤습니다. "도대체 이 지경으로 사시면서도 얼굴이 환하신데, 비결이 뭡니까?" "아이들 아빠가 의사거든요? 돈 몇 푼 달랑 남겨놓고 유학을 갔는데, 벌써 몇 년 됐습니다. 그런데 오늘 돌아온답니다. 그래서 아이들 아빠한테 그동안 우리가 얼마나 고생하고 살았는가를 보여주려고 이렇게 해놓고 있는 것입니다." 생각해보십시오. 이 순간 그 부인한테 무슨 걱정, 무슨 슬픔이 있겠습니까. 약속을 믿기 때문입니다. 남편이 돌아온다는 약속을 믿고 나니 오늘의 문제는 되레 어려울수록 더 좋은 것입니다. 이것이 신앙입니다. 그날을 기다리며 사는 것입니다.

'고난의 학교'라는 곳이 있습니다. 그 학교 벽에 써놓은 매우 중요한 경고문이 있습니다. 네 가지입니다. 첫째는 '견디지 않으면 안 된다!'입니다. '우리는 고난을 견뎌야 한다. 부득불 견뎌야 한다. 불가피한 것이다.' 둘째는 '나는 고난을 참고 견디리라!'입니다. 소망을 말합니다. 셋째는 '나는 견딜 수 있다!'입니다. 약속을 말합니다. 넷째는 '나는 고난을 견딜 필요가 있다!'입니다. 여러분, 약속의 세계를 바라보고 나아갈 때 이 고난은 유익한 것입니다. 있어야 하는 것입니다. 내게 주어진 고난은 내게 필요한 축복이요, 은사의 하나라는 걸 잊지 말아야 합니다. 이 과정을 통해야 온전한 구원에 이르기 때문입니다. 과거에 밀려서 미래로 가는 것이 아닙니다. 약속에 끌려 미래를 향해서 가는 것입니다. 기다림이란 현실의 연장에서 이루어지는 것이 아닙니다. 기다림은 미래의 약속을 향한 신앙고백에서 이루어지는 것입니다. 이걸 잊지 말아야 합니다.

로마서 8장 11절은 말씀합니다. "예수를 죽은 자 가운데서 살리신 이의 영이 너희 안에 거하시면 그리스도 예수를 죽은 자 가운데서 살리신 이가 너희 안에 거하시는 그의 영으로 말미암아 너희 죽을 몸도 살리시리라." 또 18절은 말씀입니다. "생각하건대 현재의 고난은 장차 우리에게 나타날 영광과 비교할 수 없도다." 우리가 존경하는 종교개혁자 칼뱅은 세상을 떠날 때 성경을 외웠습니다. 여러 구절을 외우는 가운데 마지막으로 바로 이 18절을 외웠다고 합니다. 외우고, 외우고, 또 외우기를 무려 27번이나 하다가 눈을 감았습니다. 다시 한 번 생각해보십시다. "생각하건대 현재의 고난은 장차 우리에게 나타날 영광과 비교할 수 없도다." 장차 나타날 영광을 환하게 바라보며 그는 그렇게 주님 앞으로 갔습니다. 여러분, 주님의 재림을 기다리는 그 기다림이 곧 오늘을 사는 생명력이라는 것을 다시 한 번 확인할 수 있기를 바랍니다.   △

내가 할 일을 알았도다

또한 제자들에게 이르시되 어떤 부자에게 청지기가 있는데 그가 주인의 소유를 낭비한다는 말이 그 주인에게 들린지라 주인이 그를 불러 이르되 내가 네게 대하여 들은 이 말이 어찌 됨이냐 네가 보던 일을 셈하라 청지기 직무를 계속하지 못하리라 하니 청지기가 속으로 이르되 주인이 내 직분을 빼앗으니 내가 무엇을 할까 땅을 파자니 힘이 없고 빌어 먹자니 부끄럽구나 내가 할 일을 알았도다 이렇게 하면 직분을 빼앗긴 후에 사람들이 나를 자기 집으로 영접하리라 하고 주인에게 빚진 자를 일일이 불러다가 먼저 온 자에게 이르되 네가 내 주인에게 얼마나 빚졌느냐 말하되 기름 백 말이니이다 이르되 여기 네 증서를 가지고 빨리 앉아 오십이라 쓰라 하고 또 다른 이에게 이르되 너는 얼마나 빚졌느냐 이르되 밀 백 석이니이다 이르되 여기 네 증서를 가지고 팔십이라 쓰라 하였는지라 주인이 이 옳지 않은 청지기가 일을 지혜 있게 하였으므로 칭찬하였으니 이 세대의 아들들이 자기 시대에 있어서는 빛의 아들들보다 더 지혜로움이니라

(누가복음 16 : 1 - 8)

내가 할 일을 알았도다

여러 해 전 겨울 어느 신문에 났던 기사입니다. 강원도를 여행하던 버스가 눈길에 미끄러지면서 전복이 되어 많은 사람들이 죽고 부상당하는 사건이 있었습니다. 응급의료진이 사고현장에 도착하여 부상자들을 치료합니다. 이미 죽은 사람들과 죽어가는 사람들이 한데 뒤섞여 있습니다. 그래서 이미 살아날 가망이 없는 사람과 아직은 목숨을 건질 가망이 있는 사람을 가리는 작업부터 합니다. 가장 큰 문제는 피가 모자란 것입니다. 수혈을 해야 하는 부상자들이 많은데, 안타깝게도 가지고 온 피가 부족합니다. '아, 이 피가 없어서 큰일 났다!' 이런 상황인데, 자기도 부상으로 출혈이 많아 죽어가는 청년 하나가 구급대원들한테 말합니다. "제 피를 저 사람에게 넣어주세요! 제 피는 O형이기 때문에 누구에게나 맞을 겁니다." 하지만 의사는 말합니다. "당신도 지금 피가 모자라서 죽어가는 형편인데, 어찌 당신의 피를 다른 사람에게 주겠다고 합니까?" 그때 그 청년의 마지막 말이 이랬습니다. "제가 폭력조직의 한 사람입니다. 오늘 이 강원도에 온 것도 별로 좋지 못한 일로 왔습니다. 그런데 제가 이 시간에 마지막으로 죽어가는데, 한평생을 돌아보니 선한 일 한 게 없습니다. 누구에게 좋은 일 했다고 기억나는 게 없습니다. 이제 죽어가는 시간에 마지막으로 딱 한 번이라도 좋은 일을 하고 죽고 싶습니다."

세계적인 경영학의 대부 피터 드러커가 쓴 「Next Society」라는 유명한 책이 있습니다. 이 책에서 그는 끊임없이 변화하는 세상에서, 끊임없이 바뀌고 있는 이 세상에서 우리가 지혜롭게 살아갈 수 있는 가장 중요한 비결은 자기 자신의 내부로 눈을 돌리는 것이라고 말합니다. 첫째는 이것입니다. '버려야 할 것을 버려라. 버려야 할 것이 너무 많다.' 또 이런 말도 있습니다. '너무 많이 버렸다고 할 만큼 버려라. 많이 버려야 된다.' 그리고 둘째는 이것입니다. '내가 잘 할 수 있는 분야, 가능성을 보아서 내가 할 수 있는 것, 가장 자신 있는 것, 그것이 무엇인지를 찾아라. 그리고 그것에 집중하라. 이제 이 이상의 딴 생각은 해서는 안 된다.' 권면입니다. 그러면서 첫째로 가장 강하게 하는 말이 '거울테스트'입니다. 하루에 남자들은 아침에 면도를 할 때, 여자들은 루즈를 바를 때 적어도 한 번은 거울을 봅니다. 그때 '저 사람이 어떤 얼굴이 되기를 바라느냐?' 하고 거울을 보면서 반성해보라는 것입니다. '너는 무엇을 기뻐하고 있는가? 참으로 행복한가? 이대로 죽는다면 너는 어떤 사람으로 기억될 것 같은가?' 아주 중요합니다. '오늘이 내 마지막 날이라면 나는 무엇을 위해 살았다고 하게 될 것인가?' 이렇게 거울을 보며 스스로 물어보라는 것입니다. 이것이 지혜의 근본입니다. 그리고 '내가 오늘 어떤 길을 가야 하는 것인가?' 하고 스스로 점검할 것이 있습니다. 바로 자유의식입니다. '내가 정말 자유한가? 내가 누구를 시기, 질투하고 있는 것은 아닌가? 욕심에 사로잡혀 있는 것은 아닌가?' 깊이 물어야 합니다. '쓸데없는 자존심에 매여서 아직도 헤어나지 못하고 있지는 않은가? 내 자유의식을 점검하라. 그리고 후회 없는 길을 가라. 적어도 이제부터는 후회 없는 길을 가라.' 이것이 인생을 바로 사는 길이라고 피터 드러커는 증거합니다.

　오늘본문은 누구에게나 난해한 말씀입니다. 아무리 생각해도 이치도 맞지 않습니다. 주제는 지혜입니다. 문제는 종말론적 지혜입니다. 마지막 지혜입니다. 이 청지기는 의롭지 못합니다. 도덕적으로 악합니다. 주인의 재산을 낭비했습니다. 자기의 직분을 제대로 수행하지 못했습니다. 그러나 주인은 좋은 사람입니다. 마지막에 지혜롭습니다. 한 가지를 크게 칭찬합니다. 옳지 않은 청지기가 일을 지혜 있게 하였으므로 주인이 그를 칭찬합니다. 여기서 지혜 있게 했다는 것까지는 좋은데, 칭찬까지는 좀 마음에 안 듭니다. 그러나 이것이 주인의 뜻입니다. 여러분, 이 마지막 칭찬, 이 한마디를 우리는 꼭 들어야 합니다. 이 칭찬의 뜻이 무엇인가를 생각해야 합니다. 주인은 판단합니다. 이 사람은 의롭지도 않습니다. 착하지도 않습니다. 충성되지도 않습니다. 그러나 오직 마지막 순간에 종말적으로 주어지는 마지막 기회에서 그는 지혜로웠습니다. 이 지혜 하나를 주인은 크게 칭찬한 것입니다. 여러분, 지난 1년 동안 어떤 모습으로 살아왔는지, 그것은 묻지 않으십니다. 이것이 하나님의 뜻입니다. 딱 오늘 내가 하나님 앞에 얼마나 지혜로운가를 물으십니다. 이에 따라서 칭찬을 받을 수도 있고 아닐 수도 있습니다. 이 점을 생각해야겠습니다. 이 청지기는 끝이 있는 것을 알았습니다. 반드시 끝이 있다는 것입니다. 시작이 있으면 끝이 있습니다. 모든 것이 그렇습니다. 재산에도 끝이 있습니다. 능력에도 끝이 있고, 건강에도 끝이 있고, 지능에도 끝이 있습니다.

　제가 이런 재미있는 경험을 한 적이 있습니다. 소망교회에서 목회할 때인데, 저를 위해서 14년 동안 일해준 이필은이라는 비서가 있었습니다. 그렇게 오랜 세월 동안 저를 도와주면서 한편으로는 공부를 해서 석사, 박사도 하고, 지금은 대학교수로 일하고 있습니다.

그 아가씨가 저와 같이 일할 때 아주 머리가 좋아서 컴퓨터를 그렇게 잘 다루고, 타이핑도 기가 막히게 잘 했습니다. 제가 말하는 걸 그대로 다 칩니다. 또 영어를 얼마나 잘하는지, 영어책을 앞에다 두고 그걸 보면서 즉석에서 한국말로 번역해서 타자를 쳐냅니다. 그래가지고 책을 출판합니다. 참 머리가 좋지요? 그런데 특별히 제가 갑자기 누구한테 전화를 걸고 싶어서 "아무개 목사님 전화번호 몇 번이냐?" 하고 물어보면, 보통은 컴퓨터를 치든지, 전화번호부를 뒤지든지 하고 나서 "몇 번입니다!" 해야 할 텐데, 이 비서는 제가 묻자마자 바로 몇 번이라고 답을 하는 것입니다. 제가 깜짝 놀라가지고 "어떻게 그 사람의 전화번호를 아느냐?" 했더니 이 아가씨 하는 말 좀 들어보십시오. "한번 들은 걸 왜 잊어버립니까?" 세상에! 그래 내가 화가 좀 나서 심통을 부리느라고 "야, 너 말조심 해라. 조금 이따가 어린 애 둘만 낳아봐라. 나보다 머리가 더 나빠질 거다!" 했습니다. 여러분, 좋은 기억력, 항상 있는 것입니까? 저는 이미 지난 일이지만 감사하게 생각하는 것이 있습니다. 군대에서 보초 설 때, 그 멍청하게 서 있는 일 참 심심하잖아요? 그래서 제가 영어사전을 외웠습니다. 그래서 사전 네 권을 다 외웠습니다. 외우고, 찢어버리고, 외우고, 찢어버리고…… 그 덕에 제가 영어는 잘 못합니다마는, 단어실력은 끝내줍니다. 미국 유학생활 5년을 했지만 콘사이스를 뒤져본 일이 없습니다. 젊었을 때니까요. 그때는 한 번 보면 안 잊어버리거든요? 그때 한 번 기억한 것이 너무너무 다행이었다고 생각합니다. 그러나 그런 기억력, 이제는 없습니다. 다 사라집니다. 건강도 사라집니다. 지혜도 사라집니다. 지능도 사라집니다. 시력도 사라집니다. 청각도 사라집니다. 끝이 있다, 이걸 알아야 합니다. 끝이 다가오고 있다는 것을 모른다면 그는 어리석은 사람입니다.

둘째는 처음부터 내 것이 아니었습니다. 주인이 맡겨준 것뿐입니다. 그러면 나는 관리자입니다. 청지기입니다. 오이코노모스, 집 사입니다. 남의 것을 관리하는 관리인일 뿐이지요. 이것은 내 것이 아니었습니다, 처음부터. 이제야 다시 한 번 깨달은 것입니다. 관리인이라는 것을 잊지 말아야 합니다. 다 임시로 잠깐 관리하는 것입니다. 여러분이 집을 자기 이름으로 했지만, 그거 조금 있으면 문패가 바뀝니다. '당신의 집 아니야. 내 건강도, 내 소유도 내 것 아니야.' 이걸 잊지 말아야지요. 그뿐만 아니라 그가 잘못 관리한 과거를 스스로 인정해야 합니다. 책임을 남에게 전가하지 않아야 합니다. 변명하지도 않습니다. 환경을 탓하지도 않습니다. 정당화하려고 잔꾀를 부리지도 않았습니다. 잘못을 인정해야 합니다. 오늘본문에서 주인이 "어떻게 된 거냐? 셈하라!" 하니까 청지기가 '아이쿠, 끝났구나!' 하고 주인의 판단을 그대로 인정합니다. 이것이 중요합니다. 여러분이 존경하고, 성경에서 가장 귀하게 보는 다윗 왕을 보십시오. 그는 분명히 의인이 아닙니다. 그는 죄인입니다. 죄인 중에서도 큰 죄인입니다마는, 나단 선지가 와서 "당신이 그 사람이요!" 하고 책망하며 죄를 지적할 때 그는 그대로 인정합니다. "내가 죄를 지었나이다!" 변명하지 않습니다. 누구를 탓하지도 않습니다. 그는 아무도 비난하지 않습니다. 이걸 알아야 합니다. 이스라엘 사람들은 전통적으로 이것은 밧세바의 잘못이라고 합니다. "이 여자가 발가벗고 다윗 왕이 바라볼 수 있는 데서 일부러 목욕을 했다며? 이래가지고 유혹을 했다. 그런고로 그 여자가 나쁘다." 제가 생각하기에도 그 여자가 나쁩니다. 그러나 이상한 것이 있습니다. 시편에는 일곱 편에 달하는 다윗의 참회록이 있습니다. 하지만 아무리 읽어봐도 다윗은 밧세바를 원망하지 않습니다. 밧세바에게 책임을 돌리지 않습니다. 환경을 묻지도 않습니다. "내가 죄를 지었나이다!" 하고 끝입니다. 이 마음가짐이 아주 중요합니다. "모든 것은 내 잘못입니다!" 이것으로 끝입니다. 절대 변명하지 않고, 구구한 설명을 하지 않습니다. 그런고로 하나님께서는 다윗을 사랑하십니다. 그리고 용서하셨습니다. "동이 서에서 먼 것 같이 내 죄과를 옮기셨나이다." 하, 기가 막히지 않습니까.

제가 어렸을 때 성경을 보다가 큰 충격을 받은 말씀이 바로 이것입니다. 마태복음 1장에 보면 '아브라함이 이삭을 낳고, 이삭이 야곱을 낳고, 낳고, 낳고, 낳고……' 하잖아요? 자세히 읽어보면 기가 막힌 복음이 거기에 있습니다. "다윗은 우리야의 아내에게서 솔로몬을 낳고(6절)." 저는 어렸을 때 이 말씀을 보면서 깜짝 놀랐습니다. '다윗 왕이 그 요사스러운 밧세바의 아들이란 말이야?' 이건 말이 안 되잖아요? 그러나 이것이 하나님의 긍휼이요, 하나님의 용서하심입니다. 동이 서에서 먼 것같이 옮기셨고— 그 밧세바의 몸에서 솔로몬 왕이 태어납니다. 이걸 잊지 말아야 합니다. 사실은 다윗 왕이 정신이 오락가락할 때에도 밧세바가 솔로몬을 데리고 나단 선지와 함께 다윗 왕 앞에 가서 대관식을 합니다. 이 얼마나 귀중한 일입니까. 이것입니다. 잘못을 깨끗이 인정하는 것입니다. 아무 변명도 하지 않습니다. 뿐만 아니라, 오늘본문을 자세히 보면 청지기는 자기 직분을 빼앗기는 것을 당연하게 여겼습니다. 주인이 "네 하는 일을 셈하라. 너의 직분을 빼앗겠다!" 하자 "예, 그러셔야죠!" 합니다. 구구한 변명이 없습니다. 하나님의 처사에 대해서 토를 달지 마십시오. 어떤 경우든지 "하나님, 잘 하셨습니다!" 할 뿐입니다. 우리가 흔히 말하기를 "하나님께 영광, 영광!" 합니다마는, '하나님께 영광'이 무엇입니까? 간단히 말합시다. "하나님, 잘 하셨습니다!" 이것입니다. 이것이 '하나님께 영광'입니다. 효도가 무엇입니까? "아버지, 잘하셨습니다. 어머니, 잘하셨습니다." 이것입니다. 이것이 효도입니다. 부모를 원망할 것입니까? 하나님을 원망할 것입니까? 그러면 하나님께 욕을 돌리는 것입니다. 하나님이 누구신데요? 다 알아서 하신 것입니다. 더 잘 알고 하신 일입니다. 그런고로 내 직분을 빼앗는 것, 빼앗기는 것, 당연합니다. 그러셔야지요. 빼앗기는데 대해서 추호의 원망도 없습니다. 이것이 이 사람의 지혜입니다. 그리고 스스로 생각합니다. '내가 할 일을 깨달았도다.' 이제는 내가 무엇을 할까? 오늘본문에 재미있는 말이 있잖아요? "내가 무엇을 할까 땅을 파자니 힘이 없고 빌어 먹자니 부끄럽구나(3절)." 아주 기가 막힌 이야기입니다. "내가 할 일을 알았도다⋯⋯(4절)" 그러니까 남은 시간에 할 수 있는 일을 가지고 자비를 베풀어야겠다고 생각한 것입니다. 방법은 잘못된 것 같습니다. 그러나 자비를 베풀어야 한다고 마음을 먹었다는 것, 자비 쪽으로 마음을 돌렸다는 것, 이것이 아주 중요합니다. 그래서 그는 주인의 칭찬을 받습니다. 마지막 시간, 아니, 숨넘어가기 직전에라도 자비를 베풀어야 합니다. 마지막 할 수 있는 일은 이것뿐입니다. 긍휼을 베푸는 것입니다.

성도 여러분, 지금까지 어떻게 살아왔습니까? 하나님께서는 과거를 묻지 않으십니다. '지금 이 시간, 이 마지막 시간에 내가 어떤 모습으로 나타나느냐?' 하는 것입니다. 다시 묻습니다. '오늘이 나한테 마지막 날이라면 나는 어떤 사람으로 기억될 것입니까?' 깊이 생각해야 합니다. 문제는 여기에 있습니다. 이 시점에서 어리석은 사람이 되면 안 됩니다. 이 시점에서 내 정체를 바로 알아야 합니다. 아니, 내가 할 수 있는 일을 알아야 합니다. 오늘 내가 할 수 있는 일을 찾아서 그 일을 성실히 할 것입니다. 내가 할 수 있는 일을 가지고, 내 한계를 가지고 긍휼을 베풀 것입니다. 이것만 하나님 앞에 남는 것입니다. 긍휼을 베푼 것만 하나님 앞에 남을 것입니다. 내가 소유한 것이 내 것이 아닙니다. 긍휼을 베푼 그것만 하나님 앞에 인정받게 될 것입니다. '이 사람은 악한 사람이다. 그러나 지혜롭게 하였느니라!' 칭찬입니다. 이 마지막 칭찬을 우리는 하나님 앞에서 받을 수 있어야 합니다. 그런 지혜로운 자가 되어야 할 것입니다.   △

빛의 자녀들처럼

　　너희가 전에는 어둠이더니 이제는 주 안에서 빛이
라 빛의 자녀들처럼 행하라 빛의 열매는 모든 착함과
의로움과 진실함에 있느니라 주를 기쁘시게 할 것이
무엇인가 시험하여 보라 너희는 열매 없는 어둠의 일
에 참여하지 말고 도리어 책망하라 그들이 은밀히 행
하는 것들은 말하기도 부끄러운 것들이라 그러나 책
망을 받는 모든 것은 빛으로 말미암아 드러나나니 드
러나는 것마다 빛이니라 그러므로 이르시기를 잠자
는 자여 깨어서 죽은 자들 가운데서 일어나라 그리스
도께서 너에게 비추이시리라 하셨느니라
　　　　　　　　　　　　　（에베소서 5 : 8 - 14）

빛의 자녀들처럼

스티븐 코비가 쓴「오늘 내 인생의 최고의 날」이라는 명저가 있습니다. 이 책에서 그는 우리에게 이렇게 충고합니다. '인생은 선택이다.' 첫째는 행동의 선택입니다. '내가 주도적으로 사느냐, 아니면 반사적으로 사느냐?' 이렇게 한번 물어야 합니다. 물에 둥둥 떠서 흘러가는 나무토막처럼 물 흐르는 대로 끌려가는 인생이냐, 아니면 내가 주도적으로 선택하고 책임지는 인생이냐를 생각하고 선택해야 합니다. 선택하는 사람이 인간답게 사는 것입니다. 끌려가는 삶을 산다면 그것은 내 인생이 아닙니다. 남의 인생에 빌붙어 사는 것입니다. 그런고로 인생은 선택이다, 이것입니다. 그리고 그 선택에 대한 책임은 나 자신이 지는 것입니다. 이렇게 책임을 지면서 살아가는 것이 주도적 가치관이요, 사람답게 사는 길입니다. 둘째는 목적의 선택입니다. '내가 세운 목적이냐, 아니면 다른 사람이 세운 목적에 내가 끌려가느냐?' 내가 목적을 두고, 그 목적을 지향하는 생을 살아갈 때 그것이 인간다운 삶입니다. 셋째는 원칙의 선택입니다. '남이 인도하는 대로 가느냐, 아니면 내가 선택하고 내가 세운, 내가 알고 내가 믿는 원칙대로 사느냐?' 누가 뭐라든 나는 내 소신대로 살아갑니다. 하나님 앞에 성실하게, 내가 세운 삶의 원칙대로 사는 것입니다. 이것만이 내가 사는 나의 생이다, 이것입니다.

작가 이병률 교수의「내 옆에 있는 사람」이라는 최신 베스트셀러가 있습니다. 이 책에서 그는 고백합니다. '내가 이 사실을 알기까지는 오랜 세월이 걸렸다.' 또 말합니다. '내가 좋은 사람이 되지 않으면 절대 좋은 사람을 만날 수 없다. 그것을 내가 이제야 깨달았다. 내가 사람으로서 행복할 수 없다면 다른 사람을 절대로 행복하게 할 수 없다. 내가 먼저 행복하고야 남을 행복하게 할 수 있다. 그것을 이제야 깨달았다. 왜 그 사람이어야 하느냐고 묻는다면 내가 그만큼 의 누구인지를 알기 위해서라고 답할 것이다. 이것도 이제야 깨달았 다.' 여러분, 내가 빛이 되어야 빛이 있고, 내가 먼저 빛의 자녀가 되 고서야 빛이 있는 것입니다. 그 누구로부터, 그 어떤 세상으로부터 내 마음의 빛이 있으리라고 기대해서는 안 됩니다.

　오늘본문 8절은 말씀합니다. "너희가 전에는 어둠이더니 이제 는 주 안에서 빛이라 빛의 자녀들처럼 행하라." 그러니까 이 말씀은 빛의 자녀인 것처럼 살라는 뜻인 것 같지만, 본디 헬라어로는 그런 뜻이 아닙니다. '빛의 자녀로서 살아라!'라는 뜻입니다. '빛의 자녀 들처럼'이 아니고 '빛의 자녀로서' 살라는 것입니다. 그렇습니다. 빛 의 자녀, 빛으로 가는 노정이 아닙니다. 우리 믿는 사람들은 빛을 찾 아서, 진리를 찾아서 가는 노정에 있지 않습니다. 처음부터 빛의 자 녀로 태어났다는 것입니다. 거기서부터 출발하는 것입니다. 아주 신 비로운 말씀입니다. 빛의 자녀로 태어났으니 벌써 우리 마음속에 빛 이 있는 것입니다. 우리 생각 속에 빛이 있습니다. 이제 그 빛을 향 해서 고개를 돌리지 말고 빛을 향해서 그냥 살아가면 되는 것입니 다. 이것이 옳으냐, 저것이 그르냐, 물을 것 없습니다. 빛의 자녀로, 그 마음에 주시는 말씀의 빛을 따라서 살면 빛의 자녀가 될 것입니 다. '어둠'이라는 것은 여러분 잘 아시는 대로 허무와 절망과 혼돈과 좌절과 죄책입니다. 어둠뿐만 아니라, 어두우면 모든 생명력이 물 러가고, 모든 능력이 다 사라집니다. 마음에 어둠이 있으면 캄캄해집니다. 이 세상 빛이 어두워지면 모든 능력, 모든 지혜는 다 무효가 되고 맙니다. 무능함으로 다 전락하고 만다는 말씀입니다. 그렇다면 그리스도인이란 예수 그리스도를 영접하는 순간 벌써 빛의 자녀가 되었습니다. 여러분, 항상 우리 의식 속에 우리의 느낌과 우리의 생각 속에 빛이 있음을 여러분이 아실 것입니다. 여러분이 빛을 향해 살면 여러분 마음속에 자랑이 있습니다. 마음속에 기쁨이 있습니다. 행복이 따라옵니다. 그러나 잠깐 고개를 돌려서 어둠 쪽으로 가면 벌써 나는 나약해집니다. 어리석어집니다. 엉뚱한 시험에, 하찮은 일에 그만 빠져 들어갑니다. 빛의 자녀, 아주 신비로운 말씀입니다.

　육체에 빛이 있지 않습니까. 바로 시력입니다. 시력이 어두워지면 모든 것이 다 어두워지고 맙니다. 깜깜해집니다. 능력이고 지혜고, 다 소용없습니다. 그렇지 않습니까. 눈이 밝아지는 것, 굉장한 사건입니다. 하나님께서 은혜를 주시어 내가 지금도 좋은 시력을 가지고 삽니다마는, 좋은 시력을 가지고 살면 이 삼라만상(森羅萬象), 이 아름다운 세계를 보면서 살게 되지 않습니까. 그러나 아무리 세상이 아름다운 세상이라고 하더라도 내 시력이 좋지 않으면 소용없습니다. 그저 깜깜할 뿐입니다. 그 모든 아름다움이 나와 아무 상관이 없습니다. 이 눈의 빛, 우리 육체의 빛이라는 것이 이 세상을 이렇게 화려하고, 아름답고, 영롱하게 만든다, 이것입니다.

　그런가하면 이성의 빛이라는 것도 있습니다. 이성이 병들면 사람이 혼돈스러워집니다. 맑은 정신, 맑은 판단력, 맑은 이성이 필요합니다. 이성이 병들면 모든 것이 빗나갑니다. 생각이 잘못되는 것입니다. 겉보기에는 똑똑한 사람 같은데, 생각이 잘못되었습니다. 생각이 한번 빗나가기 시작하면 영 엉뚱한 방향으로 가게 됩니다.

안쓰럽습니다. 참 안 된 일입니다. 불쌍합니다. 이성의 빛이 중요합니다.

그런가하면 마음의 빛이라는 것도 있지 않습니까. 그래서 저는 이유 불문하고 술 많이 마시는 사람을 별로 사람답게 보지 않습니다. 왜요? 그는 마음의 빛이 없기 때문입니다. 그나마 촛불처럼 조금 있는 빛마저 술을 마셔가지고 그만 어둡게 만들지 않습니까. 멍청해지는 것입니다. 오늘 아침방송에도 나오는 것을 보니, 누가 술을 마시고 차를 몰다가 식당으로 돌진해가지고 많은 사람을 다치게 했더라고요. 정신 나간 사람 아닙니까. 어쩌자고 그렇게 술을 많이 마시고 차를 몹니까. 술을 마시는 순간 당신은 차를 몰 자격이 없는데, 이상하게도 술이라는 것이 용기를 주거든요. '괜찮아, 괜찮아.' 이러는 것이 술입니다. 그거 술도깨비가 하는 말입니다. 괜찮기는 뭐가 괜찮습니까? 그렇지 않습니까. 그러니까 마음의 빛이 어두워지면 이제 그 다음 이야기는 할 필요가 없는 것입니다.

그리고 더 나아가 영혼의 빛이 어두워지기 시작하면 이성도 육체도 판단력도 가치관도 다 어두워지고 맙니다. 불쌍한 심령들입니다. 영혼의 빛 가운데 하나님과 내가 만나는 영적 관계의 환한 빛이 있어야 한다, 이것입니다. 신비입니다. 빛 안에 있는 동안 어둠은 없습니다. 그리스도를 영접하는 순간 말씀의 빛이 우리 가운데 있으면 자연스럽게 어둠은 다 물러갑니다. 쓸데없는 욕망이 다 물러갑니다. 세상 쓸데없는 그런 잡스러운 생각이 깨끗이 사라진다는 것입니다. 어둠은 다 사라집니다. 빛이 주는 생명력으로 살아가는 것입니다.

오늘본문은 특별히 그 생명의 신비로운 역사를 우리에게 말씀해주고 있습니다. 빛의 자녀, 빛 안에서 태어난 것입니다. 내 노력,

내 윤리성, 내 도덕성이 아닙니다. 하나님께서 내게 주시는 빛입니다. 이 빛의 열매로 살아가는 것입니다. 그래서 빛의 열매는 착함과 의로움과 진실입니다. 착한 것, 의로운 것, 진실한 것은 자연스러워야 합니다. 여러분은 의로울 때 대가를 요구합니까? 여러분은 진실할 때 어떤 칭찬을 바라고 싶습니까? 아니, 어떤 이익을 바랍니까? 그렇다면 잘못입니다. 빛, 의로움, 진실함은 그대로 자연스러운 행위입니다. 절대로 수단이 아닙니다. 이것은 절대로 어떤 대가를 원하는 행동이 아닙니다. 착함과 의로움과 진실은 그리스도인의 자연스러운 열매입니다. 이 열매로 사는 것입니다. 아무것도 바라지 마십시오. 의로움에 무엇을 바라겠습니까. 진실함에서 무슨 대가를 요구하겠습니까. 빛의 열매입니다. 빛 앞에는 어둠이 다 노출됩니다. 어둠은 물러갑니다. 도덕적이고 사회적인 모든 부끄러운 일들이 다 사라지는 것입니다. 이걸 잊지 말아야 합니다.

제가 오래 전 군대에서 군복을 입고 지낼 때의 일입니다. 어느 날 잠깐 시장을 나가다가 초등학교 2학년이나 3학년쯤 되어 보이는 어떤 어린아이가 가방을 둘러메고 손에 든 종잇장 하나를 깃발처럼 흔들면서 집으로 가는 모습을 보았습니다. 그 모습이 하도 예쁘고 또 명랑하게 보여서 제가 "애야, 너 그 손에 들고 있는 게 뭐냐?" 하고 물으니 "보세요!" 하면서 건네주는데, 성적표였습니다. 전부가 '수'였습니다. 그래서 제가 "너는 참 행복하겠구나!" 했습니다. 여러분, 어떻습니까? 그처럼 좋은 성적표는 자랑스럽게 들고 다니지만, 시원치 않은 성적표는 안 보이게 숨겨놓지 않습니까. 이것이 부끄러움입니다. 이것이 어둠입니다. 좋은 것은 하늘을 보나 땅을 보나 자랑스럽습니다. 그가 바로 '빛의 자녀'입니다. 또한 어둠은 사람을 무력하게 만듭니다. 지혜도 지식도 재산도 다 소용없습니다. 심지어는 건강도 소용없습니다. 이 어두운 사람의 건강은 자기에게도 손해입니다. 건강하다고 다 좋은 것이 아닙니다. 빛의 자녀의 건강은 소용이 있지만, 어둠의 자녀의 건강은 여러 사람을 손해 보게 만듭니다. 그런고로 빛은 무력해지고, 또 무력하게 만들고, 진실이 확실해집니다. 나의 진실, 나의 의로움이 확실해집니다. 그리고 빛 앞에서는 어둠은 다 사라집니다.

칼 로저스는「성숙한 인격」이라는 저서에서 성숙한 인격의 4대 원칙을 말합니다. 깊이 생각할 만합니다. 첫째, 나를 내세우기보다 남을 인정하는 것입니다. 내 인격의 영역이 넓어져서 나만 생각하지 않고, 다른 사람을 생각하는 것입니다. 그만큼 성숙하다는 뜻입니다. 둘째, 솔직함이요 순수함입니다. 인격은 솔직합니다. 솔직하지 못한 것은 어둠입니다. 이것이 얼마나 중요한지 모릅니다. 오늘도 많은 사람들을 대하면서 보면 대체로 인격적인 사람들이 솔직합니다. 어린아이 같은 데가 있습니다. 아주 솔직합니다. '이런 사람이 어떻게 돈을 많이 벌었지? 어떻게 이런 사람이 성공했지?' 이런 생각이 들 만큼 그들은 순진한 데가 있습니다. 순진한 그만큼 그 인격이 성숙한 것입니다. 셋째, 다른 사람의 입장을 헤아릴 줄 아는 것입니다. 역지사지, 내 입장보다 다른 사람의 입장을 더 생각할 줄 아는 것입니다. 넷째, 다른 사람을 전적으로 믿는 것입니다. 깊이 생각해야 합니다. 여러분, 못 믿겠습니까? 아무도 못 믿겠습니까? 그러면 스스로도 못 믿습니다. 내가 나를 믿어야 다른 사람도 믿습니다. 그만큼 내 인격의 영역이 넓어진 것입니다. 그만큼 큰 사람입니다. 믿지 못하는 사람은 소인배입니다. 믿을 수 있어야 하고, 그 빛이 다른 사람에게까지 연결되고, 모든 사람을 전적으로 믿는 그것이 성숙한 인격이라고 로저스 박사는 우리에게 말하고 있습니다. 빛은 곧 지혜입니다. 빛은 생명력입니다. 빛 안에 용기가 있습니다. 빛 안에 자랑이 있습니다. 그리스도는 빛이십니다. "나는 세상의 빛이다! 너희는 세상의 빛이다! 빛의 자녀들처럼 행하라!" 종말론적인 진리가 오늘 본문 14절에 있습니다. "그러므로 이르시기를 잠자는 자여 깨어서 죽은 자들 가운데서 일어나라 그리스도께서 너에게 비추이시리라……" 죽은 자를 향해서도 비추시리라, 잠자는 자여, 깨어 일어나라, 빛을 향해서 일어나라, 이것입니다. 있습니다. '내가 곧 빛이다. 너희는 세상의 빛이다.' 내가 빛의 자녀들처럼 행해야하겠습니다.

우리 믿음의 선배들 가운데 한 사람으로 여러분이 너무나 잘 아시는 윤동주 시인의 유명한 시가 있지 않습니까. 아마 한국 사람으로 이 시를 모르는 사람은 없을 것입니다. 또 외우지 못하는 사람도 없을 것입니다. '죽는 날까지 하늘을 우러러 / 한 점 부끄럼이 없기를, / 잎새에 이는 바람에도 / 나는 괴로워했다. / 별을 노래하는 마음으로 / 모든 죽어가는 것을 사랑해야지 / 그리고 나한테 주어진 길을 / 걸어가야겠다. // 오늘밤에도 별이 바람에 스치운다.' 믿음의 사람, 윤동주 시인의 시가 이렇게 우리 빛을 노래하고 있습니다. 빛의 생명력은 아주 자연스럽습니다. 빛은 말이 없습니다. 조용합니다. 그러나 칭찬하기도 하고, 심판하기도 합니다. 내가 빛을 향해서 살 때 나를 칭찬합니다. 내가 어두운 쪽으로 향할 때 나를 심판합니다. 생명과 사망을 동시에 이루는 생명의 역사입니다. '너희는 세상의 빛이다! 빛의 자녀로서 살아라!'

여러분, 많은 것을 얻기도 하고 잃어버리기도 하겠습니다마는,

내 생명, 내 영혼이 올해는 빛의 자녀로서, 오직 빛을 향해서만, 오
직 빛을 바라면서, 작더라도 촛불만한 빛이라도 내가 사는 영역을
밝히면서 사는 새해가 되기를 바랍니다.   △

준비하시는 하나님

아브라함이 이르되 내 아들아 번제할 어린 양은 하나님이 자기를 위하여 친히 준비하시리라 하고 두 사람이 함께 나아가서 하나님이 그에게 일러 주신 곳에 이른지라 이에 아브라함이 그 곳에 제단을 쌓고 나무를 벌여 놓고 그의 아들 이삭을 결박하여 제단 나무 위에 놓고 손을 내밀어 칼을 잡고 그 아들을 잡으려 하니 여호와의 사자가 하늘에서부터 그를 불러 이르시되 아브라함아 아브라함아 하시는지라 아브라함이 이르되 내가 여기 있나이다 하매 사자가 이르시되 그 아이에게 네 손을 대지 말라 그에게 아무 일도 하지 말라 네가 네 아들 네 독자까지도 내게 아끼지 아니하였으니 내가 이제야 네가 하나님을 경외하는 줄을 아노라 아브라함이 눈을 들어 살펴본즉 한 숫양이 뒤에 있는데 뿔이 수풀에 걸려 있는지라 아브라함이 가서 그 숫양을 가져다가 아들을 대신하여 번제로 드렸더라 아브라함이 그 땅 이름을 여호와 이레라 하였으므로 오늘날까지 사람들이 이르기를 여호와의 산에서 준비되리라 하더라 여호와의 사자가 하늘에서부터 두 번째 아브라함을 불러 이르시되 여호와께서 이르시기를 내가 나를 가리켜 맹세하노니 네가 이같이 행하여 네 아들 네 독자도 아끼지 아니하였은즉 내가 네게 큰 복을 주고 네 씨가 크게 번성하여 하늘의 별과 같고 바닷가의 모래와 같게 하리니 네 씨가 그 대적의 성문을 차지하리라 또 네 씨로 말미암아 천하 만민이 복을 받으리니 이는 네가 나의 말을 준행하였음이니라 하셨다 하니라 이에 아브라함이 그의 종들에게로 돌아가서 함께 떠나 브엘세바에 이르러 거기 거주하였더라

(창세기 22 : 8 - 19)

준비하시는 하나님

　지금으로부터 2천 년 전, 그 옛날 초대교회에서부터 내려오는 전설 가운데 이런 이야기가 있습니다. 어느 날 예수님께서 제자들과 함께 갈멜산에 등산을 하셨습니다. 산을 오르기 전에 그 밑에서 예수님께서 제자들에게 이르십니다. "모두 각기 돌 하나씩을 가지고 올라가자." 빈 몸으로도 산에 올라가기가 어려운데, 돌을 하나씩 가지고 올라가라 하시는 것입니다. "자기 힘으로 들 수 있을 만큼 큰 돌을 가지고 가라!" 제자들은 무슨 영문인지 알 수가 없어 마음속으로 이렇게 불평합니다. '맨몸으로도 올라가기 힘든데, 더군다나 웬 돌을 가지고 올라가라 하시나? 도대체 어쩌자는 이야기신가?' 그래 어떤 제자는 조그마한 돌 하나를 주머니에 넣고 올라갔고, 또 어떤 제자는 주먹만한 것을 가지고 올라갔습니다. 하지만 베드로는 자기 힘으로 들 수 있는 가장 큼직한 돌을 어깨에 메고 올라갔습니다. 작고 가벼운 돌을 가지고 가던 제자들이 베드로를 어리석다고 비웃습니다. 한데도 베드로는 그 큰 돌을 끙끙거리면서, 기왕에 시작한 것 내려놓을 수도 없고, 그냥 끝까지 들고 올라갔습니다. 이제 산 위에서 예수님께서 제자들한테 이르십니다. "다 둘러 앉으라!" 그래 제자들이 예수님 앞에 죽 둘러앉았습니다. 그러자 예수님께서 손을 들고 이렇게 축사하셨답니다. "주여, 이 시간에 우리에게 일용할 양식을 주세요. 우리가 가지고 있는 돌이 떡이 되게 해주세요." 예수님의 기도가 끝나고 나니 각자 가져온 돌이 떡이 되었습니다. 다들 주먹만 한 떡을 하나씩 손에 들고 있게 되었습니다. 하지만 베드로는 커다란 떡을 가지게 되었습니다. 동화 같은 이야기지만, 시사하는 바가 많습니다.

예수님께서는 다 생각하시는 바가 있어서 미리 준비하시고, 그 준비된 사건을 위해서 오늘 우리에게 말씀하십니다. 부모도 자식을 위해서 많은 것을 준비합니다. 아무래도 부모는 경험도 많고, 지혜도 있고, 또 자식을 사랑하는 마음에서, 이렇게 저렇게 생각하는 것이 있어서 미리 많은 준비를 합니다. 하지만 자식들은 이걸 잘 이해하지 못합니다. 그래서 불평이 많고, 원망도 많고, 반항도 합니다. 그러나 한 가지는 우리가 분명히 알고 있지 않습니까. 저들도 결혼해서 아이를 낳고 부모가 되어보면 그제야 지난날을 되돌아보며 깨달으리라는 것입니다. '그때 그 말씀이 사랑이었다. 내가 그렇게도 싫어하는 그 아버지의 잔소리, 그 어머니의 쓴 소리, 그것이 사랑이었다.' 따라서 후회가 많습니다. 뉘우침도 많습니다마는, 다시 되돌아갈 수는 없습니다.

우리가 이렇게 서로 인간관계를 맺어가고 있을 때 제일 중요한 것은 '누구냐?' 하는 문제와 '무엇이냐?' 하는 문제입니다. Who and What? 이 두 가지가 대조됩니다. '내가 이 사람하고 만나면서 무엇을 얻을 것이냐?' 하는 것과 '이 사람하고 만나면서 이 사람은 내게 누구냐?' 하는 것입니다. '누구냐?' 예수님께서 많은 병자를 고치셨습니다. 그 고침 받은 사람들은 전부 예수님께로부터 그 무엇을 원했습니다. 무엇을 바랐고, 무엇을 찾아 헤맸습니다. 그리고 받고 돌아갔습니다. 그러나 예수님께서 바라셨던 것은 '내가 누구냐?' 하는 것입니다. "제자들은 나를 누구라 하느냐? 사람들은 나를 누구라 하느냐? 너희들은 나를 누구라 하느냐? 누구라고 믿고 사랑하느냐?"

이걸 믿는 것입니다. 그러니까 우리의 인격은 점점 자랄수록 '무엇' 보다는 '누구'에 관심이 있어야 합니다. '무엇'은 아닙니다.

제가 어젯밤에 잠깐 TV에서 재미있는 것을 보았습니다. 부모가 자식한테 사랑을 받으려면 '삼척동자'를 해야 한다는 것입니다. 알 만한 분들은 아실 것입니다. 여기서 '삼척'이란 한마디로 '척'해야 한 다는 것입니다. 자녀들에게서 효도 받으려면 첫째가 돈이 있는 척해 야 됩니다. 부모가 숨겨놓은 돈이 있는 척해야 그걸 바라고 자식이 효도한다는 것입니다. 또 인맥이 있는 척해야 한다는 것입니다. "내 가 아는 사람이 많다." 이렇게 해야 자식들이 부모를 사랑한답니다. 그 다음에는 곧 죽을 척을 해야 한다는 것입니다. 부모가 죽은 다음 에 뭔가 얻을 것이 있지 않나 싶어서 자녀들이 부모한테 효도를 한 다는 것입니다. 영 비참한 이야기입니다. 어쩌다 세상이 이렇게까지 된 것입니까?

"누구냐?" "저분이 누구냐?" 이때 먼저는 그가 믿을 수 있는 사 람이다, 믿음이 가는 사람이다, 그의 경험과 그의 지식이 나보다 월 등하다, 하는 것이 믿어질 때 비로소 이 관계가 새로워집니다. 믿어 야 합니다. 여러분, 사랑하는 부모입니다. 경험도 나보다 많으십니 다. 그런 분이 말씀하시면 이해가 잘 안 돼도, '왜 이러실까?' 싶어 도 그 이해 안 되는 부분을 믿음으로 받아들여야 합니다. 지금 당장 은 이해가 되지 않아도 그 이해 안 되는 부분을 믿음으로 채워가야 한다는 말씀입니다. 창세기 22장 1절은 말씀합니다. "그 일 후에 하 나님이 아브라함을 시험하시려고……" 하나님께서 아브라함을 시험 하셨다는 것입니다. 이 '시험'이라고 하는 사건이 지금 여기에서 벌 어집니다. 보통 시험이 아닙니다. "네 사랑하는 독자 이삭을 데리고 모리아 땅으로 가서 내가 네게 일러 준 한 산 거기서 그를 번제로 드리라(2절)." 아들을 제물로 바치라니, 이 얼마나 엉뚱한 명령입니까. 하지만 이것이 시험이었습니다.

출애굽기를 보면 하나님께서 이스라엘 백성을 인도하실 때 모세를 통하여 인도하십니다. 성경은 분명히 말씀합니다. '홍해에 광야 길로 갔다.' 북쪽으로 올라가서 동쪽으로 가야 하는데, 그냥 광야 길로 가면 앞에 홍해를 만나게 됩니다. 어떻게 할 것입니까? 홍해를 건너갈 것입니까? 그런데 하나님께서 그쪽으로 인도하셨습니다. 왜 하필이면 광야 길로 인도하셨을까요? 백성들은 모세를 따라가다가 홍해를 딱 만나게 되니까 "아이고, 큰일 났다! 애굽에서 군사가 따라오니까 이제는 죽었다!" 하면서 모세를 원망하고, 하나님을 원망합니다. "왜 우리를 구원했느냐? 왜 우리를 이리로 인도했느냐?" 하면서 난리를 칩니다. 그러나 여러분도 다 아시다시피 하나님께서는 홍해를 가르는 기적을 베푸십니다. 미리 준비를 다 해놓으시고 하나님께서는 이스라엘 백성을 광야 길로 인도하신 것입니다. 이스라엘 백성은 홍해를 건너감으로써 믿음을 얻게 되었습니다. 한번 건너가면 다시는 돌아오지 못하리라는 것도 알았습니다. 그리고 뒤쫓아오던 애굽의 군사들은 홍해의 사나운 물결 속에 전부 수장되었습니다. 엄청난 사건이 이루어진 것입니다. 이런 희한한 사건을 준비해놓으시고 하나님께서는 이스라엘 백성을 홍해에서 광야 길로 인도하셨습니다. 이것이 바로 시험입니다.

하나님께서는 무엇을 원하십니까? 하나님께서는 아브라함에게 고향을 떠나라고 말씀하십니다. 이 말씀을 들을 때 아브라함의 나이 75세입니다. 그런데 이상하게도 떠나라고만 하셨지, 구체적으로 어디를 가라는 말씀은 없으셨습니다. 아브라함은 불확실한 가운데 하나님만 믿고 고향을 떠납니다. 히브리서는 분명히 말씀합니다. '갈 바를 알지 못하고 갔다.' 아브라함은 하나님께서 예비하신 그 눈에 보이지 않는 것을 믿고 고향을 떠납니다. 그래서 믿음의 조상이 됩니다.

오늘본문의 사건은 그 절정입니다. 이삭이 어떤 아들입니까? 100세에 얻어서 지금 27세 정도 되는, 아직 장가도 보내지 않은 귀한 아들, 딱 하나뿐인 외아들입니다. 그 아들을 두고 하나님께서 말씀하십니다. '모리아 산으로 가서 번제물로 바쳐라.' 이게 말이 됩니까. 인간적으로는 말도 안 되는 일입니다. 그러나 성경은 분명히 말씀합니다. 하나님께서는 예비하신 것, 뭔가 준비하신 것이 있으셨습니다. 그래 그 과정을 통하여 아브라함을 시험하신 것입니다. 미리 준비해놓으신 축복을 주시려고 시험을 거신 것입니다. 이 시험을 통해서 아브라함은 믿음을 가지게 되었고, 온전한 하나님의 사람으로 거듭났고, 나아가 하나님을 더 사랑하게 되었습니다. 이런 과정을 거치도록 하시려고 시험을 거셨던 것입니다.

여러분, 우리는 모르지만, 오늘 우리가 당하는 모든 시험과 시련과 어려움은 다 하나님께서 예비하신 것입니다. 하나님만이 아시는 준비가 있습니다. 지금 우리는 알 수 없습니다. 또 어쩌면 말씀해 주셔도 못 알아들을 것입니다. 믿지도 않을 것이고요. 생각해보십시오. 우리가 아이들한테 뭘 설명할 때 다 알아듣습니까. "너희들 지금 공부 안 하면 나중에 내 나이 돼서 후회한다." 이런 철학적인 말 아이들은 못 알아듣습니다. 믿지도 않고요. 왜요? 자기는 그럴 것 같지 않거든요. 자기는 늙을 것 같지 않거든요. 그러니까 안 믿는 것입니다. 그러니 이것이 바로 시험이다, 이것입니다. 하나님께서는 바로 이 시험을 통해서 우리의 믿음을 키우시고, 우리의 생각을 넓히십니다. 그리고 우리가 점점 더 온전한 인격에 도달하도록 만드십니다. 그러고 나서야 우리를 위해 예비해두신 것을 주십니다. 지금은 주실 수도 없고, 설명도 되지 않습니다. 모든 것은 시험이라는 사건을 통해서만 이루어집니다. 여러분, 올해에도 우리는 여러 가지 사건들을 만나게 될 것입니다. 신년벽두에 우리는 수소폭탄이라고 하는 큰 시련을 만났습니다. 그러나 우리는 모르지만, 하나님께서는 준비하신 바가 있으십니다. 예비하신 바가 있으십니다. 이것은 믿어야 할 부분입니다. 믿고서야 할 것입니다. '시험, 하나님께서 준비하셨다. 그 끝에 가서야 준비된 것을 보게 되리라. 시험하신다. 준비하신다.' 이 얼마나 중요한 말씀입니까.

하나님께서 아브라함에게 "네 아들을 내게 바쳐라!" 하실 때에 아브라함은 고민이 많았습니다. 이스라엘 사람들의 전설을 따르면, 아브라함이 그때 밤새껏 깊이 고민합니다. 왜요? 이성적으로 판단한 것입니다. '하나님, 말씀이 틀리지 않습니까? 아들을 통해서 하늘의 별처럼, 바다의 모래처럼 자식을 주신다고 약속하셔놓고, 아직 장가도 못 보낸 이 아들을 잡아 바치라고요?' 아브라함은 지금 하나님 앞에 얼마든지 드릴 말씀이 많습니다. "약속이 틀리지 않습니까. 이거 웬일입니까?" 이성적으로 판단할 때 이것은 하나님의 속성에 합당치 않습니다. 하나님께서는 모든 제사를 받으시지마는, 깨끗한 것만 받으십니다. 그렇다고 사람의 생명을 제물로 요구하시는 법은 없습니다. 하나님께서는 절대로 사람의 생명을 제물로 받지 않으십니다. 이방 사람, 이방 신들, 그 모든 우상들은 사람의 생명을 제

물로 바치게 합니다. 사람의 생명을 제물로 드린 역사가 우리나라에
도 있지 않습니까. 그러나 하나님께서는 절대로 사람의 생명을 제물
로 원치 않으십니다. 이것이 하나님의 속성인데, 오늘따라 이게 무
슨 소리입니까? 어째서 하나님답지 못하신 것입니까? 또 있습니다.
'존속살인을 하라는 것입니까? 아버지가 아들을 죽여야 한다는 말입
니까? 도덕적으로도 말이 안 되지 않습니까. 어째서 이런 일을 시키
십니까?' 전설에서는 이 세 가지 고민으로 아브라함은 밤새껏 잠을
못 자고 밖을 서성이면서 고심했다고 합니다. 그러다가 새벽이 되자
마침내 그는 하나님 앞에서 결단합니다. '예, 하나님께서 주신 자녀,
하나님께서 원하신다면 하나님께 드리지요. 애당초 이 자녀는 100
세에 얻은 아들입니다. 하나님께서 기적으로 주신 아들입니다. 제게
특별하게 주신 아들입니다. 하나님께서 주신 것, 하나님께서 바치라
시면 바치겠습니다.' 그리고 모리아 산으로 갑니다. 사흘 길을 가면
서 얼마나 고민했겠습니까. 이 사흘길이라는 것이 또 특별한 의미가
있습니다. 당장 이루어진 일이 아닙니다. 사흘이나 걸리는 길을 아
들과 함께 가면서 내내 고민하는 것입니다.

　아브라함은 이런 고민과 시련을 거쳐서 모리아 산으로 올라갑
니다. 그리고 아들을 제물로 바칩니다. 전설에 따르면 그때 아브라
함이 이삭한테 이렇게 물었답니다. "이삭아, 내가 너를 얼마나 사랑
하는지 알지?" "압니다." "얼마나 사랑하느냐?" "아버지 목숨보다
저를 더 사랑하십니다." "그래, 맞다. 그럼 내가 얼마나 하나님을 사
랑하는 줄은 아느냐?" "압니다." "얼마나 사랑하느냐?" "모든 것보
다 하나님을 더 사랑하시는 줄 압니다." "그래, 맞다. 그 하나님께서
너를 제물로 바치라고 하신다." 그래서 이삭이 자기 발로 걸어 제단

에 올라갑니다. 그리고 아브라함이 칼을 들어 이삭을 찌르려고 하는 바로 그 결정적인 순간에 천사가 그를 말립니다. 얼마나 중요한 말씀입니까. 얼마나 어려운 시련입니까. 얼마나 어려운 밤을 지냈습니까. 하나님께서는 이 시험을 통해서 아브라함의 믿음을 키우십니다. '무엇이 중요한가? 무엇이 먼저인가? 무엇이 절대 우선인가? 너는 뭘 믿어야 하나?' 다 물러가고 깨끗하게 하나님을 믿는 마음, 하나님을 사랑하는 마음으로 순수해질 때 하나님께서 말씀하십니다. "이제야 네가 나를 사랑하는 줄 알았다." 그리고 그에게 큰 복을 주십니다. "네가 메시아의 조상이 되리라!" 이것이 바로 그때 주신 말씀입니다. 가장 큰 축복을 주신 것입니다. "이제야 네가 나를 사랑하는 줄 알았다!"

지금까지 29권의 책을 써서 베스트셀러 작가가 된 아주 유명한 웨인 다이어(Wayne Walter Dyer)의 「행복한 이기주의자」라는 특별한 저서가 있습니다. 이 책에서 그는 중요한 말을 합니다. '언제나 동기가 미흡했다가 동기가 발전해서 성숙한 동기에 이르러야 비로소 자기의 성공을 이룰 수 있다. 첫째, 과거의 꼬리표를 떼어 버려라.' 과거에 이랬다저랬다, 내 경험으로 이렇다, 내 지식으로 이렇다, 심지어 역사가가 어떻다, 하는 말들도 믿을 게 못 됩니다. '과거로부터 깨끗하게 벗어나야 하고, 미래의 세계, 미지의 세계에 대한 환희가 있어야 한다. 신비로운 세계, 내가 미처 생각하지도 못 하던 세계, 저 미래를 바라보며 환하게 마음을 열 수 있어야 한다. 그리고 그 길을 가는 일을 기쁨으로 맞이해야 한다.' 이것이 믿음입니다. 앞으로 될 일을 바라보며 오늘의 어려움을 참는 것입니다. 오늘의 어둠을 헤치고, 저 앞에 있는 빛을 보는 것입니다. 이것이 믿음입니다.

오늘본문에서 가장 중요한 것은 하나님께서 아브라함을 시험하셨다는 것입니다. 하나님께서는 준비하시는 하나님, 여호와 이레의 하나님이시라는 것입니다. 무언가를 준비해놓으시고 우리를 초청하십니다. 큰 은사를 준비해놓으시고, 우리를 부르시며, 그 과정으로 시험을 하십니다. 우리는 이 시험을 통과해야 합니다. 이것은 인간의 이성으로 되는 게 아닙니다. 잔머리 굴린다고 되는 게 아닙니다. 내 과거의 경험도 아닙니다. 오직 믿음입니다. 아브라함이 하나님을 믿듯이, 모세가 하나님을 믿듯이, 좀 더 큰 믿음을 가졌더라면 얼마나 좋겠습니까. 여러분, 생각해보십시오. 아브라함이 좀 더 큰 믿음을 가졌더라면 하나님께서 무엇을 말씀하시든 거기에 즐거운 마음으로 순종하지 않았겠습니까. 예수님께서 베드로에게 말씀하십니다. "깊은 데 가서 그물을 던져라!" 물론 이성적으로는 말이 안 되는 일이지요. 예수님께서는 목수시요, 베드로는 어부입니다. 목수가 물고기 잡는 일에 대해서 뭘 안다고 감히 어부에게 이런 말을 하는 것입니까? 말이 안 되는 일입니다. 그래서 베드로가 처음에는 약간 삐딱하게 대꾸합니다. "제가 밤새껏 수고했습니다마는, 잡은 것이 없습니다. 하지만 말씀하시니 그물을 내리리다." 저는 성경의 이 대목에 괄호를 치고 이렇게 딱 한 줄만 더 써넣고 싶습니다. "보나마나 못 잡을 것은 뻔하지만, 그러나 말씀하시니 체면을 봐드려서 제 그물을 내리리다." 그리고 베드로는 그물 가득히 물고기를 잡았습니다. 이제 생각합시다. 처음에 예수님께서 "깊은 데 가서 그물을 던져라!" 하실 때 "아멘, 할렐루야!" 했더라면 얼마나 좋았겠습니까. 하지만 그때까지만 해도 베드로는 믿음이 없었습니다. 그리고 이제야 확실히 안 것입니다. 그 말씀 속에 능력이 있고, 그 말씀 속에 엄청난 축복이 있다는 것을 뒤늦게 깨달은 것입니다.

여러분, 암울하게 한 해를 시작합니다. 그러나 걱정하지 마십시오. 하나님께서는 준비하신 바가 있으십니다. 예비하신 바, 그것을 향해서 오늘 미리 축제의 마음으로, 미리 감사하는 마음으로 나아가야 할 것입니다. "가장 사랑하는 독자를 바쳐라!" 여러분, 내가 하나님보다 더 사랑하는 것이 무엇인가를 생각해보십시오. 내가 하나님보다 더 사랑하는 것, 그것을 버려야 됩니다. 아마도 아브라함이 100세에 아들을 얻어놓고 정신없이 그 아들에게 빠졌던 것 같습니다. 그래 하나님께서는 그에게 시험을 거셔서 "둘 중 하나다. 어느 쪽이냐?" 하십니다. 여러분이 사랑하는 것, 뭐든지 좋습니다. 그걸 하나님보다 더 사랑하면 안 됩니다. 그걸 끊어버리는 것이 바로 시험입니다. 그러고야 하나님께서는 큰 은사를 더하십니다. 엄청난 복을 예비하고 계십니다. 그 앞날을 바라보며 오늘도 다시 출발할 수 있기를 바랍니다. △

어린아이의 일을 버렸노라

　내가 어렸을 때에는 말하는 것이 어린 아이와 같고 깨닫는 것이 어린 아이와 같고 생각하는 것이 어린 아이와 같다가 장성한 사람이 되어서는 어린 아이의 일을 버렸노라 우리가 지금은 거울로 보는 것 같이 희미하나 그 때에는 얼굴과 얼굴을 대하여 볼 것이요 지금은 내가 부분적으로 아나 그 때에는 주께서 나를 아신 것 같이 내가 온전히 알리라 그런즉 믿음, 소망, 사랑, 이 세 가지는 항상 있을 것인데 그 중의 제일은 사랑이라

　　　　　　　　　　　　(고린도전서 13 : 11 - 13)

어린아이의 일을 버렸노라

제가 우스갯소리 한 말씀 드리겠습니다. 저는 우유를 마시지 못합니다. 그 이유인즉슨 이렇습니다. 저희 어머니가 저를 10년 동안 기도하시고 마흔 한 살에 낳으셨답니다. 그래서 저를 하나님의 종으로, 하나님의 교회를 섬길 일꾼으로 키우기로 하셨습니다. 그때 어머니 말씀은 이랬습니다. "하나님의 귀한 종에게 소젖을 먹이다니, 그건 안 되지!" 어머니는 병약하시면서도 저한테 시간 맞춰서 모유만 먹이셨답니다. 그래서 저는 남보다 위가 좀 작습니다. 과식을 못합니다. 특별히 우유를 소화시키지 못합니다. 그런데 제가 뒷날 미국으로 유학을 가지 않았습니까. 그때 보니까 미국에서는 우유를 못먹으면 먹을 게 없습니다. 더구나 기숙사에서는 아침식사를 대신해서 다들 그 차가운 우유를 두 컵씩 마시고 하루를 시작합니다. 아, 그거 참 마시고 싶습니다. 하지만 안타깝게도 저는 그 시원하고 좋은 것을 소화시키지 못합니다. 여러 번 시도해봤습니다. 언젠가 의사가 제게 이런 말을 한 적도 있습니다. "목사님은 뱃속에 우유를 소화시키는 효소가 없으니까 아예 일생동안 우유를 마시지 마세요. 그래야 무사하지, 우유 마시면 안 됩니다." 그래서 안 마시기로 하고 삽니다. 그러나 제게는 당당한 말 한마디가 있습니다. "나는 어린아이의 일을 버렸노라. 아직도 소젖이나 마시고 살 거냐?" 그래서 저는 어린아이이기를 버렸다는 이 말씀을 특별한 의미로 해석합니다.

오늘본문은 유명한 '사랑장'입니다. 사랑의 본질과 사랑의 능력을 세세히 설교하는 가운데 고린도전서 13장의 이 마지막 부분에 와서 사도 바울은 말씀합니다. '나는 어린아이의 일을 버렸노라!' 무슨 말이겠습니까? 사랑받는 존재에서 사랑하는 존재로, 그리고 행복을 아는 존재로 변해간 것입니다. 받는 기쁨보다 베푸는 기쁨입니다. 내가 먹기보다는 다른 사람을 먹이고 섬기는 것입니다. 그래서 얻게 되는 그 높은 기쁨을 아는 단계로 가는 것입니다. 어머니들이 자신은 못 먹으면서도 자식한테는 먹이는 기쁨, 자신은 못 먹으면서도 아이들이 맛있게 먹는 걸 보고 좋아하는 그런 행복 말입니다. 이렇게 성숙하고 성장하는 것, 이것이 바로 사랑의 극치요 인격의 완성이입니다. 사도 바울은 말씀합니다. "어린 아이의 일을 버렸노라(11절)." 중요한 말씀입니다.

심리학의 권위자인 아들러(Alfred Adler)의 「행복해질 용기」라는 저서가 있습니다. 이 책에서 그는 행복의 요소를 세 가지로 요약합니다. 첫째는 일이 있어야 한다는 것입니다. 일없이 산다는 것은 곧 살아야 할 이유가 없다는 뜻입니다. 어떤 이유에서든지 할 일이 있어야 됩니다. 둘째는 할 일을 즐겨야 된다는 것입니다. 일을 할 때 억지로 하고, 죽지 못해서 하고, 목구멍이 포도청이라서 하는 것이 도대체 무슨 의미가 있겠습니까. 일 그 자체에 의미가 있어야 합니다. 그 일을 하는 자체를 즐기고, 그걸 행복하게 생각해야 한다, 이것입니다. 그리고 일은 혼자 하는 것이 아닙니다. 나도 하고, 다른 사람도 하고, 더불어 하는 것이 일입니다. 그 속에 성숙한 인격이 있는 것입니다. 대개 보면 자기 혼자서는 잘하는데, 다른 사람과 함께 하면 못하는 사람이 있습니다. 수준이 낮은 것이지요. 나도 일할 뿐만 아니라, 다른 사람들도 일하게 하고, 그런 분위기를 만들어야 합니다. 그리고 함께 하는 것이 높은 수준의 인격이요 교제입니다. 교제의 영역이 넓어야 됩니다. 어떻게 반가운 사람만 사랑하겠습니까. 어떻게 좋은 사람만 만나겠습니까. 살다보면 그렇지 않습니다. 사랑받고 사랑하는 것이 아니라, 오히려 사랑해서 사랑받는 것입니다. 그래야 내 생각과 내 교제의 영역이 넓어집니다. 이런 사람도 사랑하고, 저런 사람도 교제해야 합니다. 그래서 여러 종류의 사람들을 아울러서 넓고 깊고 높게 사랑하게 될 때, 그런 교제의 세계가 넓어질 때 내 존재의 영역이 그만큼 커지고, 내 삶의 가치가 커집니다. 이것이 사랑의 과제입니다. 인격의 완성은 사랑입니다. 얼마나 사랑하느냐? 어디까지 사랑하느냐? 누구까지 사랑하느냐? 그리고 얼마나 행복하냐?

오늘본문은 말씀합니다. "어린아이의 일을 버렸노라." 그러면서 이를 아주 간단하게 세 가지로 요약합니다. 어린아이에게는 어린아이의 말이 따로 있습니다. 아이들은 말을 거침없이 합니다. 생각 없이 말하는 것입니다. 오래 전에 제가 인천에서 목회할 때 박학전 목사님이라고 계셨습니다. 연세도 높으시지마는, 당뇨가 심해서 아무 일도 못하고 집에서 쉬고 계셨습니다. 내외분 둘이만 있으니까 너무나 외롭고 적적해서 외손자를 하나 데려다 키웠습니다. 한데 이놈이 아주 예쁘게 재롱을 떱니다. 참 볼 때마다 좋습니다. 언젠가 한번은 심방을 갔더니, 그 네 살 난 어린아이가 마침 밖에 나가 놀다가 들어왔습니다. 그런데 들어오는 길로 다짜고짜 할아버지를 발길로 차는 것입니다. "이 새끼!" 하면서요. 세상에, 손님들 앞에서 그게 무슨 망신입니까. 손자녀석이 할아버지를 발길로 차면서 "이 새끼, 저 새끼!" 하다니요? 다들 민망한 나머지 어이없게 허허 하고 웃으니까 이 어린 것이 저 좋은 얘기인 줄 알고 더 열심히 할아버지를 발로 찹니다. 한데도 목사님은 그 어린 손자를 품에 끌어안고 예뻐합니다. 그래서 제가 "목사님, 이 천하의 이 못된 놈을 왜 이렇게 사랑하시는 겁니까?" 했더니, 목사님 말씀이 이랬습니다. "몰라서 그러는 건데 뭘…… 애가 할아버지가 뭔지, '이 새끼'가 뭔지 알겠나? 몰라서 하는 거니까 할 수가 없는 거라고, 애가 클 때까지는." 그래서 사랑하는 것입니다. 아이들은 말을 참 거침없이 합니다. 여러분, 잘못했다가는 정말 망신당합니다. 아이들은 앞뒤 재지 않고 자기 하고 싶은 말을 막 합니다. 그래서 어린아이인 것입니다.

　　오늘본문에서 사도 바울은 말씀합니다. '말하는 것이 어린아이 같다.' 유치한 사람은 말이 유치합니다. 말을 보면 그 사람을 알 수 있습니다. 교양 있는 말을 하는지, 생각 있는 말을 하는지, 아니면, 어리석은 말을 하는지, 가만히 보십시오. 말은 마음의 창문이라고 합니다. 딱 10분만 들으면 알 수 있습니다. 그 사람의 인격은 물론이고 그 운명까지도 알 수 있습니다. '어린아이는 유치해서 말하는 것이 어린아이와 같다. 유치하다. 또 하나는 깨닫는 것이 어린아이와 같다.' 아이들은 언제나 부분만 봅니다. 전체를 못 봅니다. 그냥 현재만 봅니다. 미래는 못 봅니다. 지금 당장 내게 주어지는 것만 보고 생각합니다. '깨닫는 것이 어린아이와 같다.' 그래서 항상 자기중심적입니다. 자기가 우주의 중심이라고 생각합니다. 발달심리학에 이런 말이 있습니다. 어린아이들은 젖을 먹을 때 이런 생각을 한답니다. '왜 어머니는 젖이 두 개냐? 하나는 내가 먹으라는 거고, 하나는 가지고 놀라는 거다. 또 아버지는 뭐냐? 오빠는 뭐냐? 내가 타고 노는 것이다. 온 우주의 중심은 나다. 나는 왕이다.' 자랄 때 이것이 바로 유치한 것이지요. '깨닫는 것이 어린아이와 같다.' 어린아이처럼 미련하고, 자기중심적이고, 물질적이고, 현재적이고…… 안 됩니다. 어린아이는 생각하는 것도 어린아이와 같습니다. 유치하고 환상적입니다.

여러분, 어렸을 때 부르던 노래가 생각나십니까? 어머니가 예쁜 운동화를 사주셔서 그걸 신고 펄쩍 뛰니까 하늘까지 올라갈 것 같다는 내용의 노래가 있습니다. 어디까지나 동화입니다. 운동화 하나 신었다고 어떻게 하늘까지 올라갑니까. 그러나 아이들은 그렇게 믿습니다. 잠깐 뛰어보면 정말로 하늘까지 닿을 것 같고, 못할 게 없는 것 같습니다. 이것이 바로 어린아이의 생각입니다. 환상적이고, 동화적입니다. 꿈속을 사는 것 같습니다. 꿈과 현실을 혼동합니다. 이것이 바로 어린아이입니다. 그러면서도 어린아이는 또 물질적입니다. 먹는 것을 좋아하고, 자기 손에 쥐는 것, 눈에 보이는 것을 좋아합니다. 가치관이 유치합니다. 생각하는 것이 유치합니다. 깊이 생각하지 못합니다.

공자는 사람을 세 가지 종류로 나누었습니다. 하나는 사색으로 사는 사람입니다. 경험해보지 못하고도 아는 사람, 결혼해보지도 않고 여자를 알고, 부자가 되지 못해도 부자를 압니다. 스스로 경험해보지 못하고도 생각으로 충분히 아는 것입니다. 성숙한 사람입니다. 어떻게 모든 것을 다 경험하겠습니까. 죽음을 생각해보십시오. 세상에 죽어본 사람 있습니까. 죽음은 경험으로 알 수 있는 문제가 아닙니다. 그래도 성숙한 인격의 소유자는 압니다. 왜요? 다른 사람이 죽는 것을 보고 아는 것입니다. 자기 자신이 늙어가는 것을 보고 아는 것입니다. 어찌하겠습니까. 그러니까 경험하지 않고도 아는 것이 바로 성숙한 인격입니다. 또 하나는 모방적 인간입니다. 남을 그저 모방하고 따라갑니다. 흉내를 내는 것입니다. 모방은 쉽습니다. 그러나 아주 위험합니다. 나머지 하나는 많은 경험을 통해서 아는 사람입니다. 실제로 경험을 해보고 압니다. 만져보고 압니다. 경험한 다음에야 깨닫는 것입니다.

우리 아이들이 다 아주 어렸을 때 제가 인천에서 목회를 했는데요. 그 시절에는 추울 때 방 안에 연탄난로를 놓고 살지 않았습니까. 어느 날 우리 교인이 와서 보고 깜짝 놀라면서 말합니다. "아니, 어린아이들이 이렇게 둘이나 있는데, 어떻게 연탄난로를 그냥 이렇게 놓았습니까? 여기다가 울타리를 쳐야 아이들이 손을 데지 않지요." 그래서 제가 "아니올시다. 우리 아이들 절대로 연탄난로에 데지 않습니다!" 하니까 "어째서요?" 해서 이렇게 답했습니다. "연탄난로가 살살 더워지기 시작할 때 아이들 딱 끌어다가 한 번씩 손을 댔거든요. 그럼 아이들이 '이크, 뜨거워!' 한 다음에 다시는 난로 가까이 안 갑니다. 울타리를 만들어놓으면 오히려 아이들이 그 위로 올라가려다가 떨어져서 다칩니다." 여러분, 작으나 크나 경험을 통해서 깨닫는 것입니다. 만져보고 알고, 당해보고 알고, 병들어보고 알고, 실패해보고 아는 것입니다. '많은 경험을 통해서 깨닫는데, 이것이 소중하다. 그러나 대가를 많이 치러야 한다. 상처가 나야 되고, 어려움을 겪어야 한다.'

에베소서 4장 14절이나 고린도전서 14장 20절, 또 고린도 전서 3장 1절로 3절까지를 보면 사도 바울은 어린아이에 대해서 깊은 이해가 있는 사람임을 알 수 있습니다. 그가 하는 말입니다. '어린아이들은 자기중심적이다. 이기적이다. 그래서 분쟁을 한다. 뒤집어 말하면, 분쟁하면 어린아이다.' 또 말합니다. '너희들에게 분쟁이 있다고 하니 어찌 어린아이가 아니리요. 얼마나 유치한 짓이냐?' 분쟁하면 다 망합니다. 저만 망하는 것이 아니라, 나도 망합니다. 함께 망하는 것입니다. 그래도 이 길을 간다면 그 얼마나 어리석은 일입니까. 어린아이입니다. '분쟁하면 곧 어린아이다!'라고 사도 바울은 정의하고 있습니다.

여러분, 가만히 보면 다툼은 언제나 어디에나 있습니다. 유치한 짓입니다. 부부싸움, 한심한 일입니다. 어느 집에서 부부싸움이 시작됩니다. 아이들이 옆방에서 그걸 듣습니다. 그러다가 큰 아이가 둘째아이더러 말합니다. "야, 옷 입어라. 이제 외출할 때가 되었다." 이유는 간단합니다. 그 부모가 부부싸움을 시작하면 잠시 뒤에 화해한다고 외식하러 나간다는 것입니다. 그래서 미리 준비하고 있다 나간다, 이것입니다. 아이들이 한 수 높은 것입니다. 싸워봤자 별것도 아닌데, 그걸 화해하느라고 외식까지 해야 되는 것입니다. 아이들은 다 압니다. 여러분, 언제까지 유치한 짓을 할 것입니까? 싸움은 유치한 일입니다.

저는 우리나라에서 정치하는 분들, 그 국회의원들이 서로 싸우는 모습을 볼 때마다 이런 생각을 합니다. '저거 언제나 철이 드나?' 유치하잖아요? 그러다가는 다함께 망할 텐데, 그것도 모르고 피투성이로 서로 싸우는 것입니다. 속으로 참 한심한 생각이 듭니다. '도대체 뭐하는 짓들이야?' 어린아이만도 못하잖아요? 우리가 생각해야 될 문제입니다. '어린아이의 일을 버렸노라!' 제발 이래서는 안 되지요. 성숙하고, 믿고, 신뢰하고, 더 멀리 바라볼 수 있고, 전체를 볼 수 있고, 신령한 세계를 볼 수 있는 안목을 길러야 하지 않겠습니까? 성숙의 높은 곳은 어디입니까? 사랑입니다. 사랑하기 때문에 믿고, 사랑하기 때문에 행복하고, 사랑하기 때문에 피곤이 없는 것입니다. 이것을 '창조적 사랑'이라고 합니다.

여러분, 어른이 되면 기다릴 줄 압니다. 어른이 되면 용서할 줄 압니다. 예수님께서 십자가에 돌아가실 때 "하나님이시여, 저들의 죄를 사하소서. 저들이 하는 것을 모르기 때문입니다!" 하셨습니다. 보십시오. 예수님께서는 높은 성숙함으로 그 불쌍한 죄인들을 내려다보면서 용서하고 계시잖아요? 이것이 성숙의 극치입니다. 이것을 알아야 합니다. 사도 바울은 그래서 빌립보서 3장에서 고백합니다. '내가 옛날에 좋아하던 것 다 버렸노라. 분토와 같이 여기노라. 오직 그리스도를 아는 지식만 가지고 살아가노라.' 여러분, 우리는 언제까지 이렇게 살아야 합니까? 언제까지 유치해야 하겠습니까? 보다 멀리 바라보아야겠습니다.

성경을 읽을 때마다 우리 마음을 뜨겁게 하는 부분이 있습니다. '하늘 아버지의 온전하심같이 너희도 온전하라.' 하늘 아버지의 온전하심까지 높은 수준으로 성장해야 됩니다. 그런데 이 성장은 어떻게 이루어집니까? 기도하면서 이루어지고, 깨달으면서 이루어지고, 공부해서 이루어지고, 생각하면서 이루어집니다. 결정적인 것은 많은 시련을 통하여, 많은 사건을 통해서 성장이 이루어진다는 것입니다. 저는 종종 이런 기사를 볼 때마다 마음 아프게 생각합니다. 가난하게 사는 사람들의 자녀는 효자입니다. 부잣집 아들, 효자 없습니다. 왜 그럴 것 같습니까? 가난하고 어려운 가운데 자기 부모님이 고생하는 모습을 보면서 깊은 사랑을 느끼는 것입니다. 아이들은 사랑을 느끼면서 성숙한 인격으로 자라는데, 부잣집 아이들은 하도 넉넉해서 고생을 해본 적이 없습니다. 아무리 많은 것을 받아도 고마움을 느끼지 못합니다. 요새 우리 마음을 어지럽히는 것이 있지 않습니까. 가만히 보면 부잣집 아들딸들, 하나같이 다 이혼합니다. 제대로 사는 가정이 없습니다. 왜요? 사랑이 없기 때문입니다. 사랑은 가난하고, 어려운 시련 속에서 꽃이 핍니다. 아무래도 여유 많고, 넉넉하게 되면 사랑하기도 힘들고, 사랑받기도 힘들고, 사랑으로 깨달아 수용하기도 힘듭니다.

여러분, 다시 한 번 생각해봅시다. 인격의 성숙, 신앙의 극치는 사랑입니다. 아가페입니다. 사도 바울은 높은 사랑의 수준에서 우리에게 교훈을 줍니다. '내가 어린아이의 일을 버렸노라. 믿음, 소망, 사랑 가운데 제일은 사랑이다.' 여러분, 내 사랑을 한 번 감정해보십시오. 어디까지 왔습니까? 진단해보십시오. 어느 수준입니까? 높은 어른의 사랑으로 나를 보고, 세상을 보고, 이웃을 볼 때 거기에 하나님께서 주신 축복이 함께하는 것입니다.　△

주님의 뜻을 이해하라

그런즉 너희가 어떻게 행할지를 자세히 주의하여 지혜 없는 자 같이 하지 말고 오직 지혜 있는 자 같이 하여 세월을 아끼라 때가 악하니라 그러므로 어리석은 자가 되지 말고 오직 주의 뜻이 무엇인가 이해하라 술 취하지 말라 이는 방탕한 것이니 오직 성령으로 충만함을 받으라 시와 찬송과 신령한 노래들로 서로 화답하며 너희의 마음으로 주께 노래하며 찬송하며 범사에 우리 주 예수 그리스도의 이름으로 항상 아버지 하나님께 감사하며 그리스도를 경외함으로 피차 복종하라

(에베소서 5 : 15 - 21)

주님의 뜻을 이해하라

'아는 것이 힘이다.' '배워야 산다.' 이런 말들은 계몽시대에 우리한테 주어진 중요한 구호들입니다. 무지는 무능입니다. 아무리 힘이 있어도 무지하면 그 힘은 소용없습니다. 아무리 완력이 있는 사람이라도 멍청하면 그는 눈을 뽑힌 삼손과 같은 존재가 되는 것입니다. 성공을 위해서는 적어도 네 가지의 근본적인 요소가 있어야 한다고 합니다. 하나는 자본이요, 둘은 지식이요, 셋은 기술이요, 넷은 정열입니다. 이것은 커밍 워크(Cumming Walk)의 유명한 4대 성공비결입니다. 그런데 이보다 더 중요한 게 하나 있습니다. 바로 시간입니다. 이 모든 것을 다 가졌더라도 시간이 없으면, 시간에 맞지 않으면, 시간 조절을 못하면 결코 성공할 수 없습니다. 돈은 있는데 지식이 없습니다. 지식이 없는 자본이 무슨 소용이 있습니까. 또 기술이 없는 지식도 마찬가지입니다. 아는 것은 많은 듯한데, 영 숙달된 기술이 없습니다. 그러면 그 지식도 다 허상일 수밖에 없습니다. 더 중요한 것이 있습니다. 지혜입니다. 지혜는 미래에 대한 지식입니다. 이 지혜가 없고 열심만, 열정만 있다면 참 곤란합니다. 선친께서 제게 가르쳐주신 잠언이 하나 있습니다. "세상에서 제일 어려운 일, 제일 불쌍한 일이 무엇인 줄 아느냐? 바로 무식한 사람이 소신껏 사는 것이다. 그거 구제불능이다." 안 그렇습니까. 계속 공부를 하며 자꾸 생각을 바꿔야지, 무식한데 고집까지 세고, 열심과 지조마저 있으면 그는 구제불능 아니겠습니까. 그렇습니다. 그런고로 우리는 먼저 자신을 알아야 합니다. 아는 것이 힘이라는 말도 있지 않습니까. 자기 자신이 어떤 사람인지 똑똑히 알아야 합니다. 그래서 자기 존재의식을 분명히 해야 됩니다. 그리고 원하건 원하지 않건, 세상을 알아야 됩니다. 지금 세상이 어디로 가고 있는가? 이 넓은 세상에 대한 지식과 역사의식을 갖추어야 됩니다. 그 다음에는 시간을 알아야 됩니다. 내가 처해 있는 시간은 계속 지나갑니다. 따라서 오늘 이 시간에 필요한 것을 생각하고, 오늘 이 시간에 해야 할 말을 하고, 오늘 이 시간에 해야 할 일을 해야 되는 것입니다. 이 시간이 지나간 다음에는 다 아무 소용이 없습니다.

디팩 초프라(Deepak Chopra) 교수의 「풍요로운 삶을 위한 일곱 가지 지혜(The Seven Spiritual Laws of Success)」라는 아주 중요한 책이 있습니다. 그는 이 책에서 일곱 가지 지혜를 말하고 있습니다마는, 저는 두 가지만 언급하겠습니다. 첫째가 받아들이는 연습입니다. 사람은 이해하려고 노력해야 됩니다. 절로 이해되기를 기다려서는 안 됩니다. 적극적으로 따라가면서, 공부하면서, 생각하면서 이해하려 노력하는 자세가 필요합니다. 그래야 충분히 이해할 수 있습니다. 이것이 공부하는 자세입니다. '인생은 공부다. 이런 일도 저런 일도 다 공부다. 어려운 일을 당하는 것, 병에 걸리는 것, 실패하는 것도 다 공부다. 항상 공부하는 마음이 중요하다. 이 속에 진리가 있고, 이 속에 많은 말씀이 있고, 나를 향한 교훈이 있다.' 생각하고 계속 공부하는 마음으로 그리해야 된다, 이것입니다.

오래 전 일입니다. 제가 1963년도에 처음 미국으로 유학을 갔는데, 그때 저는 이 가정, 저 가정을 방문하여 하룻밤씩 자고, 주일에는 설교를 하면서 지냈습니다. 그렇게 미국의 여러 가정들을 방문하면서 제가 가장 크게 놀란 것은 화장실에 꼭 책 세 권이 비치되어 있다는 사실이었습니다. 주로 잡지책이었습니다. 특별히「리더스 다이제스트(Reader's Digest)」나「타임지(Time)」같은 잡지책이 화장실에 꼭 있는 것이었습니다. 그걸 보고 저는 이렇게 생각했습니다. '그래, 편안한 시간에 한 줄이라도 더 읽어야지.' 저는 그걸 큰 교훈으로 받아들였습니다. 항상 손에 책을 쥐고 있고, 화장실에서 잠깐 앉아 있는 동안에도 단 몇 줄일지언정 책을 보는 것입니다. '계속 공부하는 마음, 이것이 중요하다. 이것이 인생이고, 이것이 사람을 사람답게 하는 것이다!'

　둘째는 방어하지 않는 연습입니다. 우리 마음에는 못된 성격이 있어서 누가 뭐라고 하면 일단 자기방어부터 먼저 하려고 듭니다. 누가 "그렇다!" 하면 앞뒤 재보지도 않고 대뜸 "아니다!" 하는 것입니다. 이 아니라고 딱 거부하는 마음이 우리 속에는 있는 것입니다. 이 방어자세가 심리적으로 먼저 발동한다, 이것입니다. 이걸 제어하는 연습을 해야 된다는 것입니다. 뭐겠습니까? 무슨 말을 듣거든 '그렇다. 아, 그럴 수도 있다. 아, 그렇고 말고!' 하는 자세가 필요하다는 것입니다.

　옛날 한경직 목사님이 아직 살아계실 때입니다. 그때 목사님은 남한산성에서 지내셨는데, 제가 목사님을 방문하여 여러 시간 말씀을 나누곤 했습니다. 100세 가까이 되신 목사님이 의자에 앉아 계시면서 제가 무슨 말을 하든 그렇게 재미있게 들으시는 것입니다. 그리고 연신 "그래요, 그래요. 그렇군요. 나도 그렇게 생각해요. 아, 그렇구먼, 그렇구먼!" 하시는 것입니다. 그래 제가 얘기를 하면서 가만히 살펴보았습니다. 이런 궁금한 마음이 들었기 때문입니다. '마음에 들지 않는 말을 들으실 때에는 어떻게 하시나?' 아무리 목사님이라도 모든 말에 다 그렇다고 동의하실 수는 없지 않겠습니까. 하지만 목사님은 그런 말조차도 가만히 생각하면서 들으시다가 이러셨습니다. "오, 일리가 있구먼."

여러분, 신앙인에게 말은 두 가지밖에 없습니다. 하나는 이것입니다. "그렇습니다. 나도 그렇습니다. 나도 그렇게 생각합니다." 또 하나는 이것입니다. "나하고는 다르지만, 일리가 있습니다." 비판하는 것이 아닙니다. 이것이 신앙인의 자세요, 인격자의 자세입니다. 그렇다면 그 반대는 뭐겠습니까? 충분히 생각해보지도 않고 "말도 안 돼. 미쳤냐?" 하는 것입니다. 이것은 안 됩니다. 버릇됩니다. 방어적인 자세입니다. 무슨 말을 들을 때 거부하지 말고, 방어하지 말고, 긍정적으로 받고 일단 믿는 것입니다. 이 믿음이 중요합니다. 믿으면 다 좋은 얘기가 됩니다. 의심은 병이 됩니다. 의심하고 나면 그 다음에는 소중한 진리를, 귀한 기회를 놓칠 수 있습니다. 그런고로 긍정적으로, 믿음으로 대해야 한다는 말씀입니다. 힘의 근본은 온전한 지식에 있습니다. 바른 공부 자세, 항상 배우는 자세, 겸손하게 믿는 자세, 긍정적인 수용의 자세가 필요합니다. 이것이 최고 지혜의 근본입니다. 솔로몬의 지혜가 바로 이런 것입니다. 듣는 마음입니다. 레부세미스, Hearing heart, 듣는 마음이 곧 지혜입니다.

오늘본문은 말씀합니다. "주의 뜻이 무엇인가 이해하라(17절)." 이런 뜻입니다. '주님의 뜻을 이해하라. 그의 능력, 그의 경륜, 그의 섭리, 그의 뜻에 따라서 모든 일이 이루어지겠는데, 그런고로 긍정적인 자세로 생각해서 주님의 뜻을 이해하라. 주님의 뜻을 받아들여라.' 하나님의 뜻, 하나님의 능력, 하나님의 지혜, 하나님의 사랑을 이해하고, 이것을 받아들이고, 이에 대하여 감사하게 될 때 그것이 지혜의 근본이 되는 것입니다.

지식은 세 가지 단계를 거칩니다. 하나는 무지의 단계입니다. 내가 모르고 배우는 것입니다. 다 알고 배우는 것이 아닙니다. 모르는 가운데 배웁니다. 여러분, 태어나서 우리가 접하는 것은 대부분 우리가 모르는 것들입니다. 어머니의 태모교육이 얼마나 중요한지는 여러분도 잘 아시지요? 어머니가 아이를 가졌을 때 좋은 음악을 계속 들으면 그 아이가 태어나서 음악가가 된다면서요? 이것은 어느 정도 증명이 된 사실입니다. 그런가하면 사람에게 가장 중요한 교육기간이 네 살까지라고 합니다. 이스라엘 사람들은 이런 극단적인 말도 합니다. '인간 교육은 네 살에 끝난다.' 무엇입니까? 사람은 네 살 전의 일을 기억하지 못하거든요. 그 시기에는 모든 교육이 잠재의식 속에서 이루어진다는 것입니다. 이 얼마나 무서운 이야기입니까.

언젠가 제가 읽은 책에 이런 이야기가 나옵니다. 어떤 사람이 네 살 때 아버지 어머니가 싸우는 모습을 보았습니다. 그때 아버지가 어머니를 때렸고, 어머니가 우는 걸 본 것입니다. 워낙 어릴 때라 아무것도 몰랐습니다. 그냥 무서워서 울기만 했지요. 기억도 없습니다. 하지만 잠재의식 속 깊이 그 일이 들어갔습니다. 그래서 이 사람이 나중에 커서 자기 마누라를 때립니다. 어떻게 하면 좋겠습니까? 초등학교, 중학교, 고등학교, 대학교에서 받는 교육은 진짜 교육이 아닙니다. 참된 교육은 네 살 전에 이루어지는 것입니다. 나도 모르는 가운데, 무지한 가운데서 배우고, 인격과 감성이 형성되는 것입니다. 이 얼마나 무서운 얘기입니까. 그러나 그 다음에는 복종의 단계가 있습니다. 다섯 살, 여섯 살, 열 살…… 이렇게 나이가 들어가면서 조금씩 의식이 생기고, 자기 나름대로 생각이 있어서 부모의 말을 듣고 싫어하게 됩니다. 그러나 순종해야 됩니다. 왜요? 부모님의 말씀이니까 순종해야지요. 복종해야지요.

　저는 이걸 생각할 때마다 떠오르는 게 있습니다. 바로 예수님께서 갈릴리 바다에 가시어 밤새껏 물고기를 한 마리도 못 잡고 피곤해하는 어부 베드로에게 하시는 말씀입니다. "깊은 데 가서 그물을 던져라!" 그러자 베드로는 "밤새껏 수고하여 잡은 것이 없습니다마는……" 하고 답합니다. 저는 여기에 괄호를 치고 한 줄 더 써넣고 싶습니다. '또 못 잡을 것은 분명합니다마는'이라고요. "그러나 말씀하시니까 그물을 내리리이다." 그렇습니다. 순종입니다. 복종입니다. 이해가 되지 않는 일입니다. 상식 밖입니다. 그러나 복종했더니 가득 잡았습니다. 그가 예수님 앞에 가서 무릎을 꿇습니다. "나는 죄인이로소이다! 나를 떠나소서!"

　하나님께서 아브라함에게 고향을 떠나라 하십니다. 왜 떠나라고 하시는지도 몰랐습니다마는, 아브라함은 일단 떠납니다. 그렇게 복종부터 한 다음에 떠나야 할 이유를 알게 됩니다. 이걸 잊지 말아야 합니다. 그러니까 복종의 단계가 있는 것입니다. 이해를 못해도 말씀하시는 분을 생각해서, 말씀하시는 분이 어떤 분이신가를 알기 때문에 우리는 그 말씀하시는 내용에 대해서 복종한다는 것입니다. 그 다음이 순종의 단계입니다. 이제는 이해합니다. 말씀하시는 것도 알고, 말씀하시는 분도 알고, 그 내용도 알고, 납득이 되기도 합니다. '아, 그렇구나! 그게 맞다!' 이렇게 되면 이건 순종이 됩니다. 복종이 아니라 순종입니다. '하나님의 뜻을 이해한다. 하나님의 뜻을 즐거워한다.' 주님의 뜻을 충분히 이해하고 나면 순종하는 것은 어렙지 않습니다. 이해하는 데까지가 문제입니다. '주의 뜻을 이해하라!' 얼마나 귀한 말씀입니까.

요셉은 무려 13년 동안이나 노예생활을 했습니다. 아마 많이 힘들었을 것입니다. 그것은 복종의 단계입니다. 그러나 총리대신이 되고 난 다음에야 깨달았습니다. '내가 왜 이 고생을 해야 했던가?' 그래서 형님들에게 말합니다. "당신들이 나를 팔았다고 해서 두려워하지 마세요. 당신들이 팔아서 내가 팔려 온 것이 아니고, 하나님께서 나를 이리로 보내셔서, 그 보내심을 받아서 내가 여기에 온 것입니다." 이렇게 말하면서 형님들을 다 포용하고, 용서하고, 사랑하는 걸 보지 않습니까. 여러분, 모세는 80세가 될 때까지 복종했습니다. 자기가 왜 그런 고생을 해야 하는지 몰랐습니다. 80세가 된 다음에야 주님을 만나고 비로소 '아, 내 80세, 오늘까지의 생이 버려진 것이 아니었구나! 거기에 모든 하나님의 사랑과 경륜과 준비한 바가 있었구나!' 하고 알게 되었습니다. 그 다음부터는 순종의 길이 되는 것입니다.

오늘본문에는 '이해하라'라는 말이 나옵니다. 헬라 말로 '쑤니에테'입니다. 좀 특별한 말이지요. 헬라어에서는 '안다'는 말과 '이해한다'는 말이 서로 다릅니다. '안다'는 '기러스코어'이고, '이해한다'는 '수니에테'입니다. '안다'는 것은 여러 가지 이유에서 알게 되지마는, '쑤니에테', 이 '이해하라'라는 말은 원만한 이해를 의미합니다. 충분히 이해가 되는 것입니다. 복종이 아닙니다. 이해가 되는 것입니다. 충분히 이해가 되면 답이 나옵니다. 여러분, 하나님의 뜻을 충분히 알면 답이 나옵니다. 부모님의 뜻을 충분히 알면 내가 오늘 무엇을 해야 될 것인지 알 수 있습니다. 아주 쉬운 일입니다. 오늘 이 역사

속에 하나님께서 경륜하시는 바를 우리가 압니다. 하나님의 뜻을 충분히, 원만히 이해하고 나면 오늘 우리가 어떻게 살아야 할 것인가를 환히 알 수 있습니다. '주의 뜻을 이해하라!'

그런데 오늘 특별히 주신 본문 가운데 아주 핵심적인 말씀이 있습니다. "세월을 아끼라……"입니다. 이 '세월'이라는 말은 헬라어로 '타이론'입니다. 헬라사람들은 시간개념이 분명합니다. '크로노스'라는 시간이 있고, '카이로스'라는 시간이 있습니다. 크로노스는 일반적이고, 수평적이고, 모든 우주에 주어진 시간입니다. 하나님의 시간이지요. 카이로스라는 시간은 우리 자신에게 주어지는 시간입니다. 얼마동안을 살지 모르지만, 오늘 아침에도 우리에게 시간이 주어졌습니다. 이 주어지는 시간, 실제적 시간이 카이로스입니다. '카이로스, 시간을 아껴라. 시간을 아껴라.' 헬라원문대로 보면 말이 좀 어렵습니다. '엑사고라 조메노이 톤 카이론.' 이런 뜻입니다. '시간을 속량하라.' 그래서 영어로는 'Redeeming your time'이라고 합니다. '시간을 속량하라.' 값을 지불하고 그 시간의 뜻을 받아들이라는 말씀이지요. 주어진 시간, 얼마나 중요합니까. 오늘 아침에도 여러분이 아마 이 자리에 나오실 때 날도 춥고 하니까 생각을 많이 했을 것입니다. '갈까, 말까?' 그러나 이 한 시간, 한 시간이 얼마나 소중합니까. 내일이 또 있다는 보장이 없거든요. 이 한 시간이 얼마나 소중합니까.

제가 잘 아는 서재현 장로님이라고 있습니다. 제가 인천에서 목회할 때의 장로님입니다. 이분은 한국교회 역사에서 한국사람으로서는 맨 먼저 유아세례를 받은 사람의 아들입니다. 그런 족보를 가진 아주 신앙이 좋은 장로님인데, 참 철저합니다. 약속을 하면 그 장소에 꼭 10분 전에 나옵니다. 어떤 약속, 어떤 교회, 어떤 모임이든지 꼭 10분 전에 나오는 것입니다. 너무나 철저해서 제가 물어봤습니다. 그랬더니 이렇게 답했습니다. "제 아버지께서 제게 가르쳐주시기를 '남의 시간을 빼앗지 마라. 다른 사람을 기다리게 하는 것은 그 사람의 시간을 네가 빼앗는 것이다!' 하셨습니다. 그래서 제가 일생동안 꼭 10분 전에, 어떤 약속이든지 꼭 10분 전에 나옵니다." 아주 중요한 것입니다. 시간을 소중히 여겨야 합니다. 시간의 의미를 생각해보십시오. 돈 보다도, 어느 물질보다도 귀한 것입니다. 그런데 그 귀한 시간이 우리에게 주어졌습니다. 이 속에 하나님의 뜻이 있습니다. 무엇입니까? '오늘'이라는 시간이 주어졌다는 것은 지난날의 모든 죄를 용서하셨다는 뜻입니다. 내 과거를 묻지 않으신다는 것입니다.

뿐만이 아니라, 과거를 다 용서하시고 미래를 향해서 하나님의 소원하시는 바가 있습니다. 빌립보서 2장 13절은 말씀합니다. "너희 안에서 행하시는 이는 하나님이시니 자기의 기쁘신 뜻을 위하여 너희에게 소원을 두고 행하게 하시나니." 하나님께서는 우리에게 소원을 두고 행하시니, 오늘이 있음은 하나님의 기쁘신 소원이 여기에 있음이다, 이것입니다. 이 소원에 우리가 응답해야 할 것입니다. 여러분, 이 시간이라고 하는 개념 속에 우리를 향하신 하나님의 소중한 삶의 의미가 있습니다. 오늘 내가 무엇을 생각해야 합니까? 누구를 만나야 합니까? 오늘 내가 무엇을 할 것입니까? '주의 뜻을 이해하라. 내게 시간을 주시는 하나님의 뜻, 오늘도 새로운 기회를 주시는 하나님의 뜻, 오늘도 이만큼 건강을 주시는 하나님의 뜻, 그 하나님의 큰 경륜과 뜻을 이해하라.' 잘 이해하고, 충분히 이해하면 거기에 답이 있습니다. 오늘 내가 무엇을 해야 할지 확실하게 알 수 있습니다. 시간 속에 주의 뜻을 이해해야 합니다. 그래서 오늘성경말씀은 이것입니다. '시간을 헛되게 보내지 말고 성령 충만한 가운데 감사와 찬송과 피차 복종하므로 그렇게 시간을 써라.'

잊지 말아야 합니다. 복된 사람이 누구입니까? 감사할 줄 아는 사람입니다. 돈이 있다고 복된 사람이 아닙니다. 건강이 있다고 복된 사람이 아닙니다. 그 마음속 깊은 곳에서부터 늘 감사가 넘쳐야 되고, 하나님을 찬양하는 마음이 있을 때 그만큼 나는 의미 있는 생을 사는 것입니다. 삶의 의미를 그만큼 충족한 것입니다. 다시 한 번 생각합시다. '주의 뜻을 충분히 이해하라!' 이것이 오늘을 사는 삶의 지혜가 되기 때문입니다. △

믿음이 없는 세대

이에 그들이 제자들에게 와서 보니 큰 무리가 그들을 둘러싸고 서기관들이 그들과 더불어 변론하고 있더라 온 무리가 곧 예수를 보고 매우 놀라며 달려와 문안하거늘 예수께서 물으시되 너희가 무엇을 그들과 변론하느냐 무리 중의 하나가 대답하되 선생님 말 못하게 귀신 들린 내 아들을 선생님께 데려 왔나이다 귀신이 어디서든지 그를 잡으면 거꾸러져 거품을 흘리며 이를 갈며 그리고 파리해지는지라 내가 선생님의 제자들에게 내쫓아달라 하였으나 그들이 능히 하지 못하더이다 대답하여 이르시되 믿음이 없는 세대여 내가 얼마나 너희와 함께 있으며 얼마나 너희에게 참으리요 그를 내게로 데려오라 하시매 이에 데리고 오니 귀신이 예수를 보고 곧 그 아이로 심히 경련을 일으키게 하는지라 그가 땅에 엎드러져 구르며 거품을 흘리더라 예수께서 그 아버지에게 물으시되 언제부터 이렇게 되었느냐 하시니 이르되 어릴 때부터니이다 귀신이 그를 죽이려고 불과 물에 자주 던졌나이다 그러나 무엇을 하실 수 있거든 우리를 불쌍히 여기사 도와 주옵소서 예수께서 이르시되 할 수 있거든 이 무슨 말이냐 믿는 자에게는 능히 하지 못할 일이 없느니라 하시니 곧 그 아이의 아버지가 소리를 질러 이르되 내가 믿나이다 나의 믿음 없는 것을 도와 주소서 하더라

(마가복음 9 : 14 - 24)

믿음이 없는 세대

약 500년 전, 종교개혁자 마르틴 루터가 아주 어렸을 때의 일입니다. 텔레비전도 없고, 라디오도 없는 시대입니다. 그러니까 동네는 언제나 조용해서 적막하기까지 합니다. 우리도 옛날에는 먼 동리에서 개 짖는 소리까지도 들을 수 있지 않았습니까. 그래서 밤이 되면 아주 적막합니다. 루터가 어렸을 때 독일에서는 고등학교를 다닐 정도의 나이만 되어도 벌써 음악에 재능이 있는 학생은 남의 집 창문 밖에서 노래를 불러서 학비를 마련하는 풍속이 있었다고 합니다. 그러나 노래솜씨가 너무 엉망이거나, 집주인의 성품이 곱지 못한 경우에는 시끄러우니 꺼지라고 소리를 지르기도 하고, 직접 밖으로 뛰쳐나와서 노래 부른 학생한테 돌을 던져서 쫓아내기도 했다고 합니다. 마르틴 루터도 그랬습니다. 하루는 루터가 어느 부잣집 창문 앞에 가서 자기 딴에는 목청을 돋우어서 노래를 불렀습니다. 그러자 체격이 크고 무섭게 생긴 사내가 창문을 확 열고 밖으로 뛰어나왔습니다. 루터는 당연히 도망쳤지요. 한데 그 사내가 계속 루터를 뒤쫓아오는 것입니다. 루터는 열심히 도망쳤습니다. 하지만 안타깝게도 발이 빠르지 않은 루터는 그 험상궂게 생긴 사내한테 붙잡히고 말았습니다. 그 순간 루터는 공포에 사로잡혀 벌벌 떱니다. 한데 그 사내가 그런 루터에게 커다란 돈뭉치를 내놓으면서 "공부 열심히 해!" 하고는 돌아가는 것이었습니다. 세상에, 이럴 수가 있습니까? 그 사내, 아주 마음이 따뜻하고 배려의식이 있는 사람이어서 형편이 어려운 젊은이를 도와주고 있었던 것입니다. 루터는 두고두고 이 일을

얘기합니다. '그렇게 좋은 분을 내가 왜 의심했던가? 왜 믿어야 할
분을 믿지 못하고 겁에 질려 도망을 쳤던가?'

유명한 철학자 키르케고르가 이런 철학적인 말을 했습니다. '믿
기 어려운 것은 이해하기 어려워서가 아니라 순종하기 어려워서다.'
여러분, 믿는 사람과 의심하는 사람 가운데 어느 쪽이 똑똑한 사람
입니까? 흔히 사람들은 남의 말을 잘 믿는 사람을 멍청한 사람, 어
수룩한 사람으로 취급합니다. 그리고 이 말도 안 믿고, 저 말도 안
믿는 사람은 똑똑한 사람으로 생각합니다. 이런 분위기 자체가 아
주 큰 죄악입니다. 믿으면 내 존재감이 없어지는 것 같고, 믿지 않으
면 똑똑한 것 같고, 그래서 공연히 반항하고…… 우리의 심정이 여
기까지 왔다는 것입니다. 여러분, 생각해보십시오. 전적으로 믿는
것이 얼마나 편안하고 지혜로운 일입니까. 하지만 믿는 자는 어리
석은 사람이 되고, 의심하는 자는 똑똑한 사람 취급을 받습니다. 왜
의심하느냐고 물어보십시오. 순종하기 싫어서, 교만해서, 아무에게
도 내 존재를 맡기고 싶지 않아서 의심한다는 대답이 돌아올 것입니
다. 일리가 있습니다. 왜 의심이 많을까요? 그 마음속에 강력한 자
기 존재감이라는 것이 있기 때문입니다. 그걸 내세우고 싶은 것입니
다. 어느 순간에라도 '내가 그분을 믿습니다!' 하면 그분에게 순종하
는 게 되어버립니다. 그 자체가 싫은 것입니다. '순종하기 싫어서 의
심한다. 내 존재감을 위해서 의심한다.' 이것이 심리학자들의 평가
입니다.

생각해보십시다. 여러분은 얼마나 믿고 사십니까? 우리는 믿을
수 없는 사람을 믿으면 그 순간 내 존재감이 무너지는 것처럼 착각
을 합니다. 그래서 의심하는 사람은 똑똑한 사람이고, 믿는 사람은

어수룩한 사람으로 보는 풍조가 있습니다. 이 얼마나 불행한 일입니까. 물론 세상에는 못 믿을 것을 믿다가 낭패를 보고 절망하는 사람이 많습니다. 하지만 믿을 수 있는 것, 마땅히 믿어야 할 것을 믿지 못함으로써 불행해지는 사람이 훨씬 더 많습니다. 여러분은 어느 쪽입니까. 모든 지식의 기초는 믿음입니다.

위대한 과학자 아인슈타인이 이런 말을 했습니다. '모든 진리, 모든 지식의 근본은 믿음이다.' 그렇습니다. 동시에 모든 능력의 기초도 믿음입니다. 우리가 이 험한 세상을 살아가면서 모든 것을 다 의심하는 것 같아도 알고보면 상당부분을 믿고 사는 것입니다. 믿었기 때문에 사는 것입니다. 믿는 만큼 사는 것입니다. 이 믿음 속에 우리가 있습니다. 서로 믿고 일하고, 저가 아는 것을 내가 믿고 따르고, 저가 가르쳐준 진리를 내가 믿고 힘을 내는 것입니다. 믿음이 무너지는 순간 모든 것이 다 깨지고 맙니다.

믿음을 병들게 하는 것은 물론 의심입니다. 이 의심의 뿌리는 원죄입니다. 신학적으로 말할 때 의심은 Original Sin, 원죄입니다. 원죄에 속합니다. 왜요? 에덴동산에서부터 온 것이거든요. 그곳에서 인류가 범하는 죄의 뿌리, 그 근본이 의심입니다. 아담과 하와가 하나님의 말씀을 의심하기 시작합니다. 그들이 이런 묘한 말씀을 듣게 되지 않습니까. "이 선악을 알게 하는 나무를 먹으면 반드시 죽으리라." You will surely die. 하지만 주님의 말씀인데도 그들은 의심합니다. 그래서 이렇게 살짝 돌려놓습니다. '죽을까 하노라.' 의심입니다. '반드시 죽는다'가 어째서 '죽을까 하노라'로 바뀝니까? 이런 의심이 모든 악의 근본이라는 것을 잊지 말아야 합니다.

그러니까 가장 큰 불행은 믿어지지 않는 것입니다. 아마도 우리가 겪는 정신적 고통 가운데 가장 큰 것이 믿어야 할 사람을 믿을 수 없는 것 아니겠습니까. 믿어야 한다고 하면서도 믿어지지 않습니다. 이걸 어떻게 하면 좋겠습니까? 저는 그런 사람들 많이 만나보았습니다. 부부간에도 사이가 나빠서 다툴 때 이렇게 불평합니다. "이 사람이 거짓말만 안 하면 살겠습니다!" 믿을 수 있으면 살겠다, 이 것입니다. 이 마지막 말 한마디라도 진실하다면, 그래서 믿어진다면 살 수 있겠다고 합니다. 하지만 잘못했다는 말을 믿을 수가 없다, 이 것입니다. 다시는 그런 일이 없다는 말도 믿을 수 없습니다. 더는 믿을 수가 없습니다. 아니, 믿어지지가 않습니다. 이처럼 불행한 일이 없습니다. 남 얘기 하지 맙시다. 나 자신에 대해서, 내가 나를 믿을 수 있습니까? 어느 정도 믿을 수 있습니까? 그 많은 날 믿어보려고 했지만, 나라는 존재는 믿을 만한 존재가 못됩니다. 아무리 굳게 결심해도 안 됩니다. 아무리 굳게 맹세해도 안 됩니다. 그 많은 시간 동안 시련을 당하면서 깨닫고, 뉘우치고 했는데, 아직도 이걸 못 고칩니다. 내가 나를 믿을 수 있냐, 이것입니다. 믿고 싶은데 믿어지지를 않습니다. 이 고통이 가장 어려운 것입니다. 그러고 보니 내가 나를 못 믿는데 남인들 믿을 수 있겠습니까. 누구도 못 믿지요. 결론적으로는 아무것도, 아무도 믿을 수 없다는 것입니다. 나라는 존재는 이제 사라지고 마는 것입니다. 이것이 병든 영혼의 마지막 증상입니다.

오늘 본문에 나오는 세 사람을 보십시오. 첫째는 이 귀신들린 어린 아이의 아버지입니다. 믿음 없는 아이의 아버지입니다. 이 아이가 귀신이 들려서 이리 쓰러지고, 저리 쓰러지면서 고생을 하는데, 이 아이를 데리고 예수님께 나아왔습니다. 이때 예수님께서는 제자

셋과 함께 변화산에 올라가 계셨습니다. 아마도 산 밑에는 나머지 아홉 제자들이 있었던 것 같습니다. 이 남은 제자들이 이 아이의 아버지한테 이랬더라면 차라리 좋았을 것 같습니다. "예수님께서 이제 곧 산에서 내려오실 때가 되었습니다. 잠깐만 기다리세요. 예수님께 이까짓 것은 아무것도 아닙니다. 금방 깨끗해질 것입니다. 기다리세요." 이 제자들은 바로 며칠 전 예수님의 명령을 받아서 둘씩 짝을 지어 다니면서 복음을 전할 때 귀신 내쫓고, 병자를 고친 경험이 있습니다. 그래서 자신 있게 이 아홉 제자가 전부 귀신 쫓기를 시도했습니다. 하지만 아무리 이 아이를 보면서 "귀신아, 나가라!" 하고 소리쳐도 안 나갑니다.

여러분은 귀신들린 사람을 위해서 기도해본 일이 있으십니까? 그거 참 답답한 일입니다. 귀신들린 사람을 위해 기도하고 "아멘!" 하자마자 그 사람이 깨끗해지면 얼마나 좋겠습니까. 하지만 그렇지가 않습니다. 기도 끝난 다음에 그 사람 더 크게 소리 지르고 난리가 납니다. 이 얼마나 난감한 일입니까. 오늘 예수님의 제자들도 이 귀신들린 아이를 붙들고 다 한 번씩 "예수 이름으로 나가라!" 해본 것입니다. "나사렛 예수의 이름으로 나가라! 이 귀신아, 나가라!" 아홉 제자들이 다 이렇게 했는데도 끝내 이 아이한테서 귀신은 나가지 않았습니다. 이 아이 아버지의 실망이 얼마나 컸겠습니까. 그동안 여기도 다녀보고, 저기도 다녀보고, 온갖 방법을 다 써서 이 아이를 고쳐보려고 노력했을 것입니다. 그러나 실망스럽게도 못 고쳤습니다. 그래 절망하고 있었는데, 예수님의 제자들마저 속수무책이니 이 아버지는 이제 정말 아무도 믿을 수가 없게 되었습니다. 그래서 예수님을 만난 순간 기가 막힌 얘기를 합니다. "무엇을 할 수 있거든 도와주세요." 무엇을 할 수 있거든…… 어린아이의 아버지로서는 당연한 얘기입니다. 지금까지는 계속 실망, 실망, 실망의 연속이었으니까요. 그래서 "무엇을 할 수 있거든 도와주세요!" 한 것입니다. 예수님께서 들으실 때 이것은 몹시 기분 나쁜 말입니다. '할 수 있거든'이 무슨 소리입니까? 그래서 이르십니다. "이 사람! '할 수 있거든'이 무슨 말이냐? 믿는 자에게는 능치 못할 일이 없느니라!" 예수님은 추호의 의심도 없으신데, 오늘까지 실망하고 절망해온 이 피해자의 입장에서는 예수님마저 의심하는 것, 당연합니다. 어찌 나무랄 수 있겠습니까. 의심과 절망으로 쓰러진 인간의 모습입니다. 너무 오래 속아왔습니다. 그래서 이제는 아무도 믿을 수 없습니다. 심지어 자기 자신까지도 못 믿습니다. 이것이 인간의 실존입니다.

　이제 예수님께서 이 아이의 아버지에게 이르십니다. "믿는 자에게는 능치 못할 일이 없느니라!" 그제야 이 아이의 아버지가 정신을 차립니다. 예수님마저 믿지 못한 것에 대해서 두렵고 부끄럽고 죄스러운 마음입니다. 예수님을 모독한 것이니까요. 성경은 분명히 말씀합니다. "주여, 저의 믿음 없는 것을 도와주소서!" 이 아버지는 스스로 믿음 없는 줄을 잘 알고 하나님 앞에 기도하는 사람입니다. "믿음 없는 것을 도와주소서. 믿음을 주소서. 내 연약한 믿음을 도와주소서." 항상 자기의 약한 믿음을 의식하고, 믿음을 위해서 기도하는 사람입니다. "믿음을 더하소서. 믿음을 도와주소서." 누가복음 17장 5절도 말씀합니다. "우리에게 믿음을 더하소서." 제자들은 예수님과 함께 다니면서 예수님의 그 위대한 믿음 앞에 부끄러움을 느끼고, 때로는 두려움을 느낍니다. 그래서 이렇게 기도합니다. "우리의 믿음 없는 것을 도와주소서." 여러분, 믿음 없는 줄 알았으면 기도해야지요. 믿음을 갖기 위해서 아주 확실하게 깊은 경건에 들어가 기도해야지요. "믿음 없는 것을 도와주소서!" 여러분, 우리의 기도제목이 참 많지만, 이보다 더 절절한 기도는 없는 줄 압니다. "하나님, 믿음을 주시옵소서. 약한 믿음을 도와주시옵소서. 병든 믿음을 고쳐주시옵소서. 주여, 제게 믿음을 주시옵소서. 믿음을 더해주시옵소서."

예수님의 제자들이 참 맹랑합니다. 예수님께서 이 어린아이를 깨끗하게 고쳐주셨습니다. 이제 제자들에게 부끄러운 마음이 생겼습니다. 그래서 이렇게 예수님께 여쭈어봅니다. "저희들은 어째서 귀신을 내쫓지 못한 것입니까?" 한마디 더 있습니다. 마가복음 6장 7절, 누가복음 10장 17절입니다. 이 제자들은 이미 귀신을 내쫓은 경험이 있습니다. 따라서 이렇게 되어야 합니다. "그때는 귀신이 나갔는데, 왜 오늘은 안 나갑니까? 그때는 내쫓을 수 있었는데, 오늘은 왜 능력이 없는 것입니까? 전에는 귀신이 제 말에 순종했는데, 오늘은 귀신이 왜 이렇게 발악을 하는 것입니까? 그때는 제가 능력의 사람이었는데, 왜 이제는 이렇게 초라해진 것입니까?" 이제 예수님께서 조용히 대답하십니다. "기도 외에는 이런 일을 당할 수가 없느니라." 여기에도 주를 달 수 있습니다. "내가 변화산에 올라가서 밤새 기도할 때 너희들은 산 밑에서 잠만 자지 않았느냐? 내가 기도할 때 너희들은 잤다. 그래 겨우 깨어 눈 비비고 나오다가 귀신 내쫓을 수 있겠느냐? 시험을 이길 수 있겠느냐? 기도 외에는 안 되느니라." 무슨 말씀입니까? 어제 했더라도 오늘은 안 된다는 말입니다. 어제는 능력이 있어도 오늘은 무능할 수밖에 없다는 것입니다. 어제는 믿을 수 있었는데, 오늘은 의심하게 된다는 말씀입니다. 왜요? 기도가 없었기 때문입니다. 하나님과 만나는 기도, 하나님께 우리 심령의 초점을 맞추는, 하나님과 깊이 사귀는 기도생활이 있어야 됩니다.

유명한 말이 있지 않습니까. '오늘 내가 기도하지 않으면 그날은 마귀가 이긴다.' 그날, 그날, 그 시간, 그 시간 기도해야 됩니다. 기도해야 시험을 이길 수 있고, 기도하고야 마귀의 역사를 이길 수 있고, 기도하고야 의심을 물리칠 수 있습니다. 이걸 잊어서는 안 됩니다. 기도하면서 확실한 믿음을 가지게 되는 것입니다. 그리고 믿음의 영역이 넓어집니다. 이 말씀 가운데 가장 핵심적인 것이 바로 예수님께서 겟세마네 동산에서 기도하신 것입니다. 확실한 증거입니다. 예수님께서는 밤새 기도하셨습니다. 기도제목이 무엇입니까? 하나님의 뜻이 무엇입니까? '이 십자가를 져야 됩니까, 말아야 됩니까?' 이것이 하나님의 뜻입니까, 아닙니까? 지금 저기에 빌라도가 있습니다. 그리고 십자가가 눈앞에 있습니다. '이 십자가를 질까요, 말까요?' 예수님의 답은 간단합니다. "내 뜻대로 마옵시고, 아버지의 뜻대로 하옵소서." 밤새 기도하시고 기도응답을 받으십니다. 그리고 산에서 내려오다가 체포되실 때 예수님께서는 중요한 선언을 하십니다. 요한복음 18장 11절 말씀입니다. "아버지께서 주신 잔을 내가 마시지 않겠느냐?" 귀중한 말씀입니다. 이것이 기도응답입니다. 기도한 사람의 마지막 결론은 이것입니다. '저 십자가가 아버지의 뜻이다.' 가야바도 빌라도도 로마군인도 아닙니다. 하나님 아버지께서 그 아들에게 원하시는 십자가입니다. 그런고로 이것이 아버지의 뜻이라는 것을 깨닫습니다. 이것이 아버지의 뜻이라는 응답을 받습니다. 이 믿음으로 십자가를 지신 것입니다.

여러분, 잊지 말아야 합니다. 믿음이 아버지의 뜻입니다. 고난도 아버지의 뜻입니다. 질병도 아버지께서 내게 베푸시는 사랑입니다. 시련도 하나님께서 내게 주시는 새로운 은사요 축복입니다. 그렇게 믿어집니다. 그렇게 믿게 됩니다. 그리고 수용합니다. 여기에 응답하는 것이 곧 믿음입니다. 기도응답으로 예수님께서는 십자가가 아버지의 뜻임을 아시고, 그 응답의 결과로 십자가를 지십니다. 이걸 잊지 말아야 합니다. 그런고로 깊이 생각하십시다.

우리는 믿음으로 삽니다. 작은 믿음, 큰 믿음, 흔들리는 믿음, 위대한 믿음…… 예수님께서는 언젠가 이렇게도 말씀하셨습니다. "네 믿음이 크도다. 이스라엘에게서 이런 믿음을 만나본 일이 없노라." 메가스피스티스, 큰 믿음이라고 칭찬하기도 하셨습니다. 그리고 말씀하십니다. "네 믿는 대로 되리라." 여러분, 다 의심하는 것 같아도 상당한 믿음을 가지고 사는 것입니다. 여러분, 오늘도 교회에 차를 운전하고 오셨지요? 많은 사람들하고 같이 차를 몰고 갈 때 우리는 서로서로를 믿고 가는 것입니다. 신호등을 믿는 것입니다. 공장에서, 산업현장에서 일하는 사람들은 위험한 가운데에서 서로서로 믿고 일하는 것입니다. 잠시도 의심한다면 한 발자국도 나아갈 수 없습니다. 다 믿는 것입니다. 아니, 믿을 수밖에 없는 것입니다.

더 위대한 것은 그 뒤에, 그 높은 곳에 하나님의 능력, 하나님의 지혜, 하나님의 경륜, 하나님의 사랑이 있음을 믿고 오늘을 사는 것입니다. 우리의 기도 가운데 가장 큰 기도제목은 이것입니다. '하나님이시여, 믿음을 더하여주시옵소서. 온전한 믿음을 주시옵소서.' 바른 믿음을 가지는 순간, 거침이 없습니다. 모든 것을 소화하고, 모든 것을 바로 보고, 모든 것을 통해서 하나님의 영광을 보게 될 것입니다. 빌립보서 4장 13절은 말씀합니다. "내게 능력 주시는 자 안에서 내가 모든 것을 할 수 있느니라." 내게 능력 주시는 자, 내게 능력 주시는 그 사역을 믿을 때 나는 모든 것을 할 수 있다, 이것입니다. 믿음의 위력이요, 믿음을 가진 자의 고백입니다.   △

복의 근원이 된 사람

여호와께서 아브람에게 이르시되 너는 너의 고향과 친척과 아버지의 집을 떠나 내가 네게 보여 줄 땅으로 가라 내가 너로 큰 민족을 이루고 네게 복을 주어 네 이름을 창대하게 하리니 너는 복이 될지라 너를 축복하는 자에게는 내가 복을 내리고 너를 저주하는 자에게는 내가 저주하리니 땅의 모든 족속이 너로 말미암아 복을 얻을 것이라 하신지라 이에 아브람이 여호와의 말씀을 따라갔고 롯도 그와 함께 갔으며 아브람이 하란을 떠날 때에 칠십오 세였더라 아브람이 그의 아내 사래와 조카 롯과 하란에서 모은 모든 소유와 얻은 사람들을 이끌고 가나안 땅으로 가려고 떠나서 마침내 가나안 땅에 들어갔더라 아브람이 그 땅을 지나 세겜 땅 모레 상수리나무에 이르니 그 때에 가나안 사람이 그 땅에 거주하였더라 여호와께서 아브람에게 나타나 이르시되 내가 이 땅을 네 자손에게 주리라 하신지라 자기에게 나타나신 여호와께 그가 그곳에서 제단을 쌓고 거기서 벧엘 동쪽 산으로 옮겨 장막을 치니 서쪽은 벧엘이요 동쪽은 아이라 그가 그곳에서 여호와께 제단을 쌓고 여호와의 이름을 부르더니 점점 남방으로 옮겨갔더라

(창세기 12 : 1 - 9)

복의 근원이 된 사람

성도 여러분, 참으로 복된 사람이란 어떤 사람이겠습니까? 우리는 도대체 어떤 현상을 가리켜 복이라고 말할 수 있겠습니까? 미국의 유명한 사상가 에머슨은 「행복론」에서 이렇게 아주 실제적으로, 또 지혜롭게 복을 설명하고 있습니다. 첫째는 이렇습니다. '자주 웃는 것이 복이다. 웃음이 없어지면 복이 아니다.' 아무리 돈이 많아도 그 돈 때문에 웃음이 없어졌다면 그것은 복이 아닙니다. 그는 말합니다. '비록 가난해도 웃을 수 있다면 그는 복된 사람이다. 복의 기준은 웃음에 있다.' 대단히 지혜로운 판단 아닙니까. 우리가 가장 무서워하는 병으로 우울증이라는 것이 있습니다. 이 우울증의 열 가지 증상 가운데 첫째가 웃음이 없어지는 것입니다. 웃음이 없어지면 그 다음, 그 다음, 그 다음…… 이렇게 점점 더 우울해지고, 마지막으로 아주 깊은 수렁에 빠지게 됩니다. 웃어야 합니다. 좋은 일이 있어서 웃을 수도 있지마는, 웃어서 좋은 일이 생기는 것입니다. 그래서 '가화만사성(家和萬事成)'이라고 했습니다. '어떤 경우에도 웃으면 그는 복된 사람이다. 웃음이 없어졌다면 그는 복을 잃어버린 사람이다.' 둘째는 이렇습니다. '현명한 사람에게 존경을 받는 것이 복이다.' 사람은 알게 모르게 존경 속에 삽니다. 존경하고, 존경 받고…… 존경 받는다는 것은 내 존재의식입니다. 존경을 받는 만큼 그는 복된 사람입니다. 많은 사람들로부터 존경을 받았다면 그는 그만큼 큰 복을 누린 사람입니다. 또한 아이들에게 사랑받는 것이 복입니다. 내가 낳고 키우는 수고를 하는 이 자녀들로부터 사랑을 받

아야 됩니다. 이 사랑을 못 받으면 그의 복은 다 간 것입니다. '내가
낳은 자식으로부터 진심어린 사랑을 받을 수 있다면 그것이 복이다.'
그리고 아름다운 것을 식별하는 감각이 있어야 합니다. 그래서 항상
아름다운 세계를 볼 줄 알아야 합니다. '여기에 아름다움에 있고, 저
기에 아름다움이 있다. 이 아름다움을 보는 감각이 복이다.' 마지막
이 가장 중요합니다. '다른 사람한테서 최선의 것을 발견할 수 있는
시각이 있어야 한다.' 우리가 다른 사람들을 볼 때 선하게 볼 수도
있고, 착하게 볼 수도 있습니다. 이 마음이 중요합니다.

　제가 오래 전 인천에서 목회할 때 이런 특별한 경험을 한 적이
있습니다. 한 나이 많은 할머니가 세상을 떠나서 그분 장례식엘 갔
는데, 가족과 문상객들 모두가 다 좋아하면서 행복하게 웃고 있는
것입니다. 그래 제가 물었지요. "아니, 사람이 죽었는데 어째서 이렇
게 웃고 좋아들 합니까?" 그러자 그들이 사연을 말해줍니다. 그 할
머니는 공부를 전혀 못하신 분인데, 세상을 떠나면서 자녀들의 손을
딱 잡고 마지막으로 이렇게 말했답니다. "세상에는 나쁜 사람보다
좋은 사람이 더 많단다." 끝. 그리고 죽은 것입니다. 복된 사람입니
다. 세상에는 나쁜 사람보다 좋은 사람이 더 많다는 사실을 아는 것,
못된 사람보다 착한 사람이 더 많다고 느껴지는 그 마음이 복입니
다. 이 복이 거꾸로 되면 어떻게 됩니까? 만나는 사람마다 다 원수
입니다. 모든 사람이 다 나를 해하는 것처럼 느껴집니다. 이 얼마나
불행한 사람입니까. 모든 사람들이 아름답고 행복하게 보이는 것,
또 나에 대해서 좋은 말을 하는 것처럼 보이는 것, 복입니다. '남들
의 장점을 보는 것, 세상을 아름답게 보는 것, 그 자체가 복이다.' 에
머슨의 말입니다.

오늘본문에 나오는 아브라함은 '복의 근원'입니다. 무슨 말입니까? 모든 사람을 복되게 하는 복의 뿌리, 복의 원천이라는 것입니다. 저는 이 말을 참 중요하게 여깁니다. 왜요? 이런 말도 있지 않습니까. '내가 스스로 행복하지 못하면서 남을 행복하게 할 수 없다.' 내가 웃고야 남을 웃게 할 수 있고, 내가 행복해야 남을 행복하게 할 수 있습니다. 내가 복되어야 다른 사람을 복되게 만들 수 있습니다. 그래야 더불어 행복할 수 있습니다. 고독한 행복은 없습니다. 행복은 나 혼자만의 것일 수 없습니다. 내가 행복하고, 다른 사람을 행복하게 하고, 그가 행복할 때 내가 더불어 행복한 것입니다. 마치 우리 어머니들이 아이들을 키우면서 수고를 많이 하고, 아이들이 좋다고 웃으면 그 웃음 속에서 내 행복을 찾는 것과 같은 것입니다. 그렇게 아이들을 행복하게 해주는 것이 어머니요, 그 행복을 다시 받아들이는 것이 어머니라는 말입니다. 이걸 잊지 말아야 합니다. '다른 사람을 행복하게 하고. 나로 말미암아 다른 사람이 행복하고, 그 행복을 보면서 내가 또 행복하고…… 이런 행복이 온전한 행복일 수 있다.' 행복의 표본이 된다는 말입니다. 이런 귀중한 진리를 딱 한마디로 이렇게 말합니다. '아브라함은 복의 근원이다. 모든 사람을 복 되게 하는 사람이다.'

창세기 22장 18절에 귀한 결론이 있습니다. "또 네 씨로 말미암아 천하 만민이 복을 받으리니 이는 네가 나의 말을 준행하였음이니라 하셨다 하니라." 너로 인하여 천하 만민이 복을 얻으리라…… 그가 복된 사람입니다. 아브라함 한 사람이 행복하게 살았다는 이야기가 아닙니다. 아브라함으로 말미암아 모든 사람이 복을 얻었다, 이것입니다. 이러한 아주 크고 높은 차원의 복을 오늘본문은 말씀하고 있습니다. 그러면 아브라함의 복이란 무엇인지 좀 더 구체적으로 생각해보십시다. 아브라함의 복은 단 한마디로 믿음입니다. 그는 믿음의 조상입니다. 우리가 흔히 아브라함이라고 하면 '믿음의 조상, 믿음의 뿌리가 되는 사람'이라고 합니다. 이 믿음을 통하여 복이 오늘까지 전승되고 있습니다. 아브라함은 하나님을 믿었습니다. 하나님의 부르심을 믿었습니다. 하나님의 약속을 믿었습니다. 이 믿음이 중요합니다.

종교개혁자 마르틴 루터는 사람을 네 가지 유형으로 나누었습니다. 첫째는 어쩔 수 없이 사는 사람입니다. 죽지 못해 사는 사람입니다. 살고 싶지 않은데 사는 사람입니다. 참으로 불행한 사람입니다. 둘째는 복을 받으려고 사는 사람입니다. 율법주의자입니다. 내가 선하게 살아서 복을 받아야겠다. 내가 의롭게 살아서 복을 받아야겠다. 항상 이런 도덕적 관념에 매여서 사는 사람입니다. 율법주의자입니다. 셋째는 자기가 완벽한 존재라고 생각하는 사람입니다. 자기를 과장하고, 이 자기자랑에 도취되어서 사는 사람입니다. '나는 남보다 더 깨끗하다. 나는 남보다 정직하다. 나는 남보다 의롭다.' 이런 자존감에 취해서 사는 사람입니다. 이런 사람은 생활이 참으로 피곤합니다. 넷째는 하나님의 선물로 사는 사람입니다. 이렇게 생각하는 사람입니다. '나는 부족하지만 하나님께서 넘치도록 주셨다.' 그 은혜에 응답하는 마음으로, 평안과 사랑과 믿음과 감사로 사는 사람입니다. 감사는 지적 깨달음의 감성입니다. 깨달은 만큼 감사하는 것입니다. 아무리 많은 은혜를 받았더라도 깨달음이 없으면 감사는 없습니다. 그러니까 우리 일생은 계속 깨닫고 또 깨달아가면서 거기에 뒤따르는 감사로 충만한 생활이어야 합니다. 이것이 가장 복된 생활이라고 루터는 말하고 있습니다.

하나님께서 아브라함을 부르셨습니다. 아브라함은 하나님의 부름에 응답합니다. 그리고 하나님의 약속을 들었습니다. "내가 네게 하늘의 별처럼, 바다의 모래처럼 자식을 주마. 지시할 땅으로 가라. 네게 땅을 주마." 두 가지 복입니다. 이 복을 믿고 고향을 떠납니다. 아브라함의 믿음은 순종하는 믿음입니다. 행동하는 믿음입니다. '아멘!' 하고서 주저앉아 있지 않았습니다. 하나님께서 주시는 말씀대로 언약을 믿고 떠나는 용기가 있었습니다. 대단한 모험입니다. 성경은 간단하게 이렇게 말씀합니다. "갈 바를 알지 못하고 갔다." 말씀만 믿고 가는 것입니다. 갈 바를 안다는 것은 자기 지식과 경험입니다. 자기 지식과 경험을 떠나서 경험하지도 못하고, 보지도 못한 땅이지만 하나님의 말씀만 믿고 가는 것입니다. 그만한 믿음, 그것이 아브라함의 믿음입니다. 순종적 믿음이요, 행동적 믿음입니다. 모험적 믿음입니다. 이것이 아브라함이 복된 사람이 되는 근본적 요소입니다.

그 결과로 또 한 가지 제가 아는 것은 아브라함이 끈질기도록 오래 참았다는 사실입니다. 저는 이런 생각을 합니다. 하나님과의 관계에서 아브라함은 하나님께 불평을 할 만합니다. 왜요? 아브라함의 나이 75세 때 하나님께서는 그에게 자식을 주시겠노라고 말씀하셨거든요. 하지만 그 아들, 100세에 주셨습니다. 그 사이에 아내는 벌써 단산했습니다. 시간적인 거리가 너무나 멉니다. 아브라함이 하나님의 말씀을 따랐는데, 그 약속이 이루어진 것은 그로부터 25년 뒤입니다. 오래 참았습니다. 끈질기게 참았습니다. 히브리서 6장 15절은 말씀합니다. "그가 이같이 오래 참아 약속을 받았느니라." 아브라함은 낙심하지 않았습니다. 변절하지 않았습니다. 불만스러워하지 않았습니다. 끝까지 참았습니다. 마지막 승리는 인내로 오는 것입니다. 믿음의 열매는 인내올시다. 얼마나 참을 수 있느냐, 하는 것입니다. 그뿐만 아니라 아브라함의 믿음은 자기 자신의 믿음만이 아니었습니다. 그 믿음은 영역이 점점 넓어집니다. 귀중한 믿음입니다. 그는 아내 사래를 믿었습니다. 하나님께서 사래를 통하여 자식을 주신다는 것을 믿었습니다. '내년 이때에 아들을 낳으리라.' 단산한 지 10년이 넘은 아내입니다. '고목나무 같고, 죽은 자와 방불하다'라고 로마서 4장은 분명히 말씀합니다. 죽은 자와 방불한데도 아브라함은 그 아내를 믿었습니다. 그리고 그 아내를 다시 취합니다. 그래서 100세에 아들을 얻게 됩니다. 뿐만이 아니라, 하갈과 이스마엘 때문에 문제가 더 복잡해지자 아브라함이 사래한테 말합니다. "당신 마음대로 하오." 아내의 처사를 믿은 것입니다.

여러분은 아내를 얼마나 믿고 있습니까? 남편을 얼마나 믿었다고 생각하십니까? 아브라함은 하나님을 믿기 때문에 아내를 믿었습니다. 좀 더 나아가 종을 믿었습니다. 창세기 24장에 나옵니다. 그는 100세에 얻은 소중한 아들 이삭을 위해 배필을 맞아야겠는데, 가나안 땅에 사는 이방사람 가운데서 얻어서는 안 되니까 기도하고 나이 많은 종을 불러 이렇게 이릅니다. "너는 내 고향으로 가서 이삭과 결혼시킬 처녀 하나를 데려와라." 종을 믿은 것입니다. "나는 너를 믿는다. 네가 선택하는 것은 내가 선택하는 것이고, 네가 좋게 보는 여자를 나도 좋게 본다. 나는 너와 너의 판단을 믿고, 너의 신앙을 믿는다. 가서 며느리를 데려와라." 요새는 만나봐도 안 되고, 살아봐도 안 된다면서요? 한데 아브라함은 그 여자 얼굴도 못 봤습니다. 누가 있을는지 없을는지도 모릅니다. 한데도 종을 믿고 이릅니다. "가서 처녀 하나를 데려와라." 이 믿음이 중요합니다.

아브라함은 또한 아들 이삭을 믿었습니다. 아브라함이 모리아 산에 이삭을 데리고 올라가서 하나님 앞에 제사를 드릴 때 그 아들은 27살이었습니다. 아버지가 그 아들을 향해서 말합니다. "하나님께서 너를 잡아 제물로 바치라고 하신다." 그때 이 아들이 뭐라고 생각했겠습니까? '이 노인네가 100살이 넘더니 정신이 나갔나? 하나님께서 그렇게 이르실 리가 없지 않은가.' 이러지 않았겠습니까. 당당히 대들 수 있는 것입니다. 하지만 아브라함은 아들을 믿었습니다. 성경에는 없는 이야기지만, 전설에 따르면 이랬다고 합니다. 아브라함이 이삭에게 말합니다. "이삭아, 내가 얼마나 하나님을 사랑하는지 알지?" "압니다." "내가 너를 얼마나 사랑하는지 알지?" "압니다." "얼마 만큼이냐?" "아버지 목숨보다 저를 더 사랑하십니다." "그렇다. 네 말이 맞다. 하나님께서 너를 제물로 요구하신다." 이삭이 이 말을 듣고 자기 스스로 제단에 올라갔다는 것입니다. 아브라함은 아들을 믿었습니다. 그리고 그 믿음의 귀한 유산이 이어지는 것입니다.

히브리서 12장 16절에 보면 아브라함은 또 더 나은 본향을 믿었습니다. 한평생을 나그네로 살았지만, 이 나그네 생활은 여기서 끝나고, 더 나은 본향, 하늘나라를 믿었습니다. 영원한 나라가 있음을 믿는 믿음이었습니다. 믿음의 가장 중요한 핵심이 여기에 있습니다. Justification, 의롭다하심을 믿었습니다. 이것이 바로 우리 모든 믿는 사람의 믿음의 표본입니다. 의롭다하심을 믿었습니다. 내가 죄인임을 아는 것입니다. 하나님께서 "내가 네 죄를 사하노라! 너를 의롭다 하노라!" 하시면 받아들여야지요. 나는 사랑받을 자격이 없지만, 하나님께서 나를 사랑하신다고 말씀하시면 그 사랑을 내가 수용해야 됩니다. 이 믿음이 중요한 것입니다. 우리는 끝까지 자기 의를 내세우려고 합니다. 여기서 망가지는 것입니다. 죄인입니다. 그러나 "내가 너를 사랑하노라! 네 죄를 사하노라!" 하시면 "아멘!" 하는 것입니다. 그리고 이제는 의인으로 살아가야 됩니다. 죄 사함 받은 의인으로 사는 것입니다. 자격이 없지만, 하나님께서 "내가 너를 사랑하노라! 너를 위하여 십자가를 졌다! 내가 너를 사랑하노라!" 하시면 나는 전혀 무자격하지만 "아멘!" 하고 사랑받은 존재로 살아야 됩니다. 이것이 의롭다함을 얻는 것입니다.

성경을 자세히 보면 아브라함, 그렇게 특별한 사람이 아닙니다. 실수가 많았습니다. 그러나 그는 하나님을 믿었습니다. 의롭다하심을 믿었습니다. 이 믿음이 우리 신앙의 본질입니다. 그가 우리에게 물려준 신앙의 유산입니다. 하나님을 믿는 순간 이제부터는 의롭다하심을 받은 것입니다. 성경은 말씀합니다. 우리가 늘 외우는 성경 말씀 아닙니까. '주 예수 그리스도 안에 정죄함이 없느니라!' 이 순간 우리는 '아멘!' 하고 받아들입니다. 많은 죄 가운데 있지만, 의인으로, 하나님의 자녀로 그 은혜에 감사하며 응답하는 믿음으로 사는 것입니다. 의롭다하심을 믿는 믿음입니다.

구체적으로, 탕자의 비유를 보십시오. 탕자가 형편없이 많은 죄를 짓고 타락해가지고 돌아왔지마는, 그 아버지가 그를 위해서 잔치를 베풀어줍니다. 그때 아들이 어찌해야겠습니까? 어쩌면 이럴 수도 있습니다. "아버지, 너무 이러지 마세요. 이러시면 제 체면이 말이 아닙니다." 하지만 이 아들은 부끄럽기 그지없는데도 그 아버지의 마음을 이해합니다. 그리고 그 아버지의 마음을 이렇게 받아들입니다. '나는 자격이 없다. 하지만 아버지가 나를 아들이라고 하시니 나는 아버지의 아들이다.' 그래서 그는 그 잔치를 받아 그 자리에서 함께 즐거워합니다. 이것이 바로 의롭다하심을 얻는 자의 믿음입니다. Justification by faith, 오직 믿음 하나만 가지고 이 믿음으로 나아가는 믿음의 본질, 이것을 아브라함은 우리에게 유산으로 물려주고 있는 것입니다. 이 믿음의 유산을 믿어야 합니다. 이 축복의 연속성을 믿어야 합니다. 아브라함의 하나님, 이삭의 하나님, 야곱의 하나님, 요셉의 하나님…… 축복이 당대에 끊어진다면 복이라고 할 수 있겠습니까. 아브라함의 축복은 이삭으로 이어지고, 또 야곱과 요셉으로 이어지고, 마침내 이스라엘에까지 이어질 때 비로소 복이 되고, 복의 근원이 되는 것입니다. 아브라함은 복됩니다. 오직 믿음으로 복의 근원이 되고 있습니다. 만민이 그로 말미암아 복을 얻습니다. 그의 복의 속성과 그 본질을 잘 이해해야겠습니다.

하나님께서는 오늘도 말씀하십니다. 아브라함 같은 믿음, 아브라함의 믿음의 유형, 그 믿음으로 오늘도 우리는 하나님의 자녀로 살아갑니다. 내가 복될 뿐만 아니라, 내 주변에 있는 모든 사람에게 복을 전하고, 모두가 복의 근본이 되는 생을 살아가야 할 것입니다. 나로 말미암아 복 받는 사람을 보면서 함께 하나님을 찬양할 수 있는 복의 근원이 되어야 할 것입니다.　△

나는 선한 목자라

내가 진실로 진실로 너희에게 이르노니 문을 통하
여 양의 우리에 들어가지 아니하고 다른 데로 넘어가
는 자는 절도며 강도요 문으로 들어가는 이는 양의
목자라 문지기는 그를 위하여 문을 열고 양은 그의
음성을 듣나니 그가 자기 양의 이름을 각각 불러 인
도하여 내느니라 자기 양을 다 내놓은 후에 앞서 가
면 양들이 그의 음성을 아는 고로 따라오되 타인의
음성은 알지 못하는 고로 타인을 따르지 아니하고 도
리어 도망하느니라 예수께서 이 비유로 그들에게 말
씀하셨으나 그들은 그가 하신 말씀이 무엇인지 알지
못하니라

(요한복음 10 : 1 - 6)

나는 선한 목자라

　이스라엘의 이런 재미있는 우화가 하나 있습니다. 어느 날 비가 많이 오는데, 양 한 마리가 큰 나무 밑에서 비를 맞고 있었습니다. 양은 털이 많지 않습니까. 그래 비를 많이 맞다보니 몸이 점점 무겁고 추워져서 아주 힘이 듭니다. 그래 하나님께 억울한 사정을 아뢰는 기도를 했답니다. '하나님, 왜 저를 이처럼 창조하셨습니까? 저는 독수리처럼 훨훨 날 수 있는 날개도 없고, 다른 짐승들처럼 빨리 달릴 수 있는 다리나, 아주 강한 근육을 가진 발도 없습니다. 그리고 누가 나를 해하려들 때 거기에 대항할 수 있는 특별한 아무 능력도 없습니다. 하나님께서는 어째서 저를 이렇듯 초라하고 나약한 존재로 창조하셨습니까?' 이렇게 하나님 앞에 항의하는 기도를 한 것입니다. 그때 하나님께서 대답하셨답니다. "그러면 사슴들처럼, 혹은 들소 같은 아주 날카로운 뿔을 네 머리에다 하나 심어주랴?" 그러자 양이 가만히 생각해보더니 이렇게 말합니다. "아닙니다. 뿔이 생기면 자꾸 들이받고 싶어서 여기저기 받다가 많은 짐승들에게 손해를 끼칠 것 같습니다. 그것은 안 되겠습니다." "그러면 맹수 같은 옥니를 주랴? 한 번 물면 놓지 않는 아주 무서운 이빨을 주랴?" "그러면 물어뜯게 되고, 그 물어 뜯김을 당해서 피 흘린 그 흔적, 그 비참한 것을 저는 못봅니다. 그것도 안 되겠습니다." "그럼 뱀처럼 아주 독한 독을 네 입에다 넣어주랴?" "제가 뱀한테 물린 짐승이 비틀거리면서 죽는 모습 봤는데, 그런 꼴을 어찌 제가 볼 수 있겠습니까. 그것도 안 되겠습니다." 그러자 하나님께서 이렇게 물으셨답니다. "그럼 어떻게 해주랴?" 양이 가만히 있다가 말합니다. "그냥 이대로 살다가 죽겠습니다. 이대로가 좋습니다."

양이 평안하려면 세 가지 조건이 필요합니다. 첫째, 맹수가 없어야 됩니다. 양을 해치는 무서운 맹수가 가까이 오지 않아야 합니다. 둘째, 넓은 초원과 시냇물이 있어야 됩니다. 먹을 것과 마실 것이 있는 그곳이 양에게는 잠자리가 되고 낙원이 되는 것입니다. 그리고 셋째, 선한 목자가 있어야 됩니다. 이 3대조건이 필요한데, 알고 보면 하나입니다. 왜요? 목자만 있으면 됩니다. 선한 목자만 있으면 양은 언제나 평안할 수 있습니다.

이 양에 대해서 토론토 대학의 토양학자인 필립 켈러 교수가 8년 동안 면밀하게 연구를 했습니다. 그리고 그 보고서를 내놓았는데, 내용이 아주 재미있습니다. '양은 고집이 세고, 보수적인 습관을 가진 동물이다.' 이것이 결론입니다. 양은 언뜻 보면 착한 것 같지만, 실은 아주 고집이 셉니다. 그리고 보수적인 습관을 가졌습니다. 예를 들어, 양이 길을 걸어간다고 합시다. 그럼 이리 갈 수도 있고, 저리 갈 수도 있지 않습니까. 하지만 양은 절대로 그렇게 안 한답니다. 꼭 가던 길로만 가려 한답니다. 앞에 가는 자기 친구가 간 길을 그대로 따라서 가는 것입니다. 하도 철저히 그렇게 하니까 양들이 다니면 그 길이 도랑처럼 패이는 것입니다. 정말 그렇습니다. 제가 예전에 중동의 이스라엘에 갔을 때 그곳의 들에 있는 한 목장을 방문한 적이 있습니다. 보니 거기 풀밭이 전부 오선지를 그려놓은 것 같았습니다. 죽 길이 나 있었습니다. 왜냐하면 양은 한 마리가 가면 모두 그 뒤를 뒤따라가기 때문입니다. 절대로 옆으로 빠지지 않고 그대로 따라갑니다. 그렇게 수백 마리가 지나가고 나면 도랑이 파이

는 것입니다. 도대체가 다른 곳으로 갈 줄을 모릅니다. 늘 가던 길로
만 가고, 앞에 가는 양을 뒤의 똑바로 따라가는 것입니다. 얼마나 고
집스럽습니까.

또 양은 황폐해질 때까지 같은 언덕에서만 풀을 먹습니다. 일단
먹기 시작하면 다른 쪽을 바라볼 생각을 안 합니다. 마지막에는 풀
뿌리까지 다 파먹습니다. 아주 고집스럽습니다. 조금만 다른 곳으
로 옮겨가면 좋은 풀을 먹을 수 있는데, 도무지 그렇게 하려는 생각
을 안 합니다. '이것이 양의 고집스러운 특징이다. 그리고 질병과 기
생충이 들끓을 때까지 주변 환경을 더럽힌다. 그런고로 양에게는 목
자가 필요하다. 목자가 양을 이리저리로 옮겨야 되고, 장소를 바꾸
어줘야지, 그냥 내버려두면 양은 스스로 살 수 없다. 아주 고집스럽
고 보수적인 성격의 짐승이다.' 이렇게 필립 켈러 교수가 우리에게
말해주고 있습니다. 확실히 양은 고집이 셉니다. 아니, 어리석습니
다. 또 무능합니다. 그리고 무력합니다. 따라서 양에게는 선한 목자
가 필수입니다. 목자가 없으면 살 수 없습니다. 목자가 인도해야만
이리저리 옮겨 다니면서 좋은 풀도 뜯을 수 있고, 여유로운 생을 살
아갈 수 있습니다. 그것이 양입니다.

여기에 선한 목자의 조건이 있습니다. 오늘본문에 잘 그려지고
있습니다. '선한 목자는 양을 안다. 양은 목자의 음성을 안다.' 양은
목자를 알고, 목자는 양을 압니다. 이렇게 서로서로 완전한 지식을
공유하는 것입니다. 또 목자는 양을 믿고, 양은 목자를 믿습니다. 이
것이 중요합니다. 그래서 목자가 양을 인도할 때에는 소처럼 코를
꿰거나, 개처럼 목을 매지 않습니다. 수백 마리가 그냥 마음대로 뛰
어다니도록 합니다. 그러나 목자는 양을 믿습니다. '내가 부르면 온

다. 내가 가면 따라온다.' 목자는 양을 알고, 목자는 양을 믿습니다. 또 그런가 하면 양은 목자를 믿습니다. 잘 알고 있습니다. '내가 나를 아는 것보다 목자가 나를 더 잘 안다. 그런고로 나는 목자를 따라간다.' 이 정도입니다. 목자를 전적으로 믿습니다. 그의 지식, 그의 능력, 그의 사랑을 믿고 따라가는 것입니다. 얼마나 아름답습니까. 얼마나 아름다운 관계입니까.

저한테는 여러분이 잘 모르시는 개인적인 비밀이 하나 있습니다. 저는 미국으로 유학을 갔다가 1977년에 처음 한국으로 돌아왔습니다. 직장이 있을 리가 없지요. 그래 한 다섯 달 동안 무직자로 살았습니다. 큰일 아닙니까. 그러던 어느 날 남한산성에 계시던 한경직 목사님이 저를 오라고 부르셨습니다. 그래 갔더니 이렇게 말씀하십니다. "아, 이렇게 아무 연락도 없이 갑자기 귀국하면 어떻게 하나?" 그래 제가 이랬습니다. "하나님께서 인도하실 줄 알고 믿음으로 왔지요." 그러자 목사님이 "이걸 어떻게 하지?" 하고 좀 기다려보자고 하십니다. 나중에 다시 가니까 목사님이 세 가지 자리를 제안하셨습니다. 우선 대학의 교목실장 자리가 둘, 또 대학의 학장 자리가 하나, 이렇게 자리 세 개가 있다는 것이었습니다. 그러면서 말씀하십니다. "이 세 자리는 다 곽 목사가 좋게 여기면 갈 수 있어. 내가 다 할 수 있는 거니까. 이 셋 중에 하나를 곽 목사가 선택하지." 제가 그때 한 목사님께 드린 말씀이 이것입니다. "목사님, 제가 저를 알기보다 목사님이 저를 더 잘 아십니다. 저는 과거와 현재를 알지마는, 목사님은 제 미래까지 알고 계시니까 목사님이 셋 중 하나를 선택해주세요. 그럼 제가 그것이 하나님의 뜻인 줄 알고 가겠습니다." 그랬더니 한 목사님이 웃으시면서 이렇게 말씀하십니다. "아, 그거 참 일

을 힘들게 만드는구먼. 내가 책임지라는 거 아니야?" 그래 제가 "그
럼요. 목사님이 말씀하셨으니, 목사님이 책임지셔야지요!" 했더니
이러십니다. "교목실장이라는 자리는 매너리즘에 빠지기가 쉬워. 한
번 들어가면 나오기도 어렵고. 그러니 학장으로 가게. 4년제니까,
딱 4년만 해보게. 색다른 경험이 될 거고, 좋은 일이 있을 거네." 그
래서 제가 팔자에 없는 학장이 된 것입니다. 목사가 학장이 되고 나
니 중요한 것이 있습니다. 주일은 놀지 않습니까. 그래서 주일에는
뭘 할까 하다가 우선 이 교회, 저 교회를 다니면서 예배도 드리고 구
경을 하기로 했습니다. 그러다가 길이 열려서 소망교회를 세우게 된
것입니다. 그때 목사님이 아니고 제가 선택을 했더라면 어떻게 되었
겠습니까? 목사님이 저보다 저를 더 잘 아시기 때문에 저를 좋은 길
로 인도하셔서 소망교회까지 생기게 된 것입니다.

　자기 지식에 너무 집착하지 마십시오. 자기가 누구보다도 잘 안
다고 생각하지 마십시오. 적어도 한 번은 나보다 더 경험이 많고 존
경스러운 어른을 찾아가서 여쭈어보십시오. "제가 어떻게 하면 좋
겠습니까?" 그래서 그가 인도해주는 대로 따라가십시오. 이런 겸손
이 있어야 됩니다. 내가 부모님보다 더 잘 알고, 선생보다 더 잘 알
고, 선배보다 더 잘 알고…… 이것이 망조입니다. 양은 생각합니다.
'내가 나를 알지마는, 나보다 저 목자가 나를 더 잘 안다. 충분히 알
고 있다.' 그런고로 믿고, 그런고로 따라가는 것입니다. 더러 마음
에 안 드는 점이 있어도 사망의 음침한 골짜기를 지나갈 때 다윗 왕
의 노래처럼 양은 목자를 따라야 합니다. '왜 나를 이런 길로 인도하
나? 왜 이런 거친 길로 나를 인도하나? 왜 이렇게 위험한 길로 인도
하나?' 이런 불만이 없습니다. 왜요? 목자가 다 알고 인도할 줄로 믿

기 때문입니다. 목자의 믿음, 목자의 능력, 목자의 사랑을 믿고 Total Commitment, 완전히 위탁하고 목자를 따라가는 것입니다. 사망의 음침한 골짜기로 지날 때도 불편 없이 따라갑니다. 이것이 양입니다. 선한 목자에 선한 양입니다. 서로 안다는 것입니다. 아니, 서로 믿는다는 것입니다. 서로 극진히 사랑한다는 것입니다. 이런 관계, 선한 목자에 선한 양입니다.

오늘본문은 말씀합니다. "그가 자기 양의 이름을 각각 불러……(3절)" 개별적으로 사랑한다, 이것입니다. 목자는 양을 잘 압니다. 양의 습관을 잘 압니다. 양의 약점도 잘 압니다. 양의 형편을 잘 알고 있는 것입니다. 그래서 여러분이 종종 보시는 대로 목자가 양의 새끼를 품에 안고 있지 않습니까. 그러면 어미양이 그 목자를 가만히 쳐다보는 걸 볼 수 있습니다. 얼마나 아름다운 관계입니까. 왜요? 새끼양은 아직 어려서 혼자 시냇물을 건널 수 없습니다. 그런고로 목자가 들어서 옮겨주는 것입니다. 목자는 양을 알되 개별적으로 압니다. 하나하나의 부족함과 나약함과 허물됨을 비롯하여 모든 것을 알고 인도하는 것입니다. 꼭 알맞게 인도하는 것입니다.

뿐만 아니라, 오늘본문에는 참 아름다운 시와 같은 한 말씀이 있습니다. "자기 양을 다 내놓은 후에 앞서 가면……(4절)" 목자가 앞서 간다는 것입니다. 여기에 대해서 많은 사람들이 연구를 했는데, 재미있는 결과가 있습니다. 「리더스 다이제스트」에 오래 전에 실린 논문에 그 결과과 나와 있습니다. 서양의 목자는 양을 뒤에서 인도합니다. 그리고 채찍으로 때리면서 양을 앞으로 몰아가는 것입니다. 하지만 동양의 목자는 양을 앞서 갑니다. 이스라엘은 동양에 속합니다. 목자가 앞서가고 양들이 그 뒤를 따라갑니다. 이 얼마나 아름다운 관계입니까. 내가 뒤에서 강제로 몰고 가는 것이 아닙니다. 목자가 앞서가면 양들이 그 목자를 믿고, 그 목자의 음성을 들으면서 뒤따라간다는 말입니다. 제가 이 장면을 확인하기 위해서 이스라엘에 갔을 때나 중동에 갔을 때 정말 차를 세워놓고 여러 시간 동안 양을 치는 목자들을 지켜보았습니다. 대단합니다. 줄잡아서 300마리나 되는 양들이 목자 한 사람의 뒤를 줄줄이 따라갑니다. 그 많은 양들이 줄줄줄 목자를 따라가는 것입니다. 얼마든지 도망갈 수 있는데도 아닙니다. 그 300마리나 되는 많은 양들이 목자를 죽 따라가는 모습을 보면서 제가 무슨 생각을 했겠습니까. '우리 교회도 이러면 얼마나 좋을까?' 그랬습니다. 여러분, 목자는 앞서갑니다. 양은 뒤따라갑니다. 무엇입니까? 위험한 일을 당해도 목자가 먼저 당한다는 것입니다. 맹수를 만나도 목자가 먼저 만나는 것입니다. 목자가 먼저 희생당하는 것입니다. 이걸 잊지 말아야 합니다.

우리가 성경을 늘 읽고 묵상합니다마는, 때로는 스스로 우리가 억울하다고도 하고, 고생스럽다고도 하고, 막막하다고도 하고, 절망스럽다고도 하고, 많은 고생을 한다고도 생각합니다마는, 그때마다 다시 성경을 보십시오. 예수님께서 빌라도 앞에 서셨을 때 빌라도가 말합니다. "보라, 이 사람이로다!" 십자가 앞에 서 있는 이 사람 예수 그리스도의 모습을 떠올려보십시오. 누가 억울함을 당해도 예수님처럼 당하겠습니까. 누가 어떤 고난을 당했다고 하더라도 예수님 같은 고생을 했겠습니까. 예수님께서 먼저 고난을 당하셨습니다. 먼저 당하셨다는 것을 꼭 잊지 말아야 합니다. 우리가 어떤 억울한 고생을 해도 새로운 것은 없습니다. 주님께서 당하신 고난에 대면 우리의 고난은 아무것도 아닙니다. 예수님께서는 십자가 앞에서 세 가지를 포기하십니다. 우선 생명을 하나님께 위탁하십니다. 어떤 모양으로 어느 때 죽든지 생명을 주님께 맡기십니다. "내 뜻대로 마옵시고 아버지의 뜻대로 하시옵소서." 둘째, 후속결과를 다 맡기십니다. '여기까지 내가 이러했는데, 그 다음에는 어떻게 되겠습니까? 내가 병 고쳐준 사람, 앞으로 어떻게 되겠습니까? 이 한심한 제자들, 앞으로 어떻게 되겠습니까?' 이렇게 묻지 않으십니다. 그냥 다 하나님께 맡기십니다. 뿐만이 아니라, 예수님께서는 명예도 하나님께 위탁하셨습니다. '이 일 뒤에 사람들이 나를 어떻게 평할까? 의인이라고 할까? 죄인이라고 할까? 능력이 있다고 할까, 없다고 할까?' 모든 명예를, 사람들의 평판을 깨끗이 다 하나님께 위탁해버리십니다. 예수님께서 우리보다 먼저 가셨다는 것을 잊지 마십시오. 우리가 아무리 억울해도 예수님께서 우리보다 먼저, 우리가 아무리 고난을 당해도 예수님께서 우리보다 먼저 당하신 것입니다.

목자가 먼저 앞서갑니다. 우리는 그 뒤를 따릅니다. 이걸 잊지 말아야 합니다. 그의 사랑, 그의 능력, 그의 지혜를 믿고, 그의 막대기와 지팡이를 의지하고, 선한 양들은 선한 목자를 따라가는 것입니다. 예수님께서 말씀하셨습니다. '나는 선한 목자다. 양을 위하여 목숨을 버리노라. 스스로 버리노라. 빼앗을 자가 없다.' 선한 목자가 되시는 예수님 앞에서 우리는 다 선한 양이 되어야 할 것입니다. 세상이 아무리 변해도 우리 앞에는 선한 목자가 있습니다. 우리는 그 목자를 쳐다보며, 사랑하며, 또 그의 음성을 들으며, 그의 음성에 응답하며 선한 목자 앞에서 다 같이 선한 양이 되어야 할 것입니다. 그리할 때 다윗 같은 고백을 하게 될 것입니다. '여호와는 나의 목자시니 내게 부족함이 없으리로다.' △

신앙적 경건 수업

네가 이것으로 형제를 깨우치면 그리스도 예수의
좋은 일꾼이 되어 믿음의 말씀과 네가 따르는 좋은
교훈으로 양육을 받으리라 망령되고 허탄한 신화를
버리고 경건에 이르도록 네 자신을 연단하라 육체의
연단은 약간의 유익이 있으나 경건은 범사에 유익하
니 금생과 내생에 약속이 있느니라 미쁘다 이 말이여
모든 사람들이 받을 만하도다

(디모데전서 4 : 6 - 9)

신앙적 경건 수업

　옛날 1960년에 제가 목회를 처음 할 때의 이야기입니다. 마포구에 있는 '서교동 교회'에서 제 선배인 문 목사님이 목회를 하고 있었습니다. 거기에 제가 부흥회를 인도하러 간 적이 있습니다. 그 시절에는 부흥회를 월요일부터 금요일까지 했습니다. 새벽에도 하고, 낮 공부도 하고, 저녁에도 했습니다. 하루에 세 번씩 아주 축제같이 부흥회를 하곤 했습니다. 한데 새벽기도회 때 한 아주머니가 하얀 소복을 입고 맨 앞에 앉아 있는 걸 보았습니다. 그때 제가 참 괴로웠는데, 설교가 시작되면 그분이 잠을 자기 시작하는 것입니다. 가볍게 조는 정도 아니라, 숫제 고개를 뒤로 젖히고 본격적으로 자는 것입니다. 그러다가 설교가 끝나고 기도시간이 되면 언제 그랬더냐 싶게 벌떡 일어나 "주여! 주여!" 하고 소리소리 지르는 것입니다. 그야말로 발광을 하는 것처럼 열렬히 기도를 하는 것입니다. 하도 시끄러워서 정신을 못 차릴 정도입니다. 그래 나중에 제가 문 목사님께 물어봤습니다. "저 아주머니, 왜 저렇게 발광을 합니까?" 그랬더니 문 목사님이 빙그레 웃으면서 하는 말이 이랬습니다. "그거 못 말립니다. 그러니까 아예 신경을 쓰지 마세요. 그 아주머니 그거 못 말립니다." "왜요?" "이 아주머니가 3년 전까지 이 마포구에서 소문난 무당이었습니다." 그러니까 무당이었던 사람이 어찌어찌 예수를 믿게 된 것입니다. 그래 부흥회 첫날부터 새벽기도에 나온 것입니다. 그리고 그때마다 찬물로 목욕을 하고 하얀 소복을 입고 나온다는 것입니다. 그렇게 교회에 와서는 고래고래 소리를 지르는데 정신을 못 차리겠는 것입니다. 그래서 저걸 어떻게 하나 싶어서 물어봤더니 목사님 말씀이 명답이었습니다. "열심은 좋으나 무당기가 덜 빠져서 시끄러우면 정신이 들고, 조용하면 잡니다." 이거 어떻게 하면 좋겠습니까? 중요한 사건입니다. 다시 말하면 열심은 좋으나 Life style, 그 생활의 방법에는 여전히 무당기가 그대로 있다는 말입니다. 이걸 잊지 말아야 합니다.

그리스도인이 된다는 것은 심령이 중생하는 것을 말합니다. 그래서 하나님의 자녀가 되는 것입니다. 내 영혼이 하나님을 만나고, 하나님 중심으로 살고, 하나님이 내 생의 목적이 됩니다. 이 목적이 바뀌는 순간을 우리는 이렇게 말합니다. '그리스도인이 된다.' 그러나 인간이 살아온 문화적 환경이 옛 사람 그대로 머물러 있다는 말입니다. 이걸 잊지 말아야 합니다. 내용은 그리스도인인데, 삶의 형태는 아직도 옛사람이라는 말입니다. 그러니까 겉 사람까지 다 바뀔 때까지는 많은 시간이 걸리는 것입니다. 여기에는 많은 훈련과 수련이 필요합니다.

한국 사람의 문화의식은 간단하게 네 가지로 요약할 수 있습니다. 문화인류학에서 하는 말입니다. 첫째가 한국 사람은 누구나 다 무당기가 있다는 것입니다. 우리 조상으로부터 내려오는 것입니다. 샤머니즘, 무속신앙이 한국사람의 의식 속에 깊이 뿌리박고 있는 것입니다. 그래서 예수를 믿으면서도 꼭 결혼식 같은 것을 할 때 어디 가서 물어보고 오잖아요? 어떤 날이 좋은가 하고요. 왜 이래야 됩니까? 예수를 믿으면서도 아직도 꺼림칙해서 무당한테 가서 의논하고 오는 것입니다. 예수님도 좋고, 무당도 좋고, 그래야 되는 것입니다. 어느 쪽 하나라도 마음에 걸리면 불안한 것입입니다. 이것이 샤머니

즘입니다. 이 무속종교의 의식구조에서, 그 문화에서 벗어나지 못하고 있는 것입니다.

둘째가 불교문화입니다. 그래서 명상적입니다. 세상에 대해서 항상 부정적입니다. 방송드라마 작가들이 좋은 이야기를 써서 우리가 재미있게 그 드라마들을 봅니다마는, 마지막이 아주 비참한 경우가 많습니다. 인생무상입니다. 그런 작가들 많습니다. 왜요? 그 사람, 불교인입니다. 불교문화에서 벗어나지 못하고 있는 것입니다. 그런고로 불교작가들이 쓰는 글은 하나 같이 마지막이 허망합니다. 인생무상입니다. 이것이 인간이다, 끝. 이렇게 된다는 말입니다.

또 한 가지는 유교문화입니다. 율법적이고, 계율적입니다. 언제나 하향식으로 명령합니다. '인생은 이래야 된다. 효도해야 된다. 인생은 순종이다.' 이런 식으로 강요합니다. 우리는 그런 것에 익숙해져 있습니다.

넷째는 유감스럽게도 식민지 문화입니다. 우리는 남의 나라를 점령해보지 못 했습니다. 이걸 자랑 삼습니다마는, 꼭 그런 것은 아닙니다. 항상 우리는 피해를 입고 살아왔습니다. 수많은 침략을 받으면서 살아왔기 때문에 우리한테는 하나의 부인할 수 없는 식민지 문화가 있습니다. 그래서 만사가 주도적이 아닙니다. 피동적이고, 알게 모르게 반항적입니다. 그 가운데 하나, 아주 중요한 것이 있습니다. 여러분은 거리에서 순경을 볼 때 고맙습니까, 아니면 무섭습니까? 순경을 무서워하는 것은 식민지 문화입니다. 순경을 반가워하면 그는 민주의식이 있는 사람입니다. 이렇게 우리는 알게 모르게 네 가지 문화에 둘러싸여 있다, 이것입니다.

그래서 예수를 믿어도 무속종교에 속했던 사람은 좀 시끄럽습니다. 불교에 속했던 사람은 명상적이고, 만사가 부정적입니다. 유교문화에 속해 있던 사람은 계율적입니다. '이렇게 해야 한다. 저렇게 해야 한다.' 이런 게 너무나 많습니다. 그런가하면 식민지 문화에서 살아왔던 사람은 자유의식이 없고, 주도적 의식이 없습니다. 주인의식이 없고, 늘 원망과 불평 속에 삽니다. 이런 문화권 속에서 우리가 살고 있습니다. 하지만 이제는 예수를 믿습니다. 그럼 하나씩 고쳐나가야 하지 않습니까. 변화되어야 하지 않습니까. 이 성화의 과정이 필요합니다. 그래서 새로이 깨닫게 됩니다. 계속적으로 깨닫습니다. 새롭게 수용합니다. 새롭게 순종합니다. 그래서 점점 더 온전한 믿음의 세계로 가게 됩니다. 온전한 인격으로 향상된다는 말입니다. 그래서 오늘본문에서 사도 바울은 믿음의 아들 디모데를 향해 강하게 말합니다. "네 자신을 연단하라(7절)."

　종교개혁자 칼뱅은 말합니다. '우리 신앙생활이란 딱 두 가지로 요약할 수 있다. 하나는 계속적으로 자기를 부정하는 것이다. 옛 생활을 털어버리는 것이다. 옛 생활과 관계를 끊어나가는 것이다. 옛날에 가졌던 잘못된 의식, 잘못된 가치관을 계속 끊어버리는 것이다. 또한 순례자의 길을 가는 것이다.' 순례자는 과거에 매이지 않습니다. 현재에 미련을 두지 않습니다. 순례자는 저 앞에 있는 최종목적을 향해 나아갑니다. 그것만 바라보고 갑니다. 이것이 순례자의 모습입니다. 우리 예수 믿는 사람들은 하늘나라에 소망을 두고 천국 지향적으로 삽니다. 이것이 우리 믿는 사람의 모습입니다. 그래서 예수를 믿으면서 변화되어야 합니다. 생각이 변화되고, 말이 변화되고, 마음이 변화되고, 행위가 변화되어 나가다보면 마침내 습관이 됩니다. 익숙해집니다. 생각하고 하는 것이 아닙니다. 아주 익숙하게, 그래서 Life Style, 삶의 방식, 생각, 가치관이 확 바뀌면 아주 자연스럽게, 자유스럽게 신앙의 세계로 갈 수 있다는 말입니다.

그런고로 경건의 변화, 경건화된 습관이 참 중요합니다. 습관의 위력입니다. 행동이 반복되면 성품이 됩니다. 인격이 됩니다. 습관이 됩니다. 자동적으로 움직입니다. 이것은 마치 자동차 운전과 비슷합니다. 처음에 운전을 어떻게 하느냐에 관해서는 5분이면 다 배울 수 있습니다. 그러나 문제는 그걸 몸에 익혀야 된다는 것입니다. 그래서 자동적으로 핸들이 움직이고, 자동적으로 브레이크가 밟혀야 합니다. 그러려면 줄잡아 3년은 걸립니다. 운전을 머리로 배우는 것은 5분이면 충분하지만, 운전이 몸에 익숙해져서 편안한 생활양식이 되려면 3년은 걸린다, 이것입니다. 그 다음부터는 이른 바 드라이브를 할 수가 있습니다. 즐거운 마음으로 운전을 즐길 수 있다, 이것입니다. 그러니 우리의 신앙생활이 처음에는 다소 무리가 있습니다. 억지도 있습니다. 그러나 순종하고, 또 순종하다 보면 신앙생활에 익숙해집니다. 그래서 성품화되어야 하는 것입니다. 자동적으로 경건하고, 자동적으로 사랑하고 신앙하는, 그런 인격으로 발전해야 된다는 말입니다.

하지만 우리는 이런 변화를 너무나 쉽게 생각하곤 합니다. 세 가지 방법이 있습니다. 하나가 Magical Change, 마술적 변화입니다. 큰 실수입니다. 한 번 깨달았다고 달라집니까. 한 번 약속했다고 싹 바뀌느냐고요. 가끔 누가 신혼여행 갔다 오는 길에 사무실로 저를 찾아와 울며 고백합니다. 결혼하기 전에 옛날 애인이 있었답니다. 그 관계를 깨끗이 끊고 결혼했답니다. 그런데 신혼여행 가서 지내보니 신랑하고 함께 있기는 한데, 꿈은 계속 옛날 애인 꿈만 꾼답니다.

"제가 이렇게 일생을 살아야 한다면 저는 살지 못합니다." 그러면서 울더라고요. 몸은 신부가 되었지만, 다른 남자의 아내가 되었지만, 생각은 아직도 옛날 사람의 애인이라는 말입니다. 결혼식 했다고 변화됩니까. 큰 선물 받았다고 됩니까. 아니올시다. 많은 시간을 요합니다.

회개에는 왕복거리가 필요합니다. 너무 멀리 갔기 때문에 다시 제자리로 돌아오는 데에는 그만큼 많은 시간이 걸리는 것입니다. 이걸 잊지 말아야 합니다. 이 인격이 마술적으로 변하는 것을 생각하면 안 됩니다. 마술하는 사람들이 손수건 속에서 비둘기를 나오게 하지 않습니까. 그런 식으로 중생한다면 얼마나 좋겠습니까. 예수 믿는 순간 확 달라져서 입맛도 변하고, 생각도 변하고, 가치관도 변한다면 얼마나 좋겠습니까. 하지만 아닙니다. 멀리 갔던 사람일수록 이 변화되는 과정이 너무나 아프고 힘듭니다. 이것을 잊지 말아야 합니다.

또한, Mechanical Change, 기계적으로 바뀌는 것을 생각합니다. 이것이 우리 가치관을 많이 혼란스럽게 만듭니다. 여러분, 집에서 TV를 볼 때 리모콘을 딱 누르면 금세 다른 방송이 나오지 않습니까. 하지만 만사가 그렇게 되는 것은 아니지 않습니까. 우리의 생각도 그렇게 리모콘으로 쉽게 바꿀 수 있다면 얼마나 좋겠습니까. 아니올시다. 그렇지 않습니다.

그런가 하면 Reactical Change라는 것도 있습니다. 조건반사적 변화입니다. '환경에 의해서 변화한다. 환경이 달라지는 대로 사람이 달라진다.' 아니올시다. 절대로 아닙니다. 여러분, 가난한 사람이 갑자기 부자가 되었다고 의식도 덩달아 부자가 되는 것은 아닙니다.

여러분, 부자가 가난해졌다고 생각도 가난해지는 것이 아닙니다. 생각은 여전히 옛날 사람에 매여 있습니다. 이거 끊어버리기가, 고치기가 그렇게 어렵습니다. 인간은 인격적으로 변합니다. 생각이 바뀝니다. 가슴이 바뀝니다. 의지가 바뀝니다. 그리고 이것이 반복되고, 반복되면서 성장합니다. 성서적으로 중생합니다. 그 다음에는 성화합니다. 알고, 깨닫고, 회개하고, 자기를 부인하고, 또 결심하고, 또 넘어졌다가 다시 일어나고…… 이런 귀한 과정을 거쳐서 온전한 하나님의 사람으로 성숙하게 되는 것입니다.

여기에는 커리큘럼, 교과과정이 필요합니다. 이런 사람에게는 이런 교과과정, 저런 사람에게는 저런 교과과정이라야 합니다. 각기 다른 것입니다. 이걸 알아야 합니다. 그래서 방탕하게 살던 사람에게는 특별한 교과과정이 필요합니다. 제가 많은 사람들을 보았습니다. 옛날에 술담배 많이 하던 사람이 어찌어찌 예수를 믿게 되었습니다. 집사가 되었습니다. 그러나 술담배 못 끊습니다. 못 끊고 못 끊더니, 마지막에는 딱 폐암이 걸렸습니다. 그제야 제대로 끊더라고요. 교과과정이 필요한 것입니다. 우리 심령의 변화를 위해서, 인격의 변화를 위해서, 성화를 위해서 하나님께서 만드신 커리큘럼, 교과과정이 필요하다는 말입니다. 이걸 잊지 말아야 합니다.

성경을 볼 때마다 우리는 특별하게 감동을 받아야 할 일이 있습니다. 이스라엘 백성이 애굽에서 나왔습니다. 400년 동안 노예생활을 했습니다. 노예근성이 있습니다. 노예문화가 있습니다. 여기에서 벗어나 자유의 몸을 얻었습니다마는, 그들의 심령과 문화는 아직 자유하지 못했습니다. 조금만 어려우면 또 우상을 섬깁니다. 홍해를 건너는 기적을 보았는데도 불구하고 또 다시 애굽으로 돌아가자는 말을 합니다. 기가 막히지 않습니까. 엄청난 기적을 날마다 경험합니다. 아침마다 하늘에서 내려오는 만나를 먹고 삽니다. 한데 어찌 하나님을 원망할 수 있다는 말입니까. 이것이 인간입니다. 그래서 이스라엘 백성이 애굽에서 물리적으로는 나왔지만, 가나안 땅에 들어갈 만한 사람이 되는 데, 그런 거룩한 백성이 되는 데 40년이 걸린 것입니다. 그런고로 서두르지 마십시오. 실망하지도 마십시오. 혹시 남편이 실수했다고 낙심하지도 마십시오. 그렇게 하면서 사람 될 것입니다. 자식들이 혹 잘못된다고 낙심하지 마십시오. 이런 과정을 거쳐서 사람이 될 것입니다.

이 교과과정을 인정해야 됩니다. 제가 성경을 볼 때마다 크게 충격 받는 일이 있습니다. 바로 모세입니다. 모세는 하나님의 사람입니다. 홍해를 가른 능력이 있고, 반석을 쳐서 물을 내는 기적을 행하는 사람이건만, 그는 백성들이 원망할 때 그만 참지 못하고 백성을 저주하는 죄를 짓습니다. 결국 하나님께서 말씀하십니다. "너는 나의 거룩함을 드러내지 아니하고, 나를 믿지 아니하고, 나를 거역했느니라." 이렇게 딱 세 가지를 말씀하시고, 모세는 가나안 땅에 못 들어간다고 심판하십니다. 모세가 누구입니까? 얼마나 많은 기적을 경험했습니까. 그러나 그 속사람은 아직도 혈기의 사람이었더라, 이것입니다. 아직도 불신앙의 요소가 있는 것입니다. 변화가 이렇게 어려운 것입니다. 그런고로 낙심하지 마십시오. 실망하지도 마십시오. 그렇게 요단강을 건너가는 날까지 성화될 것입니다. 정결해질 것입니다.

그러기 위해서는 생각해야 할 것이 있습니다. 어느 방향으로 성화되어야 합니까? 먼저는 Purity, 순결입니다. 더 순결하게, 더 깨끗하게, 생각도 행동도, 자는 것도 먹는 것도, 인간관계도 더 깨끗하게, 더 성결하게…… 이것이 우리가 지향하는 경건수업입니다. 둘째는 사랑입니다. 얼마나 사랑했습니까? 누구를 사랑했습니까? 원수를 사랑했습니까? 어디까지 사랑했습니까? 사랑수업입니다. 점점 더 높은 수준의 사랑을 하게 되어야 합니다. 또한 충성수업입니다. 더 깨끗한 충성, 하나님의 영광을 위하여, 하나님의 나라를 위하여 더욱더 충성을 다하는 충성훈련, 하루아침에 되는 것이 아닙니다. 결심한다고 되는 것도 아닙니다. 많은 훈련을 통해서만 높은 수준의 충성도에 도달하게 되는 것입니다.

사도 바울은 겸손하고 충성된 사람이었습니다. 고린도전서 9장 27절에서 사도 바울은 이렇게 말합니다. "내가 내 몸을 쳐 복종하게 함은 내가 남에게 전파한 후에 자신이 도리어 버림을 당할까 두려워함이로다." 그러니까 이것입니다. '내가 나를 쳐서 복종케 한다. 노예를 길들이듯이 나는 나를 쳐서 복종케 한다. 그러므로 좀 더 온전하고, 좀 더 거룩하고, 좀 더 충성되고, 좀 더 하나님의 사람으로, 좀 더 사랑의 사람으로 성숙해가는 것이다.' 여기에는 시간이 필요합니다. 많은 고생도 해야 되겠고, 많은 희생도 따릅니다마는, 무엇보다 시간이 필요합니다.

여러분이 잘 아시는 김연아는 피겨스케이팅으로 세계를 제패한 유명한 아가씨 아닙니까. 그의 명언이 있습니다. No pain, No gain. '고생이 없이는 소득도 없다. 얼마나 많이 고생했는지 만큼 영광을 얻을 수 있는 것이다.' 너무 쉽게 생각하지 마십시오. 많은 과정을 통해서 수련해나가는 것입니다. 가장 크고, 온전한 이야기가 여기에 있습니다. 욥기 23장 10절은 말씀합니다. "그가 나를 단련하신 후에 정금같이 나오리라." 욥이 당한 많은 고난도 내가 정금같이 되기 위한 필요악입니다. 꼭 있어야 할 사건이었다는 말입니다. 여러분, 병들었습니까? 실패했습니까? 혹은 배신을 당했습니까? 어려운 일이 있었습니까? 조용히 묵상하고 생각해보십시오. 이것은 내게 꼭 필요한 일입니다. 하나님께서는 필요한 만큼만 주십니다. 필요한 시련을 주십니다. 이 시련을 통하여 하나님께서 나를 단련하시는 것입니다.

저는 '단련' 하면 꼭 생각나는 것이 하나 있습니다. 1963년, 처음 제가 미국으로 유학을 갔을 때의 일입니다. 그 당시 미국사람들은 한 3개월 되는 여름방학 동안에 완전히 놉니다. 그 3개월 동안 저는 공장에 들어가서 일을 했습니다. '윌리엄스 포저'라고 하는 강철 공장이었습니다. 아, 무섭습니다. 좌우간 동네에서부터 30분을 차를 타고 들어가야 되는 곳에 그 공장이 있었습니다. 소리가 하도 시끄러우니까 동네에서 멀리 나가 있는 것입니다. 종업원들이 전부 귀마개를 하고 일을 합니다. 하도 시끄러우니까요. 그저 계속해서 꽝! 꽝! 소리가 나니까요. 쇠를 불 속에 넣어서 벌겋게 달아오르면 꺼내서 그걸 때리는 일입니다. 그 40돈 짜리 한 마를 갖다가 꽝! 꽝! 때리는 것입니다. 참 대단합니다. 그렇게 자꾸 때립니다. 그래서 깨달았습니다마는, 가장 강한 쇠가 어떤 거냐 하면 매 많이 맞은 쇠입니다. 가장 매를 많이 맞은 쇠가 가장 강합니다. 이렇게 매를 많이 맞은 쇠는 하도 강해서 쇠를 깎는 쇠가 됩니다. 제가 그걸 보았습니다.

오늘 신앙생활도 마찬가지입니다. 매를 많이 맞은 사람이 신앙의 수준이 높습니다. 단련된 것입니다. 신앙수업입니다. 저 앞의 요단강을 건너가는 시간까지 계속해서 훈련합니다. 여러분, 조금 마음에 불편스러운 일이 있더라도 이 훈련은 꼭 필요합니다. 나의 신앙을 위하여, 나의 경건수업을 위하여 이것은 꼭 필요합니다. 받아들이십시오. 그 순간 여러분은 온전히 자유할 수 있을 것입니다. 온전한 믿음에 살고, 주께서 함께하시는 영광을 내가 날마다 보고 간증하며 살아갈 수 있을 것입니다. 신앙은 그대로가 경건수업입니다.
△

곽선희목사 설교집·강해집·기타

〈설교집〉

〈강해집〉

(빌립보서 강해) 희락의 복음

(갈라디아서 강해) 은혜의 복음

(고린도전서 사랑장 강해) 진정한 사랑의 의미

(예수님의 이적 강해) 이적으로 계시된 말씀

(사도신경 강해) 사도들의 신앙고백

(야고보서 강해) 참믿음 참경건

(예수님의 잠언 강해) 예수의 잠언

(사도행전 강해)(상) 교회의 권세

(사도행전 강해)(하) 교회의 권세

(로마서 강해) 믿음에서 믿음으로

(고린도전서 강해) 복음의 능력

(고린도후서 강해) 생명에로의 길

(예수님의 비유강해)(상) 하나님의 나라/(중) 이 세대를 보라/(하) 생명
에로의 초대

(에베소서 강해) 내게 주신 은혜의 선물

(골로새서 강해) 위엣것을 찾으라

(데살로니가서 강해) 사도의 정체의식

(디모데서 강해) 네 직무를 다하라

〈기타〉

행복한 가정/참회의 기도/영성신학/종말론의 신학적 이해/생명의 길